Jean-Denis Godet · Blüten

Blüten

der einheimischen Baum- und Straucharten

sicher
und schnell
bestimmen

J.-D. Godet · J. Neumann-Neudamm

CIP-Kurztitelaufnahme der Deutschen Bibliothek

Godet, Jean-Denis:
Blüten einheimischer und wichtiger fremdländischer Baum- und Straucharten: e. Bestimmungsbuch für 165 Gehölze / Jean-Denis Godet. – 1. Aufl., 1. – 65. Tsd. – Bern: Arboris-Verlag; Melsungen: Neumann-Neudamm, 1984.
ISBN 3-7888-0413-0 (Neumann-Neudamm)
ISBN 3-905039-02-1 (Arboris-Verl.)

1. Auflage: 1. – 65. Tausend, 1984

Die Fotolithos wurden von der Firma Ast + Jacob in CH-3098 Köniz hergestellt. Gestaltung, Filmsatz und Druck erfolgte durch die Firma Silber Druck, Heinrich Silber, in 3501 Niestetal-Heiligenrode. Die buchbinderische Verarbeitung übernahm die Firma Hollmann in 6100 Darmstadt.

Für Mariana, die
durch ihre Hilfe einen
grossen Beitrag zur
Vollendung dieses Buches
geleistet hat.

Inhaltsverzeichnis

Vorwort

Der vorliegende zweite Band möchte an den ersten Teil ,,Knospen und Zweige'' unmittelbar anschliessen und ein neuer Ratgeber und treuer Begleiter auf Frühlings- und Sommerwanderungen sein.
Wie beim ersten Buch, so soll auch dieser Einführung eine besondere Aufmerksamkeit geschenkt werden, denn hier werden wiederum die notwendigen Grundbegriffe für die Handhabung des Schlüssels und anschliessenden Hauptabschnitte gegeben.
Für die Bestimmung habe ich nur Merkmale beigezogen, welche an einem blühenden Zweig von blossem Auge oder mit einer guten Lupe sichtbar sind.
Um den eigentlichen Schlüssel von der Kurzbeschreibung jeder Art auch optisch klar zu trennen, wurde wiederum auf die grauen Flächen zurückgegriffen. Sollten in diesem Abschnitt gleichwohl noch Unsicherheiten auftreten, so soll die anschliessend folgende Beschreibung der einzelnen Arten beigezogen werden. Jede der 165 Arten wird hier auf je zwei Seiten mit Bild und Text ausführlich beschrieben.
Am Ende des Buches ermöglicht ein Verzeichnis in lateinischer, deutscher, französischer, italienischer und englischer Sprache das schnelle Aufsuchen einer bereits namentlich bekannten Baum- und Strauchart.
Für die zahlreichen Anregungen, die ich für die Vollendung dieses Buches erhalten habe, möchte ich Herrn Prof. Dr. Gerhard Lang und Herrn Dr. Klaus Ammann vom Geobotanischen Institut der Universität Bern und Herrn P. Weibel und seinen Mitarbeitern vom Botanischen Garten Bern recht herzlich danken. Mein Dank richtet sich aber auch an Herrn Prof. Dr. Elias Landolt vom Geobotanischen Institut der ETH Zürich, der mir seine Zeigerwerte zur Verfügung gestellt hat und Herrn Prof. Dr. Enrique Marcet vom Institut für Wald- und Holzforschung der ETH Zürich für seine wertvollen Hinweise.
Möge dieses Buch allen, die sich beruflich oder aus Freude mit unseren Gehölzen befassen, wertvoller und unentbehrlicher Helfer sein und gleichzeitig dazu beitragen, dass Schönheit und Vielfalt unserer Bäume und Sträucher nicht in Vergessenheit geraten.
Für Anregungen und allfällige Verbesserungsvorschläge bin ich allen Leserinnen und Lesern stets dankbar. Insbesondere bitte ich dann um Mitteilung, wenn beim Bestimmen Schwierigkeiten auftreten sollten.

Bern, im Dezember 1983 — Jean-Denis Godet

1. Einführung

1.1. Systematische Übersicht

Bei den Samenpflanzen (= Spermatophyta) werden die Nacktsamer (= Gymnospérmae) und Bedecktsamer (Angiospérmae) einander gegenübergestellt. Als wichtigstes Unterscheidungsmerkmal gelten die Samenanlagen, die bei den ersteren **nackt** (auf dem Fruchtblatt frei aufliegend), bei den letzteren durch ein Fruchtblatt oder durch mehrere **umschlossen** werden.

Für das Buch notwendige systematische Übersicht		Seitenzahlen
Abteilung:	**Gymnospérmae – Nacktsamer**	
1. Klasse:	**Cyadópsida** 7. **Ordnung** Ginkgoáles mit Ginkgoáceae (Gínkgo bíloba L.)	33, 37, 152, 153
2. Klasse:	**Coniferópsida** 2. **Ordnung** Coníferae mit ● Pináceae ● Cupressáceae	 35, 40 – 43, 170 – 183 36, 39, 44 – 46 156 – 169
3. Klasse:	**Taxopsida** mit der einzigen **Ordnung** Taxales ● Taxáceae	34, 38, 154, 155
Abteilung:	**Angiospérmae – Bedecktsamer**	
1. Klasse:	**Dicotyledóneae – Zweikeimblättrige**	47 – 150, 184 – 479
2. Klasse:	**Monocotyledónea – Einkeimblättrige**	151, 480, 481

1.2. Blüten bei Gymnospermen

Bei den Ginkgoáles mit dem hier beschriebenen zweihäusigen Gínkgo bíloba stehen die Blüten in den Achseln von Tragblättern. Die männlichen Blüten sind als gestielte Pollensackgruppen ausgebildet und befinden sich an einer langen Achse. Bei den weiblichen Blüten sitzen die Samenanlagen einzeln oder zu mehreren an einem kurzen oder längeren Stiel. Ein- und zweihäusig verteilte Blüten finden wir bei den Nadelhölzern **(Coníferae).** An den männlichen Kätzchen, die nach der Blütezeit als Ganzes abfallen, sind die Staubblätter dicht schraubig angeordnet. Die weiblichen Zapfen umfassen meist zahlreiche schraubige, wirtelige oder gegenständige Deckschuppen und in ihren Achseln Samenschuppen.

Die Pináceae (=Föhrengewächse) zeichnen sich aus durch schraubig gestellte, nadelförmige Blätter und holzige Zapfen mit je 2 Samenanlagen auf jeder Samenschuppe. Zu dieser Familie gehören unsere wichtigsten Nadelbäume, die, mit Ausnahme der Lärche, immergrün sind. (Alter der Nadeln 3 – 9 Jahre). Bei den Cupressáceae (=Zypressengewächse) werden die nadel- oder schuppenförmigen Blätter zu dreien in Wirteln oder gegenständig getragen. Neben holzigen Zapfen werden auch fleischige Beerenzapfen ausgebildet.
Die **Eibe** (Ordnung **Taxáles,** Familie Taxáceae) kennzeichnet sich durch flache, oberseits dunkle-, unterseits heller grüne, spitze, an Langtrieben stehende Nadeln und den zweihäusig verteilten Blüten aus. Die männlichen tragen einige schuppenförmige Blättchen und eine grössere Zahl schildförmig-radiärer Staubblätter mit 6 bis 8 herabhängenden Pollensäcken. In den Achseln der Nadeln entstehen die weiblichen Blüten als Sprösschen 2. Ordnung. An ihrem Grunde sind sie von einem Ringwulst umgeben, der als Achsenwucherung gedeutet wird und bei der Reife des Samens zu einem roten, fleischigen und süssschmeckenden Becher wird.

1.3. Bau der Angiospermenblüte

Unter einer Blüte verstehen wir einen Sprossabschnitt, welcher mit der Ausbildung der innersten, beziehungsweise obersten Blütenorgane sein Wachstum abschliesst und die der geschlechtlichen Fortpflanzung dienenden Blattorgane trägt. Diese sitzen entweder in spiraliger oder kreisförmiger Anordnung an der Sprossachse.

1.3.1. Blütenhülle (Perianth)

Die Angiospermenblüte wird vor allem durch die oft sehr auffällige Blütenhülle charakterisiert. Ihre Ausbildung zu einem lebhaft gefärbten Schauapparat hat sich offensichtlich in Anpassung an die blütenbesuchenden und bestäubenden Insekten vollzogen. Vor allem im Tertiär kam es im ständigen Wechselspiel mit der Entwicklung der Insekten zu einer enormen Ausbildung von Farben und Formen.
Dieses die inneren Organe schützende Perianth kann in verschiedenen Formen auftreten:

Homoiochlamydeische Blütenhülle

Besteht sie aus gleichartigen Hüllblättern, so sprechen wir von einem Perigon (Abb. 1) und die einzelnen Blütenblätter werden **Tepalen** genannt. Dieses Perigon kann aus 1, 2 oder mehreren Kreisen bestehen. Ist nur ein Kreis vorhanden, so ist die Blütenhülle **einfach,** bei mehreren Kreisen haben wir ein **mehrfaches** Perigon vor uns.

Heterochlamydeische Blütenhülle

Sie besitzen eine doppelte Blütenhülle (Abb. 2) aus meist grünlichen Kelchblättern (=Sepalen) und vielfach lebhaft gefärbten Kronblättern (=Petalen). Farbige Sepalen (S. 331) und weisse Petalen (S. 339) sind aber nicht selten.

Apochlamydeische Blüten

Bei diesen Blüten fehlt durch Ausfall die Blütenhülle.

Abb. 1
Magnólia
Magnolie

Abb. 2
Prúnus doméstica ssp. itálica
Reineclaude

Abb. 3
Fráxinus excélsior
Gemeine Esche

(Beispiel: Gemeine Esche, Abb. 3)

1.3.2. Kelchblätter (Sepalen)

Sie sind in der Regel aus Hochblättern hervorgegangen, die in den Bereich der Bütenregion aufrückten. Solange die Blüten im Knospenzustand verharren, dienen sie als Schutz für die inneren Organe. Nach der Blütenentfaltung fallen die Kelchblätter gelegentlich ab; bei den meisten Pflanzen bleiben sie aber erhalten und erbringen in vielen Fällen noch eine gewisse Assimilationsleistung, die der Blüte und der sich später entwickelnden Frucht zugute kommt (Abb. 4). Untereinander können sie **frei** oder **verwachsen** sein.

Abb. 4
Prúnus cérasus
Weichselkirsche

Abb. 5
Rhámnus frángula
Faulbaum

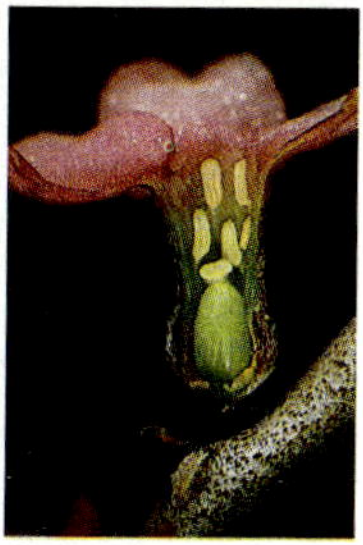

Abb. 6
Dáphne mezeréum
Seidelbast
(Kelchblätter als Schauapparat)

Eine Übernahme der Anlockungsfunktion durch die Kelchblätter ist häufig dann zu beobachten, wenn die Krone in ihrer Gesamtheit oder einzelne ihrer Glieder sich stark zurückbildet (Abb. 5) oder überhaupt nicht mehr entwickelt wird. Eine derartige schrittweise Reduktion der Kronblätter und die Übernahme ihrer Funktion durch die Kelchblätter lässt sich innerhalb der Familie der Seidelbastgewächse (Abb. 6) zeigen. Gelegentlich tragen Kelchblätter auf ihrer Oberseite Nektarien, wie zum Beispiel bei den Linden-Arten.

1.3.3. Kronblätter (Petalen)

Gegenüber den Kelchblättern sind sie im allgemeinen durch ihre zartere Konsistenz und meist durch ihre weitaus stärkere Flächenentwicklung ausgezeichnet. Da sie sehr verschiedenartig gefärbt sein können, stellen sie gewöhnlich den auffälligsten Teil der Blüte – den Schauapparat – dar (Abb. 7).

Abb. 7
Forsýthia x intermédia
Forsythie

Abb. 8
Arctostáphylos alpínus
Alpen-Bärentraube

Abb. 9
Prúnus armeníaca
Aprikosenbaum

Dieses optische Anlockungsmittel wird sehr oft durch chemische Reize (Blütenduft) ergänzt.
Sind die Kronblätter miteinander verwachsen, so sprechen wir von einer **sympetalen Krone** (Abb. 8). Die Anzahl der freien Kronzipfel lässt jeweils erkennen, wieviele Kronblätter an der Kronröhre beteiligt sind. Diese kann oft so kurz und die Kronzipfel so lang sein, dass der Eindruck einer **Freikronblättrigkeit** erweckt wird. Beim Herausziehen löst sich jedoch die Krone der Sympetalen immer in ihrer Gesamtheit ab.
Sind die Kronblätter frei, so sprechen wir von **choripetaler Krone** (Abb. 9).

1.3.3. Staubblätter

Die Staubblätter einer Blüte werden in ihrer Gesamtheit als **Androeceum** bezeichnet. Sie können an der Blütenachse spiralig (Abb. 11) oder in Wirteln (Abb. 12) angeordnet sein. Häufig sind 2 Wirtel von Staubblättern vorhanden, die jeweils in den Lücken der Kelch- und Kronblätter stehen.

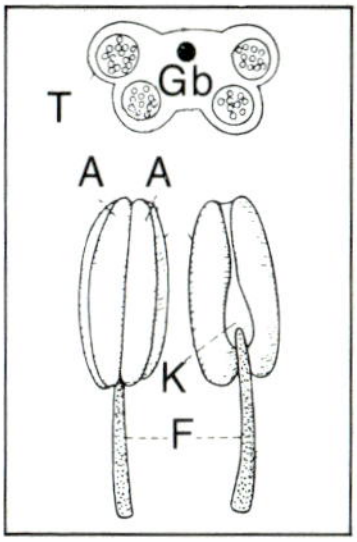

Abb. 10
Gliederung der Staubblätter
Oben: Querschnitt
Unten: Vorder- und Rückseite

Abb. 11
Magnólia
Magnolie

Abb. 12
Sambúcus nígra L.
Schwarzer Holunder
Blüte mit einem Wirtel Staubblätter

Das typische Angiospermenstaubblatt besteht aus:

1. Einem stielartigen Träger, dem Staubfaden oder Filament (F)
2. Den Staubbeuteln oder **Antheren** (A), die sich aus zwei gleichen Hälften, den beiden **Theken** (T) zusammensetzen
3. Einem sterilen Mittelstück, dem **Konnektiv** (K), welches die Theken miteinander verbindet
4. Im Innern des Konnektivs liegt ein Gefässbündel (Gb)

Nicht selten finden wir bei Staubblättern hornförmige Anhängsel (siehe Ericáceae). Rückgebildete Staubblätter, die eine andere Funktion als die ursprüngliche übernehmen, bezeichnen wir als **Staminodien.** Sie können gegenüber den fertilen Staubblättern wenig verändert –, oder aber stark flächig gestaltet und von lebhafter Färbung sein. Bei Clématis alpína (S. 103, 314) sind sie weiss, durch gleitende Übergänge mit den Staubblättern verbunden und bilden einen lebhaften Kontrast zu den hellblauen Kronblättern.

1.3.4. Fruchtblätter/Fruchtknoten

Die Fruchtblätter oder Karpelle (= Carpelle) bilden in ihrer Gesamtheit das **Gynoceum,** welches bei den bedecktsamigen Pflanzen (=Angiospérmae) zu einem Gehäuse umgestaltet ist und die Samenlagen enthält. Dieses Gynoeceum kann aus einem oder aus mehreren Fruchtblättern bestehen. Im letzten Fall können wir zwischen zwei Ausbildungsformen unterscheiden:

Beim **apocarpen Gynoceum** sind die zahlreichen Karpelle frei und bilden je ein mit Fruchtblatt, Griffel und Narbe versehenen Stempel (= Pistill).

Beim **coenocarpen Gynoceum** sind die Karpelle zu einem gemeinsamen Gehäuse verwachsen. Dabei wird der angeschwollene, die Samenanlagen tragende Basalteil als Fruchtknoten (Ovar) bezeichnet. Er verlängert sich spitzenwärts vielfach in einen gemeinsamen Griffel, der an seiner Spitze als Empfangsorgan für die Pollenkörner mit der Narbe endet. Fehlt der Griffel, so sitzt die Narbe unmittelbar auf dem Fruchtknoten. Aus der Anzahl der Narbenäste kann vielfach auf die Anzahl der an der Bildung des Gynoeceums beteiligten Fruchtblätter geschlossen werden. Beim Vergleich mit einem normalen Laubblatt entspricht der fertile Abschnitt der Fruchtblätter der Blattspreite, die aber nicht flach ausgebreitet ist, sondern sich zu einem Gehäuse einfaltet, wobei ihre beiden Ränder miteinander zur Bauchnaht verwachsen. An dieser stehen an wulstförmigen Leisten – den Plazenten – die Samenlagen. Der Bauchnaht gegenüber liegt der Mittelnerv des Fruchtblattes – die Rückennaht.

Auch wenn die **Blütenachse** bei vielen Blüten äusserlich nicht auffällig in Erscheinung tritt, so ist sie doch für die Gestalt der Blüte von entscheidender Bedeutung. Sie kann zum Beispiel verkürzt, köpfchenartig verdickt, scheibenförmig verbreitert oder kegelförmig verlängert sein. Gestauchte oder scheibenförmig verbreiterte Achsen gelten als abgeleitet. Noch mehr gilt dies für den Fall, dass die Achse durch Emporheben der anderen Blütenorgane ringförmig über das Gynoeceum hinauswächst.
Hinsichtlich der Stellung des Gynoeceums zu den anderen Blütenorganen unterscheiden wir 3 Formen:

Oberständiges Gynoeceum (= oberständiger Fruchtknoten)

wenn der Fruchtknoten dem Ende des Blütenbodens aufsitzt, so dass Staubblätter und Blütenhülle unterhalb von ihm zu stehen kommen (Abb. 13a, 13b)

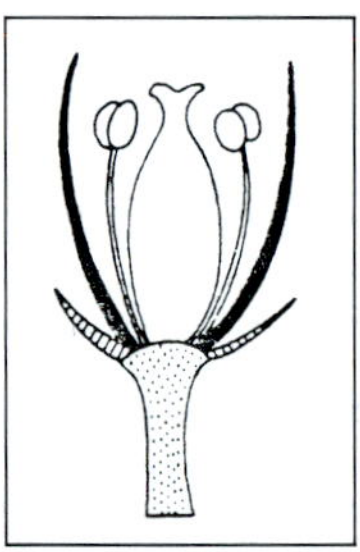

Abb. 13a
Oberständiger Fruchtknoten

Abb. 13b
Bérberis vulgáris
Berberitze

Mittelständiges Gynoeceum (= mittelständiger Fruchtknoten)

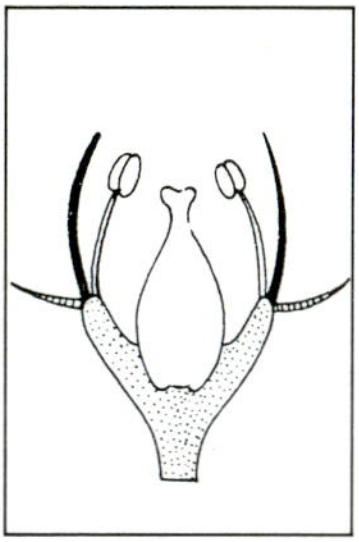

Abb. 14a
Mittelständiger Fruchtknoten

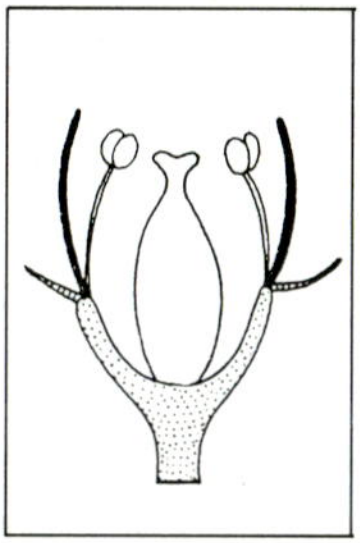

Abb. 14b
Mittelständiger Fruchtknoten

wenn der Fruchtknoten sich frei in einer krugförmigen Höhlung der Blütenachse befindet und mit seiner Basis tiefer als die Staubblätter und Blütenhülle steht (Abb. 14a, 14b)

Unterständiges Gynoeceum (= unterständiger Fruchtknoten)

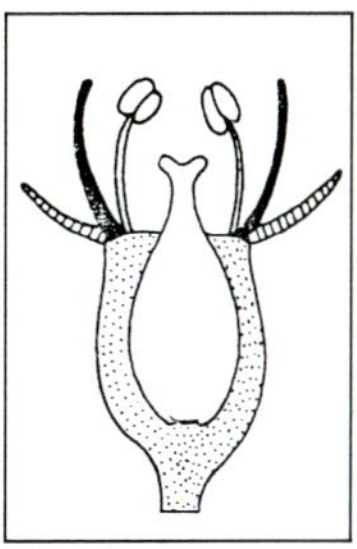

Abb. 15a

Abb. 15b
Lonícera alpígena
Alpen-Heckenkirsche

wenn der Fruchtknoten in der ausgehöhlten Blütenachse versenkt und mit deren inneren Wänden verwachsen ist (Abb. 15a); Ansatzstelle der Blütenhülle deutlich am oberen Ende des Fruchtknotens (Abb. 15b)

1.3.4. Geschlechtsverteilung

Zwittrige Blüten enthalten sowohl Staub- als auch Fruchtblätter, sind also **vollständig** oder **zwittrig.**
Eingeschlechtige Blüten enthalten entweder nur Staub- oder nur Fruchtblätter, sind also unvollständig. Im ersteren Fall sprechen wir von männlichen –, im letzteren von weiblichen Blüten. Übergänge zwischen diesen beiden Formen sind auch möglich. So gibt es Blüten, die beide Geschlechter aufweisen (morphologisch zwittrig), wobei aber das eine Geschlecht nicht mehr funktionstüchtig ist (funktionell eingeschlechtig).
Finden wir sowohl die männlichen Blüten, wie auch die weiblichen Blüten auf derselben Pflanze, so wird diese als **monözisch** oder **einhäusig**

bezeichnet. Sind die beiden Blütentypen auf verschiedenen Individuen verteilt, so sind die Pflanzen **diözisch** oder **zweihäusig** (Weiden, Pappeln).

1.3.5. Morphologie der Blütenstände (=Infloreszenzen)

Bei unseren Gehölzen trägt ein Blütenspross nur selten eine einzige, endständige Blüte (Rosa-Arten, Alpen-Waldrebe, Tulpenbaum, Magnolie). Meist sind mehrere bis viele Blüten in einer bestimmten Anordnung zu Blütenständen **(= Infloreszenzen)** vereinigt. Bei ihnen handelt es sich um stark metamorphosierte Sprossteile, die sich von den rein vegetativen Bereichen mehr oder weniger stark unterscheiden. Die Entwicklung (Einzelblüte → Infloreszenz) dürfte damit begonnen haben, dass in Blattachseln Lateralblüten entstanden.
Die Tragblätter der blütentragenden Sprossabschnitte können ihren normalen Laubblattcharakter beibehalten. Viel häufiger sind sie jedoch vereinfacht oder völlig reduziert.
Für die morphologische Einteilung der Infloreszenztypen ist das Verhalten des Scheitels der Infloreszenzhauptachse von Bedeutung. So enden bei **geschlossenen Infloreszenzen** die Achsen mit einer Terminalblüte. Diese ist daran zu erkennen, dass sie vor ihren benachbarten Lateralblüten aufblüht. Bei **offenen Infloreszenzen** kommt es niemals zur Ausbildung von End- oder Terminalblüten.

Nach dem Verhalten der Achse unterscheiden wir zwischen den folgenden Infloreszenztypen:

Monopodial oder razemös	Sympodial oder zymös
Einfach razemös Die Infloreszenzachse ist nicht verzweigt 1. Traube 2. Doldentraube 3. Ähre 4. Kätzchen 5. Zapfen 6a Kolben 6b Köpfchen 7. Dolde **Zusammengesetzt razemös** Die Infloreszenzachse erzeugt Seitenäste 1. und höherer Ordnung 8. Rispe 9. Doldenrispe 10. Zusammengesetzte Ähre 11. Zusammengesetzte Dolde * Spirre * Doppeltraube	**Zymös** Die Infloreszenzachse beendet ihr Wachstum mit einer Blüte und wird von Seitenachsen übergipfelt, die ihrerseits ihr Wachstum mit je einer Blüte abschliessen 12. Trugdolde * Dichasium * Wickel * Doppelwickel * Schraubel * Doppelschraubel * Thyrsus

* Diese Infloreszenztypen werden hier nicht besprochen, weil sie bei den winterharten Gehölzen nur selten vorkommen.

1. Die Traube

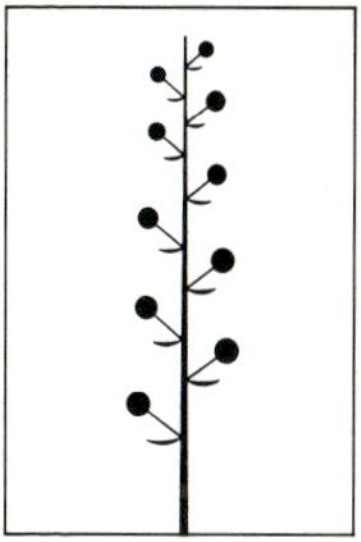

Abb. 16
Traube

Abb. 17
Labúrnum alpínum
Goldregen

Abb. 18
Prúnus pádus
Traubenkirsche

In den Achseln von Tragblättern stehen gestielte Einzelblüten. Die Aufblühfolge beginnt gewöhnlich bei den untersten Blüten und schreitet spitzenwärts fort. Bei **geschlossenen** Trauben ist eine Endblüte vorhanden. Fehlt sie, so sprechen wir von einer **offenen** Traube.

2. Die Doldentraube

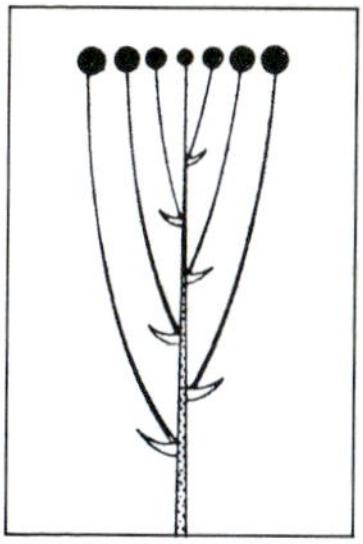

Abb. 19
Doldentraube

Abb. 20
Andrómeda polifólia
Rosmarinheide

Abb. 21
Ácer platanoídes
Spitz-Ahorn

Bei dieser traubenförmigen Infloreszenz stehen die verschieden lang gestielten Blüten mehr oder weniger in einer Ebene. Die Internodien der Traubenachse bleiben recht kurz.

3. Die Ähre

Abb. 22
Ähre

Abb. 23
Búxus sempérvirens
Buchs

Die Blüten sitzen unmittelbar an der mehr oder weniger gestreckten Hauptachse in den Achseln von Tragblättern

4. Die Kätzchen

Abb. 24
Pópulus álba
Silber-Pappel

Abb. 25
Sálix purpúrea
Purpur-Weide

Abb. 26
Bétula nána
Zwerg-Birke

Diese aufrechten, abstehenden oder hängenden Trauben oder Ähren besitzen meist unscheinbare Blüten. Nach der Pollenentleerung fallen die männlichen Kätzchen in ihrer Gesamtheit ab.

5. Die Zapfen

Abb. 27
Picea ábies
Rottanne

Abb. 28
Ábies álba
Weisstanne

Abb. 29
Álnus glutinósa
Schwarz-Erle

Erlen und Nadelhölzer besitzen als weibliche Infloreszenzen Zapfen. Es sind Ähren, deren Achse und Tragblätter bei der Reife verholzen.

6. Die Kolben und Köpfchen

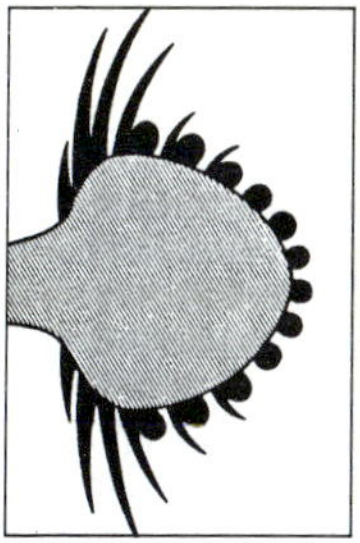

Abb. 30
Köpfchen

Abb. 31
Plátanus – Platane
Männliche Blütenstände

Abb. 32
Plátanus – Platane
Weibliche Blütenstände

Kolben und Köpfchen sind verdickte Ähren. Von diesen unterscheiden sie sich durch die verschiedenartige Verdickung der Infloreszenzachse.

7. Die Dolde

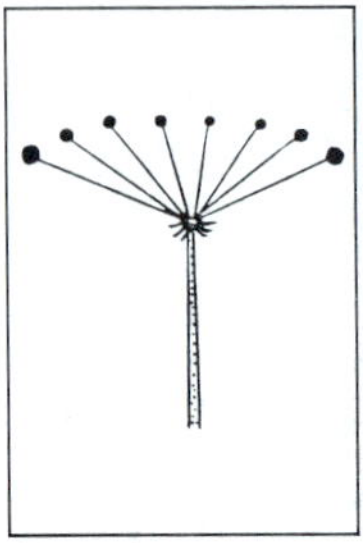

Abb. 33
Dolde

Abb. 34
Hédera hélix
Efeu

Abb. 35
Córnus mas L.
Kornelkirsche

Im Gegensatz zur Traube unterbleibt die Längenentwicklung der Internodien. Dadurch entspringen die gestielten Blüten in gleicher Höhe in der Achsel rosettig angeordneter Tragblätter. Ihre Zahl ist oft geringer als die der Blüten. Sind die Nebenachsen gleich lang, so bildet der Blütenstand eine Halbkugel oder Kugel. Sind sie ungleich lang, so stehen die Blüten mehr oder weniger in einer Ebene (Abb. 33)

8. Die Rispe

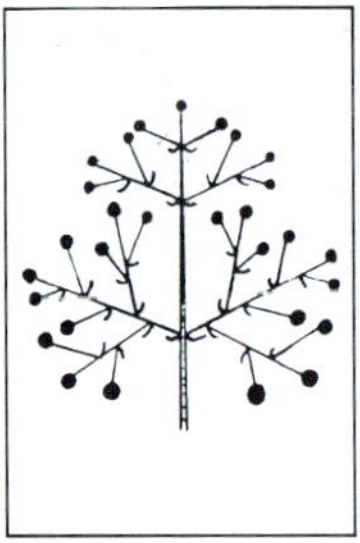

Abb. 36

Abb. 37
Syrínga vulgáris
Flieder

Abb. 38
Ligústrum vulgáre
Liguster

Bei dieser mehrfach verzweigten Traube können alle Achsen mit einer Terminalblüte abschliessen (= geschlossene Rispe; wahrscheinlich der stammesgeschichtlich älteste Infloreszenztyp). Offene Rispen besitzen im Gegensatz zum 1. Typ keine Endblüten.

9. Doldenrispe oder Ebenstrauss

Diese Rispe besitzt verschieden lange Äste. Dadurch liegen die Blüten flach in einer Ebene oder bilden zusammen eine leicht gewölbte Fläche.

10. Die zusammengesetzte Ähre

An Stelle der Einzelblüten sitzen hier mehrblütige Ähren.

11. Die zusammengesetzte Dolde

Die Doldenstrahlen 1. Ordnung enden mit kleinen als Döldchen bezeichneten Dolden 2. Ordnung.

12. Die Trugdolde

Abb. 39
Sambúcus nígra
Schwarzer Holunder

Abb. 40
Vibúrnum lantána
Wolliger Schneeball

Unterhalb der Endblüte des Primärsprosses entwickeln sich mehrere Seitenäste, die ihrerseits mit Blüten abschliessen. Es entsteht ein entfernt an eine Dolde erinnernder Blütenstand.

1.3.6. Bestäubung

Im Gegensatz zu den Gymnospermen, wo der Pollen am Bestäubungstropfen an der Mikrophyle der Samenanlagen kleben bleibt, werden die Pollenkörner bei der Angiospermenblüte von einer klebrigen und papillösen Narbe aufgehalten. Damit ergibt sich noch eine weiter reichende Unabhängigkeit der geschlechtlichen Fortpflanzung von der Feuchtigkeit.
Nach den äusseren Kräften, welche die Übertragung des Pollens durchführen, unterscheiden wir zwischen:

1. Tierblütigkeit (= Zoophilie, Zoogamie)

Voraussetzungen:

- Die bestäubenden Tiere müssen die Blüte regelmässig besuchen und sich dort genügend lange aufhalten.
- Der mechanischen Beanspruchung durch die Besucher müssen die Blüten gewachsen sein.

  Pollen und Narben müssen regelmässig berührt werden; die Pollenkörner haben an den Besuchern an bestimmten Stellen gut haften, so dass die Übertagung auf eine andere Narbe garantiert wird.
- Tierblumen müssen über Lockmittel (z. B. Pollen, Nektar), Reizmittel (Farbe, Duft) und klebrigen Pollen verfügen.

Die Bestäubung wird durchgeführt durch Insekten (= Entomophilie), Vögel (Ornithophilie) und Fledermäuse (Chiropterophilie).

2. Windblütigkeit (Anemophilie, Anemogamie)

Voraussetzungen:

- Griffel und Narben müssen stark vergrössert sein, damit sie den Pollen leichter auffangen können.
- Um möglichst lange in der Luft schweben zu können, sind leichte, trockene, glatte und mit Schwebevorrichtungen versehene Pollenkörner von Vorteil.
- Lock- und Reizmittel sind nicht notwendig.
- Um eine möglichst grosse Zahl von Pollenkörnern produzieren zu können, sind die männlichen Blüten zahlenmässig gegenüber den weiblichen Blüten stark vermehrt.
- Durch eine bereits im frühen Frühling einsetzende Reifung der Blüten kann die Bestäubung vor der hinderlichen Blattentfaltung erfolgen.

Übergänge zwischen beiden Formen sind auch möglich. So sind zum Beispiel die Pollen bei **Castánea satíva** zuerst voller Pollenkitt und die Blüten werden von Insekten aufgesucht. Etwas später trocknen die Pollenkörner aus und die Verbreitung findet durch den Wind statt. Gelegentlich kehren sekundär anemophile Sippen wieder zur Insektenblütigkeit zurück (z. B. Weiden).

3. Selbstbestäubung (Autogamie)

Bei ungünstigen Umweltbedingungen können verschiedene Pflanzen zur Selbstbestäubung greifen. Dabei findet sie innerhalb einer Blüte oder aber zwischen verschiedenen Blüten der gleichen Pflanze statt.

1.4. Höhenstufen

1. Kolline Stufe (= Hügelstufe)

- Bis auf eine Höhe von 600 m: Mittelland
  700 m: Alpenvorland
  800 und 900 m: Zentral- und Südalpen
- Mittelere Jahrestemperatur zwischen 8° und 12° C.
- Dauer der Vegetationszeit über 250 Tage.
- Gekennzeichnet durch Laubmischwälder:
  – In tieferen Lagen Eichen- Hagebuchemischwälder
  – In wärmsten Gebieten auf kalkhaltigem Boden Flaumeichenwälder
  – In Trockengebieten Föhrenwälder
  – In höheren Lagen Buchenmischwälder
  – Am Alpensüdfuss auf kalkarmen Böden Eichenmischwälder; heute an ihrer Stelle oft Kastanienwälder.

2. Montane Stufe (Bergstufe)

- Bis auf eine Höhe von 1200 und 1300 m: Auf der Alpennordseite
  1300 und 1500 m: Zentralalpen
  1500 und 1700 m: Südalpen
- Mittlere Jahrestemperatur zwischen 4° und 8° C.
- Dauer der Vegetationszeit über 200 Tage.
- Gekennzeichnet durch:
  – Buchen-, Buchen-Tannenwälder und Tannenwälder
  – Föhrenwälder in Zentralalpen
  – In mehr kontinentalen Gebieten bildet die Fichte natürliche Wälder.

3. Subalpine Stufe (Gebirgsstufe)

- Bis auf eine Höhe von 1700 und 1900 m: Nordalpen
  1900 und 2400 m: Zentralalpen
  1800 und 2000 m: Südalpen
- Mittlere Jahrestemperatur zwischen 1° und –2° C
- Dauer der Vegetationszeit 100 – 200 Tage
- Gekennzeichet durch:
  – Fichtenwälder
  – In den inneren Alpenketten folgt über dem Fichtenwald der Arven-Lärchenwald
  – Am Übergang zur alpinen Stufe Zwergstrauchgebüsche mit zum Beispiel Alpenrose und Wacholder, Alpenerlen an feuchten Steilhängen und auf Kalkböden Bergföhrenwälder und Legföhrenbestände.

4. Alpine Stufe

- Sie umfasst die baumlosen oberen Lagen der Alpen und reicht von der Baumgrenze bis zur natürlichen Schneegrenze (= Grenze, bei der der Schnee auf horizontalen Flächen im Sommer noch schmilzt).
- Oft werden die Gebiete oberhalb der natürlichen Schneegrenze als **nivale Stufe** von der alpinen Stufe abgegrenzt.
- Klimatische Schneegrenze zwischen 2400 und 3200 m.
- Dauer der Vegetationszeit weniger als 100 Tage.
- Gekennzeichnet durch:
  – zuunterst vor allem Zwergstrauchbestände (z. B. Alpenazalee)
  – oberhalb der Zwergsträucher vor allem Rasen.

1.5. Die Zeigerwerte

Die physiologischen Möglichkeiten und die Konkurrenz der anderen Lebewesen gestatten es den Pflanzen nur unter ganz bestimmten Umweltbedingungen zu wachsen. Mit den Zeigerwerten, die auf der Erfahrung und Beobachtungen von Feldbotanikern beruhen, soll nun versucht werden, diese Bedingungen etwas zu charakterisieren. Man muss sich aber im klaren sein, dass diese Werte nur empirsche Mittelwerte des ökologischen Vorkommens darstellen, hinter denen sich weite Amplituden verbergen. Eine sehr feine Einteilung könnte deshalb leicht eine nicht vorhandene Genauigkeit vortäuschen.
So können Pflanzen unter verschiedenem Wärmeklima einen anderen Feuchtezeigerwert besitzen oder in besonders konkurrenzarmen Standorten, wie Schuttplätzen oder Anrissstellen, kann sich die Pflanze ganz anders verhalten, als ihr Zeigerwert vermuten lässt. Bei der Verwendung der Zeigerwerte sollte man auch wissen, dass eine Art nur gerade über die Standortsfaktoren jener Schichten etwas aussagt, in der sie wächst. So kann es vorkommen, dass Moose und oberflächlich wurzelnde Zwergsträucher einen sauren und mageren Boden anzeigen, während die tiefer wurzelnden Sträucher und Bäume einen Basen- und Nährstoffreichtum erkennen lassen.
Für eine einigermassen sichere Beurteilung der Merkmale eines Standortes sollten deshalb die Zeigerwerte möglichst vieler der dort wachsenden Arten herangezogen werden.
Die hier angegebenen Zeigerwerte gelten nur für das Gebiet der Schweiz und sollten deshalb in anderen geographischen Gegenden mit der notwendigen Vorsicht verwendet werden.

Feuchtezahl (F)
Sie kennzeichnet die mittlere Feuchtigkeit des Bodens während der Vegetationszeit.

1 – Hauptverbreitung auf sehr trockenen Böden
– Ausgesprochener Trockenheitszeiger
– Auf feuchten Böden nicht konkurrenzfähig
– Auf nassen Böden nicht vorhanden

2 – Hauptverbreitung auf trockenen Böden
– Zeiger mässiger Trockenheit
– Sehr trockene und nasse Böden meidend
– Auf feuchten Böden kaum konkurrenzfähig

3 – Auf mässig trockenen bis feuchten Böden
– Trockene und nasse Böden meist meidend
– Zeiger mittlerer Feuchtigkeitsverhälstnisse

4 – Hauptverbreitung auf feuchten bis sehr feuchten Böden
– Hin und wieder auf nassen Böden vorkommend
– Trockene Böden werden gemieden
– Feuchtigkeitszeiger

5 – Auf nassen, vom Wasser durchtränkten Böden
– Nässezeiger
– Mittelfeuchte und trockene Böden werden gemieden

↑ – Pflanzen an Bächen, Flüssen, in Flussauen oder unter Hangwassereinfluss

w – Pflanzen auf Böden mit wechselnder Feuchtigkeit: nach Regenfällen ist der Boden feuchter, nach Trockenperioden trockener, als die Feuchtigkeitszahl angibt.

Reaktionszahl (R)
Sie charakterisiert den Gehalt der freien H-Ionen im Boden

1 – Hauptverbreitung auf sehr saurem Boden (pH 3 – 4,5)
– Ausgesprochener Säurezeiger
– Nie auf neutralen bis basischen Böden vorkommend

2 – Hauptverbreitung auf sauren Böden (pH 3,5 – 5,5)
– Säurezeiger
– Kaum auf neutralen bis basischen Böden

3 – Verbreitung auf schwach sauren Böden (pH 4,5 – 6,5)
– Nie auf sauren Böden
– Gelegentich auf neutralen oder schwach basischen Böden

4 – Hauptverbreitung auf basenreichen Böden (pH 5,5 – 8)
– Basenzeiger
– Auf sehr sauren Böden nicht vorkommend

5 – Fast nur auf basenreichen Böden vorkommend (pH über 6,5)
– Ausgesprochener Basenzeiger
– Saure Böden meidend

X – Auf sehr sauren bis basischen Böden vorkommend; mittlere Bereiche werden gemieden, da dort nicht konkurrenzfähig.

Nährstoffzahl (N)
Gibt den Nährstoffgehalt, insbesondere den Stickstoff, des Bodens an

1 – Hauptverbreitung auf sehr nährstoffarmen Böden
– Ausgesprochene Magerkeitszeiger
– Auf nährstoffreichen Böden nicht vorkommend

2 – Hauptverbreitung auf nährstoffarmen Böden
– Magerkeitszeiger
– Böden mit guter bis übermässiger Nährstoffversorgung werden gemieden (nicht konkurrenzfähig)

3 – Hauptverbreitung auf mässig nährstoffarmen bis mässig nährstoffreichen Böden
– Auf sehr nährstoffarmen und übermässig gedüngten Böden nicht vorkommend

4 – Hauptverbreitung auf nährstoffreichen Böden
– Nährstoffzeiger
– Auf nährstoffarmen Böden kaum vorkommend

5 – Hauptverbreitung auf übermässig mit Nährstoffen (meist Stickstoff) versorgten Böden
– Überdüngungszeiger
– Nie auf nährstoffarmen Böden wachsend

X – Auf nährstoffarmen wie auf nährstoffreichen Böden vorkommend.

Humuszahl (H)
Sie ist charakteristisch für den Humusgehalt des Bodens am Standort der Pflanze

1 – Hauptverbreitung auf Rohböden (ohne Humusbedeckung)
– Rohbodenzeiger
– Böden mit dicken Humusschichten werden gemieden

2 – Hauptverbreitung auf Böden mit geringer Humusbedeckung
– Mineralbodenzeiger
– Auf Torf- und Moderboden nicht vorkommend

3 – Hauptverbreitung auf Böden mit mittlerem Humusgehalt (meist als Mull vorhanden)
– Nur selten auf Roh- oder Torfböden wachsend

4 – Hauptverbreitung auf humusreichen Böden, aber mit einem Teil der Wurzeln in den Mineralboden reichend
– Humuszeiger

5 – Fast nur im humusreichen Boden wurzelnd
– Rohhumus- oder Torfzeiger
– Mineralböden meidend

X – Pflanzen sowohl auf Roh- als auch auf Humusböden wachsend

Dispersitätszahl (Durchlüftungsmangelzahl) (D)
Sie kennzeichnet die Teilchengrösse und die Durchlüftung des Bodens besonders mit Sauerstoff am Standort der Pflanze

1 – Hauptverbreitung auf Felsen, Felsbrocken und Mauern
– Felspflanze

2 – Hauptverbreitung auf mittlerem bis gröberem Schutt, Geröll oder Kies; der Durchmesser eines Geröllteilchens im Wurzelhorizont über 2 mm
– Geröll-, Kies- und Schuttpflanzen

3 – Hauptverbreitung auf durchlässigen, skelettreichen oder sandigen, sehr gut durchlüfteten Böden; der mittlere Durchmesser der Gesteinspartikel im Wurzelhorizont beträgt 0,05 – 2 mm

4 – Hauptverbreitung auf skelettarmen, meist feinsandig-staubigen mehr oder weniger gut durchlüfteten Böden; der mittlere Durchmesser der Feinerdepartikel beträgt 0,002 – 0,05 mm
– Pflanzen auf Felsen und Grobschutt nicht vorkommend

5 – Hauptverbreitung auf sehr feinkörnigen, tonigen oder torfigen, meist wasserundurchlässigen oder zumindest schlecht durchlüfteten Böden; der mittlere Durchmesser der Feinerdepartikel beträgt weniger als 0,002 mm
– Sandige, kiesige oder felsige Böden werden gemieden
– Oft Ton- oder Torfzeiger

X – Pflanzen auf felsigen sowie torfigen oder tonigen Böden

↑ – Zeiger für beweglichen Schutt.

Lichtzahl (L)
Sie ist charakteristisch für mittlere Beleuchtungsstärke, bei der die Pflanzen während ihrer Vegetationszeit noch gut wachsen können

1 – Noch in sehr schattigen Lagen wachsend
– Ausgesprochene Schattenzeiger

2 – Hauptverbreitung in schattigen Lagen
– Schattenzeiger
– Im Licht nur an konkurrenzarmen Stellen

3 – Oft im Halbschatten aufwachsend
– Im vollen Licht selten anzutreffen

4 – Hauptverbreitung im vollen Licht
– Lichtzeiger
– Zeitweise geringere Beschattung ertragend

5 – Nur im vollen Licht wachsend
– Ausgesprochener Lichtzeiger
– Keine Beschattung ertragend

Temperaturzahl (T)
Sie ist charakteristisch für die mittlere Temperatur, die die Pflanze während der Vegetationszeit erhält

1 – Hauptverbreitung in der alpinen Stufe
– An kühlen oder konkurrenzarmen Orten auch in tieferen Lagen vorkommend
– Typische Hochgebirgs- und arktische Pflanzen
– In tieferen Lagen Kältezeiger

2 – Hauptverbreitung in der subalpinen Stufe
– An sonnigen Orten auch in die alpine Stufe steigend
– An kühleren und konkurrenzarmen Stellen vereinzelt bis in die Tieflagen
– Gebirgspflanze und boreale Pflanzen

3 – Hauptverbreitung in der montanen Stufe
– Auch in der kollinen und subalpinen Stufe vorkommend
– Meist weitverbreitete Pflanzen

4 – Hauptverbreitung in der kollinen Stufe
– An sonnigen Orten auch höher hinaufsteigend
– In tieferen Lagen Mitteleuropas verbreitete Pflanzen

5 – Pflanzen nur an den wärmsten Stellen vorkommend
– Pflanzen mit Hauptverbreitung im südlichen Europa

Kontinentalitätszahl (K)
Sie kennzeichnet die Temperaturdifferenzen im Tages- und Jahresverlauf und die Luftfeuchtigkeit

1 – Hauptverbreitung in Gegenden mit ozeanischem Klima
– Notwendig sind milde Winter und hohe Luftfeuchtigkeit
– Pflanzen mit hohen Temperaturzahlen sind frostempfindlich; Pflanzen mit niederen Temperaturzahlen bedürfen langer Schneebedeckung

2 – Hauptverbreitung in Gegenden mit subozeanischem Klima
– Spätfröste und grosse Temperaturextreme nicht ertragend

3 – Hauptverbreitung ausserhalb sehr kontinentaler Gegenden

4 – Hauptverbreitung in Gegenden mit relativ kontinentalem Klima
– Große Temperaturunterschiede, niedere Wintertemperaturen und geringe Luftfeuchtigkeit ertragend
– Stellen mit langer Schneebedeckung meidend

5 – Verbreitung in Gegenden mit kontinentalem Klima
– Vorwiegend an wind- und sonnenexponierten Stellen vorkommend
– Nur in den kontinentalsten Gegenden anzutreffen

Wuchsform (W)

p Sommergrüner Phanerophyt
Holzpflanze, die mehr als 4 m hoch wird, oft baumförmig auftritt und im Herbst die Blätter oder Nadeln abwirft

n Sommergrüner Nanophanerophyt
wird bis 4 m hoch, ist strauchförmig und wirft im Herbst die Blätter oder Nadeln ab

i Immergrüner Phanerophyt
Holzpflanze, die mehr als 4 m hoch wird, oft baumförmig auftritt und mit immergrünen Blättern oder Nadeln überwintert
Immergrüner Nanophanerophyt
Holzpflanze bis 4 m hoch, strauchförmig und mit immergrünen Blättern oder Nadeln überwinternd

z Holziger Chamaephyt
Zwergstrauch, der mit Knospen über der Erdoberfläche überwintert und dessen Holzteile meist weniger als 0,5 m hoch werden

e Epiphyt
Pflanze, die auf Bäumen wächst

A: Blütezeit: Monatsangaben
Januar bis Dezember
in arabischen Zahlen (1 – 12)

B: Bestäubungsweise
I. Windbestäubung
II. Tierbestäubung
III. Selbstbestäubung (in Tabellen zwischen S. 152 und S. 481 nicht speziell aufgeführt; zusammengestellte Beispiele siehe unten)

Beispiele:

Andromeda polifolia – Rosmarinheide
Daphne cneorum – Flaumiger Seidelbast
Frangula alnus – Faulbaum
Staphylea pinnata – Pimpernuss
Loiseleuria procumbens – Alpenazalee
Vaccinium myrtillus – Heidelbeere
Vaccinium uliginosum – Rauschbeere
Arctostaphylos alpinus – Alpen-Bärentraube

Diese hier aufgeführten Arten können zur Selbstbestäubung greifen

C: Bienennährgehölze
+ besonders wertvoll
– weniger geeignet

E: Gehölze zur Bodenbedeckung
+ geeignet für die Bodenbedeckung
– ungeeignet für die Bodenbedeckung

G: Rauchharte Gehölze für Industriegebiete und Großstädte
+ geeignet
– ungeeignet

1.6. Anleitung zum Gebrauch der Bestimmungstabellen

- Der Schlüssel wird nach der gegensätzlichen Ausbildung eines Merkmals aufgebaut, wobei das betreffende Merkmal durch einen grossen lateinischen Buchstaben gekennzeichnet ist. (S. 47: A = Zahl der Staubblätter 2 – 4 pro Blüte)

  Die gegensätzliche oder andere Ausbildung des oben genannten Merkmals (S. 49: AA = Zahl der Staubblätter 5 pro Blüte) wird durch Verdoppelung des gleichen Buchstabens gegeben.
  In mehreren Fällen, wo ein Merkmal nicht nur in zwei, sondern in mehreren verschiedenen Formen ausgebildet ist, wird der betreffende Buchstabe mehrmals verwendet:

  A: 1 Griffel pro Blüte (S. 106)
  AA: 2 bis 5 Griffel pro Blüte (S. 112)
  AAA: 5 Griffel pro Blüte
  AAAA: Mehr als 5 Griffel pro Blüte

- Wurde der für die weitere Beschreibung notwendige Buchstabe bereits verwendet (z. B. zur Beschreibung einer Art), so wird, um Verdoppelungen des Buchstabens innerhalb der **gleichen Pflanzenfamilie** zu vermeiden, der gleiche Buchstabe auf der rechten Seite mit einer kleinen arabischen Zahl versehen.

  E: Kurzbeschreibung von Callúna vulgáris – Besenheide (S. 93)
  E_1: Staubblätter aus der Kronröhre herausragend; Blätter unbehaart
  E_1E_1: Staubblätter nicht aus der Kronröhre herausragend; Blätter am Rande mit langen, weissen, abstehenden Haaren.

- Buchstaben, die erstmals für ein Merkmal oder für eine Artbeschreibung verwendet werden, weisen keine arabische Zahl auf. Bei jedem Nebenschlüssel wird wieder mit dem Buchstaben A und der arabischen Zahl 1 begonnen:

  Gymnospérmae – Nacktsamer
  Nebenschlüssel 1: 2.1.1. Schlüssel zur Bestimmung der Familie (S. 33)
  Nebenschlüssel 2: 2.1.2. Schlüssel zur Bestimmung der Art (S. 37)

  Angiospermáe – Bedecktsamer
  Nebenschlüssel 1: Alle, oder der überwiegende Teil der Blüten besitzen beide Geschlechter; sie sind somit **zwittrig** (S. 47)
  Nebenschlüssel 2: Die Pflanzen sind monözisch. Die Blüten mit nur je einem Geschlecht befinden sich auf der gleichen Pflanze (S. 58)
  Nebenschlüssel 3: Die Pflanzen sind diözisch. Die eingeschlechtigen Blüten sind auf verschiedenen Individuen.

Im nachfolgenden Teil des Bestimmungsschlüssels (S. 66 – 151) wird jeweils für jede Pflanzenfamilie wiederum mit dem Buchstaben A und der arabischen Zahl 1 begonnen.

2. Bestimmungsschlüssel

2.1. Die Vertreter der Gymnospérmae-Nacktsamer

- Blüten eingeschlechtig
- Pflanzen monözisch oder diözisch
- Samenanlagen nackt, nicht in einem Fruchtknoten eingeschlossen

2.1.1. Schlüssel zur Bestimmung der Familien

A

Abb. 41
Gínkgo bíloba
Ginkgo

Blätter an Lang- und Kurztrieben, gestielt, fächerförmig, mit dichotom-gabeladeriger Verzweigung (Abb. 41)

Richtig, siehe **Ginkgoáceae** (S. 37)

Falsch, siehe AA

AA

Abb. 42
Ábies álba
Weisstanne

Abb. 43
Thúja occidentális
Abendländischer Lebensbaum

Blätter nadel (Abb. 42)- oder schuppenförmig (Abb. 43)

Richtig, siehe B; BB (S. 36) oder BBB (S. 36)

Falsch, zurück zu A

B

- Blätter alle nadelförmig
- Nadeln spiralig um den Zweig stehend, quirlig angeordnet oder durch Drehung der Basis oft zweireihig erscheinend

Richtig, siehe C (S. 34) oder CC (S. 35)

Falsch, siehe BB (S. 36) oder BBB (S. 36)

C

Abb. 44
Ábies álba
Weisstanne

Nadeln stets einzeln stehend (Abb. 44)

Richtig, siehe D oder DD

Falsch, siehe CC (S. 35)

D

Abb. 45
Táxus baccáta
Eibe

Nadeln deutlich gestielt, am Zweig 2 – 17 mm herablaufend; Zweige dadurch gefurcht erscheinend (Abb. 45)

Richtig, siehe **Taxáceae** (S. 38)

Falsch, siehe DD

DD Nadeln nicht deutlich gestielt und am Zweig nicht herablaufend

Richtig, siehe E (S. 35) oder EE (S. 35)

Falsch, zurück zu D

E

Abb. 46
Juníperus commúnis
Wacholder

Nadeln in dreizähligen Wirteln angeordnet (Abb. 46)

Richtig, siehe **Cupressáceae** (S. 39, 44 – 46)

Falsch, siehe EE

Abb. 47
Ábies álba
Weisstanne

Nadeln nicht zu 3 quirlig angeordnet (Abb. 47)

Richtig, siehe **Pináceae** (S. 40) *(Ábies, Pícea)*

Falsch, zurück zu E

CC

Abb. 48
Pínus cémbra
Zirbelkiefer

Nadeln an seitlichen Kurztrieben zu 2 oder 5 (Abb. 48)

Richtig, siehe **Pináceae** (S. 41 – 43) *(Pínus, Lárix)*

Falsch, zurück zu C (S. 34)

BB 

Abb. 49
Juníperus sabína
Sadebaum

Blätter nadel- und schuppenförmig (Abb. 49)

Richtig, siehe **Cupressáceae** (S. 39, 44 – 46)

Falsch, siehe BBB

BBB 

Abb. 50
Thúja orientális
Morgenländischer Lebensbaum

Blätter alle schuppenförmig (Abb. 50)

Richtig, siehe **Cupressáceae** (S. 39, 44 – 46)

Falsch, zurück zu BB oder B (S. 33)

2.1.2. Schlüssel zur Bestimmung der Arten

A
- Blätter an Lang- und Kurztrieben, fächerförmig, gestielt; gabeladerig (= dichotom verzweigt)
- Pflanzen diözisch
- Männliche Blüten in Kätzchen

Richtig, siehe B

Falsch, siehe AA

Ginkgoáceae – Ginkgogewächse

Gínkgo – Ginkgo

B

Abb. 51
G. bíloba
Ginkgo

Abb. 52
G. bíloba
Ginkgo

Gínkgo bíloba L.
Gínkgo-Baum
(S. 152)

- Männliche Blüten in kurzgestielten, lockeren Kätzchen vereinigt (Abb. 51); Staubblätter mit 2 Pollensäcken
- Weibliche Blüten am Ende einer längeren, blattlosen Achse, mit rudimentären Fruchtblättern; an diesjährigen Kurztrieben (Abb. 52)
- Blätter fächerförmig, gestielt, dichotom verzweigt
- Blattnarben (bei langen Kurztrieben gut sichtbar) mit 2 Blattspuren

AA
- Blätter nadel- oder schuppenförmig
- Pflanzen monözisch oder diözisch

Richtig, siehe B_1; B_1B_1 (S. 43) oder $B_1B_1B_1$ (S. 44)

Falsch, zurück zu A

B_1 Blätter alle nadelförmig, meist spiralig um den Zweig stehend oder durch Drehung der Basis quirlig oder zweireihig angeordnet

Richtig, siehe C oder CC (S. 41)

Falsch, siehe B_1B_1 (S.43) oder $B_1B_1B_1$ (S. 44)

C
- Nadeln an Langtrieben stets einzeln stehend, spiralig oder scheinbar zweizeilig – oder zu 3 quirlig angeordnet
- Auffallende Kurztriebe fehlen

Richtig, siehe D (S. 38) oder DD (S. 38)

Falsch, siehe CC (S. 41)

D ● Nadeln deutlich gestielt und am Zweig 2 – 18 mm herablaufend — Richtig, siehe E
● Zweige deutlich gefurcht — Falsch, siehe DD
● Männliche und weibliche Blüten in den Achseln von Nadeln

Taxáceae – Eibengewächse

Táxus – Eibe

E

Abb. 53
T. baccáta
Eibe

Abb. 54
T. baccáta
Eibe

Táxus baccáta L.
Eibe
(S. 154)

● Männliche Blüten im entwickelten Zustand mit einem weissen Stiel, am Grunde mit durchsichtigen bis grüngelben Schuppen und 5 – 9 radiär angeordneten Staubblättern (Abb. 53)

● Jedes Staubblatt mit 4 – 8 herabhängenden, hellgelben Pollensäcken

● Weibliche Blüten klein, grün, laubknospenähnlich, zweigunterseits, einzeln, voneinander ziemlich weit entfernt

● Nadeln gestielt, an den Zweigen herablaufend, stachelspitzig, oberseits glänzend dunkelgrün; die Unterseite weist 2 blassgrüne Bänder auf (Abb. 54)

DD Nadeln nicht deutlich gestielt und am Zweig nicht herablaufend — Richtig, siehe E_1 oder E_1E_1 (S. 39)

Falsch, zurück zu D

E_1 ● Nadeln in 3-zähligen Wirteln — Richtig, siehe F (S. 39) oder FF (S. 39)
● Nadeln mit hellem Spaltöffnungsstreifen

Falsch, siehe E_1E_1 (S. 39)

Cupressáceae – Zypressengewächse

Juníperus – Wacholder

F

Abb. 55
J. commúnis
Gewöhnlicher W.

Abb. 56
J. commúnis
Gewöhnlicher W.

Juníperus commúnis L.
Gewöhnlicher Wacholder
(S. 156)

- Männliche Blüten in kleinen, blattachselständigen, gelben, eiförmig – bis kugeligen Blütenständen (Abb. 55)
- Jedes Staubblatt trägt an seiner Unterseite meist 4 (3 – 7) Pollensäcke
- Weibliche Blüten laubknospenähnlich, einzeln, aufgerichtet, grün, 2 mm lang, aus 3 Fruchtblättern bestehend
- Nadeln lineal-pfriemenförmig, bis 21 mm lang, 1 – 2 mm breit, oberseits schwach rinnig, scharf stachelspitzig, mit einem weissen Mittelband versehen (Abb. 56)
- Nadelquirlen stehen weit auseinander

FF

Abb. 57
J. c. ssp. alpína
Zwerg-W.

Abb. 58
J. c. ssp. alpína
Zwerg-W.

Juníperus commúnis L. ssp. alpína (Neilr.) Ĉelak.
Zwerg-Wacholder
(S. 158)

- Männliche Blüten in kleinen, blattachselständigen, gelben, eiförmigen Blütenständen (Abb. 57)
- Nadeln 4 – 8 mm lang, 1 – 2 mm breit, weicher als bei Juníperus commúnis, sichelförmig gekrümmt, plötzlich zugespitzt, mit einem dicken weissen Mittelband, nicht stechend, dachziegelartig sich deckend (Abb. 58)
- Nadelquirlen stehen nahe beieinander

E_1E_1 Nadeln nicht in 3-zähligen Wirteln, sondern einzeln stehend

Richtig, siehe F_1 (S. 40)
oder F_1F_1 (S. 40)

Falsch, zurück zu E_1 (S. 38)

Pináceae – Föhrengewächse

Ábies – Tanne

F_1

Abb. 59
A. álba
Weisstanne

Abb. 60
A. álba
Weisstanne

Ábies álba Mill.
Weisstanne
(S. 170)

- Männliche Blüten in länglich-eiförmigen, schräg abstehenden, 2 – 3 cm langen, gelbbraunen Kätzchen; diese am Fuss von zahlreichen, bräunlichen, schuppenförmigen Blättern umgeben (Abb. 59)
- Weibliche Blüten in aufrechten, grünen, fast nur in der Wipfelregion zu findende, 2 – 6 cm lange Zapfen
- Deckschuppe senkrecht aufsteigend, grün, mit zwei weissen Streifen, oben in einen langen Fortsatz übergehend, länger als die Fruchtschuppe
- Nadeln bis 30 mm lang, 2 – 3 mm breit, oberseits gut sichtbar gescheitelt, unterseits mit 2 weissen Spaltöffnungsreihen, an der Spitze gekerbt, am Grunde stielartig verschmälert, mit einer scheibenförmig verbreiterten Basis dem Zweig aufsitzend (Abb. 60)

Pícea – Fichte, Rottanne

F_1F_1

Abb. 61
P. ábies
Rottanne

Abb. 62
P. ábies
Rottanne

Pícea ábies (L). Karst.
Rottanne
(S. 172)

- Männliche Blüten in kugeligen bis schmal-zylindrischen, zuerst roten, später gelben Kätzchen (Abb. 61)
- Weibliche Blüten in aufrechten, purpurroten, 2 – 4 cm langen Zapfen (Abb. 62); nach der Blütezeit neigen sich die Zapfen
- Nadeln vom Zweig seitlich und aufwärts abstehend, säbelförmig gekrümmt, steif, deutlich 4-kantig, 10 – 25 mm lang, 1 – 2 mm breit, zugespitzt, auf allen 4 Seiten mit Spaltöffnungslinien
- Fruchtschuppen rhombisch, am Rande gewellt und gezähnelt, rötlich; Deckschuppe klein bleibend

CC	● Nadeln an seitlichen Kurztrieben zu 2 oder 5; oder	Richtig, siehe D_1 oder D_1D_1 (S. 43)
	● Nadeln an seitlichen Kurztrieben zu 15 – 30 rosettenartig gehäuft, an Langtrieben einzeln und spiralig angeordnet	Falsch, zurück zu C (S. 37)

D_1	● Nadeln zu 2 oder 5 in Kurztrieben verwachsen	Richtig, siehe E_2 oder E_2E_2
	● Nadeln mehrjährig	Falsch, siehe D_1D_1 (S. 43)

E_2	Nadeln zu 2 im Kurztrieb	Richtig, siehe F_2 oder F_2F_2 (S. 42)
		Falsch, siehe E_2E_2 (S. 42)

Pínus – Föhre, Kiefer

F_2

Abb. 63
P. múgo
Berg-Kiefer

Abb. 64
P. múgo
Berg-Kiefer

Pínus múgo Turra
Berg-Kiefer
(S. 174)

● Männliche Blüten in rötlich-gelben bis grünlich-gelben, (Abb. 63), 3 – 8 cm langen, länglich-eiförmigen Kätzchen

● Weibliche Blüten in violetten, gestielten, breit-eiförmigen, aufrechten Zäpfchen (Abb. 64)

● Fruchtschuppen fleischig, breit, abgerundet, in der Mitte mit einem stark vorspringenden, leicht gebogenen Kiel versehen; Deckschuppen klein

● Rinde schwärzlich

● Nadeln 2 – 8 cm lang, derb, dichtstehend, dem Zweig mehr oder weniger stark zugekrümmt, halbstielrund, vorn leicht zugespitzt

F_2F_2

Abb. 65
P. sylvéstris
Wald-Föhre

Abb. 66
P. sylvéstris
Wald-Föhre

Pínus sylvéstris
Wald-Kiefer, Wald-Föhre
(S. 176)

- Männliche Blüten in gelben, 3 – 8 cm langen, schmal-eiförmigen Kätzchen (Abb 65)
- Weibliche Blüten in violetten, gestielten, eiförmigen, aufrechten Zäpfchen (Abb. 66)
- Fruchtschuppen fleischig, breit, abgerundet, etwas kleiner als bei P. múgo, in der Mitte mit einem kleinen, stark nach oben gebogenen Kiel versehen
- Rinde besonders im oberen Teil des Baumes braunrot
- Nadeln 2 – 7 cm lang, halbstielrund, etwas gedreht, stachelspitzig

---

E_2E_2 Nadeln zu 5 im Kurztrieb

Richtig, siehe F_3 oder F_3F_3 (S. 43)
Falsch, zurück zu E_2 (S. 41)

F_3

Abb. 67
P. cémbra
Arve

Abb. 68
P. cémbra
Arve

Pínus cémbra L.
Arve, Zirbelkiefer
(S. 178)

- Männliche Blüten in 1 – 2 cm langen, roten, aufrechten Kätzchen; zahlreiche von ihnen am Ende der Triebe gehäuft (Abb. 67)
- Weibliche Blüten in blauvioletten, eiförmigen, aufrechten Zäpfchen; diese zu 2 – 4 zusammen; Zapfenstiele hinter Schuppen verborgen (Abb. 68)
- Fruchtschuppen purpurviolett, oberseits gewölbt, mit einem schwachen Kiel versehen
- Nadeln dreikantig, weisse Längsstreifen aufweisend, stumpfspitzig, an den Rändern fein gesägt, 5 – 12 cm lang
- Nadelbüschel dicht stehend

F_3F_3

Abb. 69
P. stróbus
Weymouths-K.

Abb. 70
P. stróbus
Weymouths-K.

Pínus stróbus L.
Weymouths-Kiefer
(S. 180)

- Männliche Blüten in blassgelben, nach der Blütezeit bräunlichen Kätzchen; zahlreiche von ihnen am Ende der Triebe gehäuft (Abb. 69)
- Weibliche Blüten in blaugrünen, schlanken-eiförmigen, lang gestielten, aufrechten Zäpfchen; diese oft zu 2 – 4 zusammen; Zapfenstiele deutlich sichtbar (Abb. 70)
- Schuppen breit-dreieckig, grün, ohne Kiel
- Nadeln dreikantig, weisse Längsstreifen aufweisend, meist zugespitzt, sich weich anfühlend, bis 12 cm lang
- Nadelbüschel locker stehend

D_1D_1 Nadeln an seitlichen Kurztrieben, zu 15 – 30 rosettenartig gehäuft, an Langtrieben einzeln und spiralig angeordnet — Richtig, siehe E_3 — Falsch, zurück zu D_1 (S. 41)

Lárix – Lärche

E_3

Abb. 71
L. decídua
Europäische L.

Abb. 72
L. decídua
Europäische L.

Lárix decídua Mill.
Europäische Lärche
(S. 182)

- Männliche Blüten in grüngelben, eiförmig-kugeligen, abstehenden oder abwärts gerichteten, 5 – 10 mm langen Zäpfchen (Abb. 71)
- Weibliche Blüten in purpurroten, aufrechten, am Grunde oft von einem Nadelkranz umgebenen rundlich-eiförmigen Zäpfchen (Abb. 72)
- Deckschuppen länger als die kleinen, rundlichen Fruchtschuppen, mit einer längeren, in der Ausrandung stehenden Spitze versehen, zur Blütezeit lebhaft dunkelrot gefärbt

---

B_1B_1 Blätter nadelförmig (besonders bei Pflanzen bis zum 10. Lebensjahr oder bei kultivierten Exemplaren) und schuppenförmig (meist diese Art von Blättern vertreten) — Richtig, siehe C_1 (S. 44) — Falsch, siehe $B_1B_1B_1$ (S. 44)

Cupressáceae – Zypressengewächse

Juníperus – Wacholder

C_1

Abb. 73
J. sabína
Sevibaum

Abb. 74
J. sabína
Sevibaum

Juníperus sabína L.
Sevibaum, Sadebaum
(S. 160)

● Schuppenförmige Blätter 1 – 3 cm lang, kreuzweise gegenständig, dem Zweig anliegend, in der Mitte meist mit einer Drüse, sich dachziegelförmig deckend, abgerundet oder zugespitzt (Abb. 73)

● Nadelförmige Blätter lanzettlich, 4 mm lang, scharf zugespitzt, vom Zweig abstehend

● Blüten an Zweigen endständig (Abb. 74)

B_1B_1 ● Blätter alle schuppenförmig
B_1 ● Zweige rundlich bis vierkantig oder flachgedrückt

Richtig, siehe C_2 oder C_2C_2 (S. 45)
Falsch, zurück zu B_1 (S. 37)

C_2 Zweige 4kantig

Richtig, siehe D_2
Falsch, siehe C_2C_2 (S. 45)

Cupréssus – Zypresse

D_2

Abb. 75
C. sempérvirens
Echte Zypresse

Abb. 76
C. cempérvirens
Echte Zypresse

Cupréssus sempérvirens L.
Echte Zypresse
(S. 162)

● Männliche Blütenstände gelbbraun, am Ende von Seitentrieben (Abb. 75)

● Zweige 4kantig, Borke rotbraun, dünn, längsrissig und faserig

● Blattquirle in der Regel 2zählig; Blätter an jüngeren Zweigen schuppenartig und angepresst, später auseinanderrückend (Abb. 76)

● Junge Zapfen grün; ältere bräunlich, 2 – 4 cm lang, rundlich-eiförmig, mit 8 – 10 Schildern

C_2C_2 Zweige flachgedrückt

Richtig, siehe D_3; D_3D_3 oder $D_3D_3D_3$ (S. 46)

Falsch, zurück zu C_2 (S. 44)

Chamaecýparis – Scheinzypresse

D_3

Abb. 77
Ch optúsa
Feuer-Sch.

Abb. 78
Ch. optúsa
Feuer-Sch.

Chamaecýparis obtúsa Sieb. et Zucc. ex Endl.
Feuer-Scheinzypresse
(S. 164)

● Flächen- und kantenständige Blättchen verschieden (Abb. 77)

● Flächenständige Blättchen auf dem Rücken mit einer oder mehr oder weniger deutlichen Drüsenfurche

● Blättchen dicklich, fest anliegend, sehr dicht stehend, stumpflich; kantenständige Blättchen fast sichelförmig

● Männliche Blüten in aufrechten oder abstehenden, eiförmigen, braunroten bis braun-schwarzen Kätzchen (Abb. 78)

● Grüne Zäpfchen kugelig, 1 cm lang, aus 6 – 8 Schuppen; diese in der Mitte mit kurzer, aufwärts gebogener Spitze

D_3D_3

Abb. 79
T. occidentális
Amerikanischer L.

Abb. 80
T. occidentális
Amerikanischer L.

Thúja occidentális L.
Amerikanischer Lebensbaum
(S. 166)

● Blüten am Ende von Seitentrieben (Abb. 79)

● Oberseits der Blätter dunkelgrün, Unterseite blassgrün, aber ohne weissliche Zeichnung

● Flächenblätter mit einem Drüsenhöcker unter der Spitze; Kantenblätter mit freier Spitze und einwärts gekrümmt (Abb. 80)

● Zerriebene Blätter riechen unangenehm

● Zapfen 6 – 12 mm lang mit acht bis zehn sich ziegelartig deckenden, zu Reife aufklaffenden Schuppen; keine Hörner an den Schuppen

D_3D_3
D_3

Abb. 81
T. orientális
Chinesischer L.

Abb. 82
T. orientális
Chinesischer L.

Thúja orientális L.
Chinesischer Lebensbaum
(S. 168)

● Blüten am Ende von Seitentrieben (Abb. 81)

● Blätter auf beiden Seiten gleichfarbig, schuppenförmig, gegenständig, dachziegelartig angeordnet und dem Zweig angedrückt (Abb. 82)

● Zapfen eiförmig, bis 15 mm lang, fleischig, mit sechs Schuppen, welche auf dem Rücken je einen zurückgekrümmten Dorn aufweisen, vor der Reife bläulichweiss und im reifen Zustand verholzt und braun gefärbt

2.2. Die Vertreter der Angiospérmae-Bedecktsamer

- Blüten zwittrig oder eingeschlechtig
- Pflanzen zwittrig, monözisch oder diözisch
- Samenanlagen in einem Fruchtknoten eingeschlossen

2.2.1. Schlüssel zur Bestimmung der Familien

Nebenschlüssel 1:	Alle, oder der überwiegende Teil der Blüten **zwittrig**	Seiten: 47– 57 Seiten: 66–125
Nebenschlüssel 2:	Pflanzen **monözisch**	Seiten: 58– 61 Seiten: 125–139
Nebenschlüssel 3:	Pflanzen **diözisch**	Seiten: 62– 65 Seiten: 140–151

Nebenschlüssel 1: Pflanzen zwittrig

A	Zahl der Staubblätter 2 – 4 pro Blüte	Richtig, siehe B, BB (S. 48) oder BBB (S. 48) Falsch, siehe AA (S. 49), AAA (S. 52) oder AAAA (S. 56)
B	● Zahl der Staubblätter 2 pro Blüte ● Blüte mit – oder ohne Blütenhülle	Richtig, siehe **Labiátae** (S. 66) *(Rosmarínus officinális)* **Oleáceae** (S. 66 – 69) Falsch, siehe BB (S. 48) oder BBB (S. 48)

BB

Abb. 83
Émpetrum nígrum L. ssp. hermaphrodítum
Krähenbeere

- Zahl der Staubblätter 3 pro Blüte
- Staubblätter dunkelpurpurn (Abb. 83)
- Blüten mit purpurroten Kronblättern
- Zwergstrauch

Richtig, siehe **Empetráceae** (S. 69)

Falsch, siehe BBB

BBB
- Zahl der Staubblätter 4 pro Blüte
- Blüten mit Blütenhülle

Richtig, siehe C oder CC (S. 49)

Falsch, zurück zu B (S. 47)

C

Abb. 84
Ílex aquifólium
Stechpalme

Abb. 85
Euónymus europaeus
Pfaffenhütchen

Fruchtknoten oberständig (Abb. 84, 85)

Richtig, siehe **Aquifoliáceae** (S. 70) oder **Celastráceae** (S. 71)

Falsch, siehe CC (S. 49)

CC 

Abb. 86
Córnus sanguínea
Hartriegel

- Fruchtknoten mittel- oder unterständig
- Blüten gelb, weiss (Abb. 86) oder grünlich

Richtig, siehe **Cornáceae** (S. 71, 72) oder **Rhamnáceae** (S. 72, 73) (*Rhámnus frángula* siehe unter Blüten mit 5 Staubblättern)

Falsch, zurück zu C (S. 48)

AA Zahl der Staubblätter 5 pro Blüte

Richtig, siehe B_1 oder B_1B_1

Falsch, siehe AAA (S. 52) oder AAAA (S. 56)

B_1 

Abb. 87
Úlmus glábra
Berg-Ulme

- Blütenhülle einfach; aus miteinander verwachsenen Perigonblättern bestehend (Abb. 87)
- Blüten in dichten Büscheln in den Achseln von Niederblättern, trichterförmig und vor der Belaubung erscheinend
- Fruchtknoten oberständig

Richtig, siehe **Ulmáceae** (S. 74, 75)

Falsch, siehe B_1B_1

B_1B_1 Blütenhülle aus Kelch- und Kronblättern zusammengesetzt

Richtig, siehe C_1 (S. 50) oder C_1C_1 (S. 50)

Falsch, zurück zu B_1

C_1

Abb. 88
Rhámnus frángula
Faulbaum

- Staubblätter vor den kleinen, weissen Kronblättern liegend (Abb. 88)
- Blüten gestielt
- Fruchtknoten oberständig

Richtig, siehe **Rhamnáceae** *(Rhámnus frángula)* (S. 76)

Falsch, siehe C_1C_1

C_1C_1 Staubblätter nicht vor den Kronblättern liegend, sondern mit diesen abwechselnd

Richtig, siehe D oder DD (S. 51)

Falsch, zurück zu C_1

D Blätter gegenständig angeordnet

Richtig, siehe E oder EE (S. 51)

Falsch, siehe DD (S. 51)

E

Abb. 89
Lonícera caerúlea
Blaues Geissblatt

Kronblätter miteinander verwachsen (Abb. 89)

Richtig, siehe F (S. 51) oder FF (S. 51)

Falsch, siehe EE (S. 51)

F

Abb. 90
Loiseléuria procúmbens
Alpenazalee

Niederliegender, teppichbildender Zwergstrauch in der subalpinen und alpinen Stufe (Abb. 90)

Richtig, siehe **Ericáceae** (S. 76) *(Loiseléuria)*

Falsch, siehe FF

FF Aufrechte oder kletternde Sträucher

Richtig, siehe **Caprifoliáceae** (S. 77 – 81)

Falsch, zurück zu F

EE

Abb. 91
Staphyléa pinnáta
Pimpernuss

- Kronblätter miteinander nicht verwachsen (Abb. 91)
- Blätter unpaarig gefiedert, mit 5 – 7 Fiederblättchen

Richtig, siehe **Staphyleáceae** (S. 82)

Falsch, zurück zu E (S. 50)

DD Blätter wechselständig angeordnet

Richtig, siehe E_1 (S. 52) oder E_1E_1 (S. 52)

Falsch, zurück zu D (S. 50)

E_1

Abb. 92
Hédera hélix
Efeu

- Blüten in doldenartigen Bütenständen (Abb. 92)
- Pflanze immergrün
- Blätter lederig
- Kletterpflanze

Richtig, siehe **Araliáceae** (S. 83)

Falsch, siehe E_1E_1

E_1E_1

Abb. 93
Ríbes úva-críspa
Stachelbeere

- Blüten in überhängenden oder aufrechten, vielblütigen Trauben oder zu 1 – 3 (Abb. 93)
- Pflanze sommergrün
- Blätter nicht lederig
- Keine Kletterpflanze

Richtig, siehe **Saxifragáceae** (S. 83 – 85) *(Ríbes)*

Falsch, zurück zu E_1

AA Zahl der Staubblätter
A 6 – 10 pro Blüte

Richtig, siehe B_2; B_2B_2 (S. 53) oder $B_2B_2B_2$ (S. 54)

Falsch, siehe AAAA (S. 56)

B_2 Zahl der Staubblätter 6 pro Blüte

Richtig, siehe C_2 (S. 53) oder C_2C_2 (S. 53)

Falsch, siehe B_2B_2 (S. 53) oder $B_2B_2B_2$ (S. 54)

C_2

Abb. 94
Bérberis vulgáris
Sauerdorn

- Dorniger Strauch
- Blüten gelb, 6-zählig (Abb. 94)
- Fruchtknoten oberständig (Abb. 94)
- Kelch- und Kronblätter miteinander nicht verwachsen

Richtig, siehe **Berberidáceae** (S. 85)

Falsch, siehe C_2C_2

C_2C_2

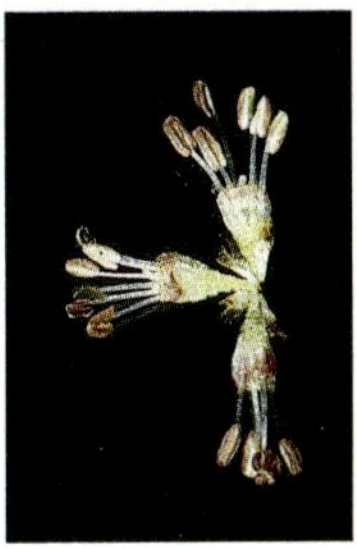

Abb. 95
Úlmus glábra
Berg-Ulme

- Baum ohne Dornen
- Blüten grünlich, aus 4 – 8 (meist 5 oder 6) miteinander verwachsenen Perigonblättern (Abb. 95)
- Fruchtknoten oberständig

Richtig, siehe **Ulmáceae** (S. 74, 75)

Falsch, zurück zu C_2

B_2B_2

Abb. 96
Áesculus hippocástanum
Gemeine Rosskastanie

- Zahl der Staubblätter 7 pro Blüte (Abb. 96)
- Baum mit bis zum Grunde geteilten Blättern
- Blüten zygomorph

Richtig, siehe **Hippocastanáceae** (S. 86)

Falsch, siehe $B_2B_2B_2$ (S. 54)

B_2B_2 B_2 Zahl der Staubblätter 8 oder 10 pro Blüte

Richtig, siehe C_3; C_3C_3 (S. 55) oder $C_3C_3C_3$ (S. 55)

Falsch, zurück zu B_2B_2 (S. 53) oder B_2 (S. 52)

C_3 Zahl der Staubblätter 8 pro Blüte

Richtig, siehe D_1, D_1D_1 oder $D_1D_1D_1$

Falsch, siehe C_3C_3 (S. 55)

D_1

Abb. 97
Úlmus laevis
Flatter-Ulme

- Blüten lang gestielt und grünlich (Abb. 97)
- Zahl der miteinander verwachsenen Perigonblätter 6 – 8
- Zahl der Staubblätter 6 – 8 (Abb. 97)

Richtig, siehe **Ulmáceae** (S. 74, 75)

Falsch, siehe D_1D_1

D_1D_1
- Blütenhülle aus je 5 freien Kelch- und Kronblättern
- 8 Staubblätter meist in einem ringförmigen Diskus eingebettet

Richtig, siehe **Aceráceae** (S. 86 – 88)

Falsch, siehe $D_1D_1D_1$

D_1D_1 D_1
- Blüten aus 4 miteinander röhrig verwachsenen Perianthblättern zusammengesetzt
- 8 Staubblätter in der Röhre in 2 Reihen angeordnet

Richtig, siehe **Thymelaeáceae** (S. 89 – 91)

Falsch, zurück zu D_1 oder D_1D_1

C_3C_3 ● Zahl der Staubblätter 8 oder 10 pro Blüte
● 4 oder 5 freie Kelchblätter, radiär
● 4 oder 5 miteinander verwachsene Kronblätter, radiär

Richtig, siehe **Ericáceae** (S. 91 – 98)

Falsch, siehe $C_3C_3C_3$

C_3C_3 ● Zahl der Staubblätter 10 pro Blüte
C_3 ● Blüten zygomorph

Richtig, siehe D_2 oder D_2D_2

Falsch, zurück zu C_3C_3 oder C_3 (S. 54)

D_2

Abb. 98
Cércìs siliquástrum
Judasbaum

● Alle 10 Staubblätter frei, oder nur am Grunde miteinander verbunden
● Oberstes Kronblatt von den beiden seitlichen eingefasst
● Blüten rosa-violett (Abb. 98)

Richtig, siehe **Leguminósae** (S. 99) *(Caesalpiniaceae)*

Falsch, siehe D_2D_2

D_2D_2

Abb. 99
Coronílla émerus
Kronwicke

● Alle 10 Staubblätter bis hoch hinauf zu einer Röhre verwachsen
oder
● 9 Staubblätter miteinander verwachsen und das oberste frei (Abb. 99)

Richtig, siehe **Leguminósae** (S. 100 – 103) *(Papilionoideae)*

Falsch, zurück zu D_2

AA AA	Zahl der Staubblätter mehr als 10	Richtig, siehe B_3 oder B_3B_3 (S. 57) Falsch, zurück zu A (S. 47)
B_3	Blütenhülle als Perigon ausgebildet	Richtig, siehe C_4 oder C_4C_4 Falsch, siehe B_3B_3 (S. 57)
C_4	Zahl der Perigonblätter 4 pro Blüte	Richtig, siehe D_3 oder D_3 D_3 Falsch, siehe C_4C_4 (S. 57)

D_3

Abb. 100
Laurus nóbilis
Lorbeerbaum

- Pflanze nicht rankend
- Perigonblätter gelblich-weiss (Abb. 100)
- Männliche Blüten mit 10 – 14 Staubblättern (meist 12)
- Weibliche Blüten mit 1 Fruchtknoten und sterilem Androeceum

Richtig, siehe **Lauráceae** (S. 150)

Falsch siehe D_3D_3

D_3D_3

Abb. 101
Clématis vitálba
Waldrebe

- Pflanzen rankend
- Perigonblätter weiss (Abb. 101) oder violett
- Blüten stets zwittrig
- Zahl der Fruchtknoten zahlreich (Abb. 101)

Richtig, siehe **Ranunculáceae** (S. 103, 104)

Falsch, zurück zu D_3

C_4C_4

Abb. 102
Magnólia
Magnolie

- Zahl der Perigonblätter 9 pro Blüte
- Blüten mit stark verlängerten Blütenachsen und zahlreichen Staubblättern (Abb. 102)

Richtig, siehe **Magnoliáceae** (S. 104, 105)

Falsch, zurück zu C_4 (S. 56)

B_3B_3 Blütenhülle aus 5 Kelch- und 5 Kronblättern bestehend

Richtig, siehe C_5 oder C_5C_5

Falsch, zurück zu B_3 (S. 56)

C_5

Abb. 103
Tília platyphýllos
Sommer-Linde

- Blütenstand mit 3 – 6 gestielten Blüten und einem länglichen, gelbgrünen, mit dem Blütenstandstiel verbundenen Hochblatt (= Flügelblatt) (Abb. 103)
- Fruchtknoten oberständig

Richtig, siehe **Tiliáceae** (S. 105, 106)

Falsch, siehe C_5C_5

C_5C_5

Abb. 104
Prúnus ávium
Süsskirsche

- Blütenstand ohne Hochblatt
- Fruchtknoten unterständig (Abb. 104) oder am Grunde von einem Achsenbecher umgeben

Richtig, siehe **Rosáceae** (S. 106 – 125)

Falsch, zurück zu C_5

Nebenschlüssel 2: Pflanzen monözisch

A

Abb. 105
Ficus cárica
Echter Feigenbaum

- Blüten im Innern eines birnenförmigen Blütenbechers (Abb. 105)

Richtig, siehe **Moráceae** (S. 126) *(Ficus)*

Falsch, siehe AA

AA Blüten äusserlich gut sichtbar

Richtig, siehe B oder BB (S. 48)

Falsch, zurück zu A

B Männliche und weibliche (auch zwittrige!) Blüten in den gleichen Blütenständen

Richtig, siehe C oder CC (S. 59)

Falsch, siehe BB (S. 59)

C

Abb. 106
Ácer pseudoplátanus
Berg-Ahorn

- Blüten in Trauben oder Rispen (Abb. 106)
- Je 5 grünliche Kelch- und Kronblätter
- Staubblätter 8 pro Blüte
- Pflanzen morphologisch zwittrig, funktionell, meist monözisch
- Pflanze sommergrün

Richtig, siehe **Aceráceae** (S. 86–88)

Falsch, siehe CC (S. 59)

CC

Abb. 107
Búxus sempér-virens
Buchsbaum

- Blüten in achselständigen Ähren
- Seitenblüten männlich, Endblüten weiblich (Abb. 107)
- Pflanze immergrün

Richtig, siehe **Buxáceae** (S. 127)

Falsch, zurück zu C (S. 58)

BB Männliche und weibliche Blüten **nicht** in den gleichen Blütenständen (Bei Fráxinus excélsior Übergänge zwischen zwittrigen, männlichen oder weiblichen Blüten an der gleichen Pflanze)

Richtig, siehe C_1; C_1C_1, $C_1C_1C_1$ oder $C_1C_1C_1C_1$ (S. 60)

Falsch, zurück zu B (S. 58)

C_1

Abb. 108
Fráxinus excélsior
Esche

- Blüten in aufrechten oder hängenden Rispen
- Blütendecke fehlend (Abb. 108)
- Blüten vor den Laubblättern erscheinend

Richtig, siehe **Oleáceae** (S. 66–69)

Falsch, siehe C_1C_1, $C_1C_1C_1$ oder $C_1C_1C_1C_1$ (S. 60)

C_1C_1

Abb. 109
Mórus álba
Weisser Maulbeerbaum

- Blüten in kurzen Ähren (Abb. 109)
- Pflanze kann auch diözisch sein
- Blüten nach der Blattentfaltung erscheinend

Richtig, siehe **Moráceae** (S. 126) *(Mórus)*

Falsch, siehe $C_1C_1C_1$ oder $C_1C_1C_1C_1$

C_1C_1
C_1

Abb. 110
Plátanus x acerifólia
Platane

- Blüten in langgestielten, hängenden und kopfigen Blütenständen (Abb. 110)
- Blüten mit den Blättern erscheinend

Richtig, siehe **Plataná-ceae** (S. 127)

Falsch, siehe $C_1C_1C_1C_1$

C_1C_1
C_1C_1

Abb. 111
Álnus glutinósa
Schwarz-Erle

Wenigstens die männlichen Blüten in kätzchenartigen Blütenständen (Abb. 111)

Richtig, siehe D, DD oder DDD (S. 61)

Falsch, zurück zu C_1 (S. 59)

D

Abb. 112
Júglans régia
Walnussbaum

- Weibliche Blütenstände 2–3 blütig, endständig an neuen Trieben
- Männliche Blüten an vielblütigen seitenständigen, hängenden Kätzchen (Abb. 112)
- Blüten mit den unpaarig gefiederten Blättern erscheinend

Richtig, siehe **Juglandáceae** (S. 128)

Falsch, siehe DD oder DDD

DD

Abb. 113
Álnus víridis
Grün-Erle

- Männliche Kätzchen sehr dichtblütig, länglich, hängend (Abb. 113)
- Staubblätter meist gespalten

Richtig, siehe **Betuláceae** (S. 128–134)

Falsch, siehe DDD

DDD

Abb. 114
Fágus sylvática
Buche

- Männliche Kätzchen unterbrochen-blütig, hängend oder aufrecht; oder kugelig-eiförmig und hängend (Abb. 114)
- Staubblätter nicht gespalten

Richtig, siehe **Fagáceae** (S. 135–139)

Falsch, zurück zu D

Nebenschlüssel 3: Pflanzen diözisch

A

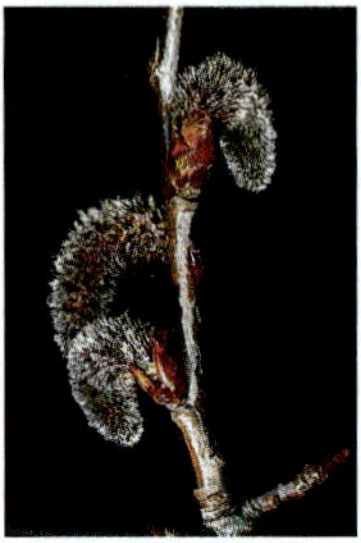

Abb. 115
Pópulus trémula
Zitter-Pappel

- Blüten in aufrechten, abstehenden oder hängenden Kätzchen vereinigt (Abb. 115)
- Blüten ohne Blütenhülle, nur mit je einem Tragblatt versehen

Richtig, siehe **Salicáceae** (S. 140 – 149) *(Sálix, Pópulus)*

Falsch, siehe AA oder AAA

AA

Abb. 116
Mórus álba
Weisser Maulbeerbaum

- Blüten in kurzen Ähren (Abb. 116)

Richtig, siehe **Moráceae** (S. 126) *(Mórus)*

Falsch, siehe AAA

AAA Blüten weder in Kätzchen, noch in ährenartigen oder kopfigen Blütenständen

Richtig, siehe B (S. 63) oder BB (S. 63)

Falsch, zurück zu A

B

Abb. 117
Víscum álbum
Mistel

- Auf Bäumen schmarotzende, kleine und kugelige Sträucher
- Blüten zu 3 – 5 in sitzenden Trugdolden
- Blätter wintergrün, gegenständig, derb, lanzettlich, ganzrandig (Abb. 117)

Richtig, siehe **Lorantháceae** (S. 149) *(Víscum)*

Falsch, siehe BB

BB Nicht auf Bäumen schmarotzende Pflanzen

Richtig, siehe C oder CC

Falsch, zurück zu B

C

Abb. 118
Fráxinus excélsior
Esche

- Blüten ohne Blütenhülle (Abb. 118)
- Männliche Blüten mit je 2 Staubblättern
- Weibliche Blüten mit je 1 Fruchtknoten

Richtig, siehe **Oleáceae** (S. 66 – 69)

Falsch, siehe CC

CC Blüten mit Blütenhüllblättern

Richtig, siehe D oder DD (S. 65)

Falsch, zurück zu C

D Blütenhülle einfach, aus 2, 4 oder 6 Perigonblättern bestehend

Richtig, siehe E, EE oder EEE (S. 64)

Falsch, siehe DD (S. 65)

E

Abb. 119
Hippóphaë rhamnoídes
Sanddorn

- Blütenhülle aus einem 2teiligen Perigon
- Männliche Blüten mit 4 Staubblättern (Abb. 119)
- Strauch mit lanzettlichen Blättern und Dornen

Richtig, siehe **Elaeagnáceae** (S. 150)

Falsch, siehe EE oder EEE

EE

Abb. 120
Laurus nóbilis
Echter Lorbeerbaum

- Blütenhülle aus einem 4teiligen Perigon
- Männliche Blüten mit mehr als 10 Staubblättern (meist 12)
- Strauch immergrün, dornenlos (Abb. 120)

Richtig, siehe **Lauráceae** (S. 150)

Falsch, siehe EEE

EEE

Abb. 121
Rúscus aculeátus
Mäusedorn

- Blütenhülle aus einem 6teiligen Perigon (Abb. 121)
- Männliche Blüten mit 3 Staubblättern

Richtig, siehe **Liliáceae** (S. 151)

Falsch, zurück zu E

DD Blüten aus Kelch- und Kronblättern bestehend

Richtig, siehe E_1 oder E_1E_1

Falsch, zurück zu D (S. 63)

E_1

Abb. 122
Rhámnus cathárticus
Kreuzdorn

- Blüten mit meist je 4 Kelch- und Kronblättern (seltener 5-zählig)
- Griffel 2- oder 4teilig
- Blüten oft mit Rudimenten des anderen Geschlechtes (Abb. 122)

Richtig, siehe **Rhamnáceae** (S. 72, 73, 76)

Falsch, siehe E_1E_1

E_1E_1 Blüten mit je 5 Kelch- und Kronblättern

Richtig, siehe F oder FF

Falsch, zurück zu E_1

F

Abb. 123
Ríbes alpínum
Alpen-Johannisbeere

- Blütenstand aufrecht
- Zweige ohne Stacheln (Abb. 123)

Richtig, siehe **Saxifragáceae** (S. 84) *(Ríbes alpínum)*

Falsch, siehe FF

FF Bei **Aceráceae** Neigung zur Monoecie, das heisst zur Unterdrückung eines Geschlechtes in den ursprünglichen zwittrigen Blüten. Bei Ácer negúndo (nicht in diesem Buch besprochen) vollständiger Übergang zur Diözie

2.2.2. Schlüssel zur Bestimmung der Arten

Nebenschlüssel 1: Zwittrige Pflanzen

Labiátae – Lippenblütler (2 Staubblätter)

Rosmarínus – Rosmarin

Abb. 124
R. officinális
Rosmarin

Abb. 125
R. officinális
Rosmarin

Rosmarínus officinális L.
Rosmarin
(S. 184)

- Blüten in 5 – 10blütigen, an den Kurztrieben endständigen Scheintrauben (Abb. 124)
- Jede Blüte mit einem 1 – 2 mm langen, dicht graufilzigen Tragblatt
- Kelch 2lippig, graufilzig, mit abstehender 3spitziger Ober- und 2spaltiger Unterlippe
- Krone 2lippig, blauviolett, aussen schwach flaumig (Abb. 125)
- Staubblätter 2 (die 2 hinteren fehlen), unter der Mitte der Fäden mit einem kleinen Zahn, mit herabgekrümmten Staubbeuteln

---

Oleáceae – Ölbaumgewächse (2 Staubblätter)

A	Zahl der Kronblätter 4, miteinander verwachsen	Richtig, siehe B oder BB (S. 67) Falsch, siehe AA (S. 68) oder AAA (S. 68)
B	Kronblätter gelb; im Durchmesser 1 – 3 cm (Abb. 126)	Richtig, siehe C (S. 67) Falsch, siehe BB (S. 67)

Forsýthia – Forsythie

C

Abb. 126
F. x intermédia
Forsythie

Abb. 127
F. x intermédia
Forsythie

Forsýthia x intermédia Zab.
Forsythie
(S. 186)

- Krone deutlich röhrig, mit trichterförmig erweitertem, 4teiligem Rand (Abb. 126)
- Staubbeutel der 2 Staubblätter miteinander verwachsen (Abb. 127)

BB Kronblätter weiss, lila oder violett; im Durchmesser selten grösser als 1 cm

Richtig, siehe C_1 oder C_1C_1 (S. 68)
Falsch, zurück zu B (S. 66)

Syrínga – Flieder

C_1

Abb. 128
S. vulgáris
Flieder

Abb. 129
S. vulgáris
Flieder

Syrínga vulgáris L.
Flieder
(S. 188)

- Blüten in reichblütigen, endständigen Rispen (Abb. 128)
- Zwittrige und nur weibliche Blüten in demselben Blütenstand möglich
- Kelch ungefähr 2 mm lang, unregelmässig, kurz 4zählig
- Krone 1 – 1,5 cm lang, mit enger, zylindrischer Röhre und 4 eiförmigen, vorn abgerundeten Zipfeln
- Die 2 Staubblätter im oberen Teil der Kronröhre entspringend, nicht oder nur wenig aus der Kronröhre herausragend (Abb. 129)
- Griffel kurz, in der Kronröhre eingeschlossen; Narbe 2lappig (Abb. 129)

Ligústrum – Liguster

C_1C_1

Abb. 130
L. vulgáre
Liguster

Abb. 131
L. vulgáre
Liguster

Ligústrum vulgáre L.
Liguster
(S. 190)

- Blüten in endständigen, 6 – 8 cm langen, pyramidenförmigen, feinbehaarten Rispen (Abb. 130)
- Krone grünlich-weiss oder weiss, trichterförmig, 5 – 7 mm lang und mit 4 ausgebreiteten Zipfeln
- Kelch undeutlich 4zähnig, bleichgrün und ungefähr 1 mm lang
- Die 2 Staubblätter oft leicht aus der Krone herausragend (Abb. 131)
- Griffel dünn, an der Spitze mit einer 2lappigen Narbe

AA Zahl der Kronblätter 4, lineal weiss, miteinander nicht verwachsen — Richtig, siehe B_1 / Falsch, siehe AAA

Fráxinus – Esche

B_1

Abb. 132
F. órnus
Manna-Esche

Abb. 133
F. órnus
Manna-Esche

Fráxinus órnus L.
Manna-Esche
(S. 192)

- Blüten in aufrechten, später überhängenden Rispen (Abb. 132)
- Kelchblätter ungefähr 1 mm lang, tief 4teilig, mit breit-dreieckigen Abschnitten
- Kronblätter 7 – 15 mm lang, lineal bis schmal, zungenförmig, am Grunde oft paarweise miteinander verbunden (Abb. 133)
- Die 2 Staubblätter mit den langen Staubfäden den Fruchtknoten weit überragend (Abb. 133)

AA Blüten ohne Blütenhülle (= perianthlos) — Richtig, siehe B_2 (S. 69)
A — Falsch, zurück zu A (S. 66)

B₂

Abb. 134
F. excélsior
Gemeine Esche

Abb. 135
F. excélsior
Gemeine Esche

Fráxinus excélsior L.
Gemeine Esche
(S. 194)

- Blüten in reichblütigen, anfangs aufrechten, zuletzt überhängenden, vor den Laubblättern erscheinenden Rispen (Abb. 134)
- Pflanzen triözisch
- Männliche Blüten aus 2 (selten 3) Staubblättern mit anfangs purpurroten Staubbeuteln (Abb. 135)
- Weibliche Blüten mit 2lappiger Narbe und 2 spaltelförmigen Staminodien
- Zwittrige Blüten mit 2lappiger Narbe, einem Fruchtknoten, 2 Staubblättern

---

Empetráceae – Krähenbeerengewächse (3 Staubblätter)

Émpetrum – Krähenbeere

Abb. 136
E. nígrum
Krähenbeere

Abb. 137
E. nígrum
Krähenbeere

Émpetrum nígrum L. ssp. hermaphrodítum (Lange)
Zwittrige Krähenbeere
(S. 196)

- Blüten gegen die Zweigenden gehäuft (Abb. 136), einzeln, seltener zu 2 – 3 auf ungefähr 0,5 – 1 mm langen Kurztrieben
- Kelchblätter 3 (seltener 2), blassgrün, verkehrt-eiförmig bis fast kreisrund, fein wimperig
- Kronblätter meist 3, miteinander nicht verwachsen, 2 – 3 mm lang, blassrosa bis dunkelpurpurn
- Staubblätter meist 3, die Krone mehrfach überragend (Abb. 137)
- Fruchtknoten oberständig, mit 6 – 9 Narbenstrahlen; Griffel sehr kurz

Aquifoliáceae – Stechpalmengewächse (4 Staubblätter)

Ílex – Stechpalme

Abb. 138
Í. aquifólium
Stechpalme

Abb. 139
Í. aquifólium
Stechpalme

Ílex aquifólium L.
Stechpalme
(S. 198)

● Blüten zu 1 (in weiblichen Blüten) bis vielen (männliche Blüten) in den Blattachseln (Trugdolden) (Abb. 138)

● Blüten durch verkümmern des anderen Geschlechtes (dieses in den Blüten meist noch sichtbar) eingeschlechtig

● Kelch 4spaltig, meist fein behaart, mit abgerundeten Zipfeln

● 4 fast freie Kronblätter weiss oder rötlichweiss, radförmig ausgebreitet

● Bei weiblichen Blüten Diskus gut ausgebildet; bei männlichen Blüten Fruchtknoten und Diskus zurückgebildet

● Fruchtknoten oberständig (Abb. 139)

● Blätter immergrün, lederartig, im Umriss eiförmig-lanzettlich, 3 – 8 cm lang und 3 – 4 cm breit, am Rande meist wellig, stachelig gezähnt

Celastráceae – Spindelbaumgewächse (4 Staubblätter)

Euónymus – Spindelstrauch

Abb. 140
E. europaéus
Gemeiner Spindelstrauch

Abb. 141
E. europaéus
Gemeiner Spindelstrauch

Euónymus europaéus L.
Gemeiner Spindelstrauch
(S. 200)

● Blüten in blattachselständigen, lang gestielten, 3 – 9blütigen Trugdolden (Abb. 140)

● Blüten seltener durch verkümmern des anderen Geschlechtes eingeschlechtig

● Kelchblätter meist 4, rundlich, etwa 1 mm lang

● Kronblätter meist 4, dreieckig bis eiförmig, am Rande oft etwas gefranst, 3 – 5 mm lang, gelbgrün oder grünlichweiss (Abb. 141)

● Die 4 Staubblätter im Diskus eingebettet

● Fruchtknoten oberständig, etwa 2 mm lang

Cornáceae – Hornstrauchgewächse (4 Staubblätter)

Córnus – Hornstrauch

Abb. 142
C. mas
Kornelkirsche

Abb. 143
C. mas
Kornelkirsche

Córnus mas L.
Kornelkirsche, Tierlibaum
(S. 202)

● Blüten auf 5 – 8 mm langen, behaarten Stielen (Abb. 142) in kugeligen Dolden; vor der Blattentfaltung blühend

● Blütenachse mit unterständigem Fruchtknoten verwachsen; am Rande ein 4zähliger Kelch (seltener 5)

● Zahl der Kronblätter 4 (5), dreieckig bis lanzettlich, zugespitzt, kahl goldgelb, 2 – 3 mm lang (Abb. 143)

● 4 (seltener 5) Staubblätter am Rande des gelben Diskus entspringend

Abb. 144
C. sanguínea
Hartriegel

Abb. 145
C. sanguínea
Hartriegel

Córnus sanguínea L.
Roter Hornstrauch,
roter Hartriegel
(S. 204)

- Blüten in langgestielten, schirmförmigen Blütenständen; nach der Blattentfaltung blühend (Abb. 144)
- Blütenachse mit dem unterständigen Fruchtknoten verwachsen; am Rande ein 4zähliger Kelch
- Zahl der Kronblätter 4, lineal-lanzettlich, weiss, zugespitzt, unterseits angedrückt behaart, oberseits kahl, 4 – 6 mm lang (Abb. 145)
- 4 Staubblätter am Rande des grünlichen Diskus entspringend (Abb. 145)

Rhamnáceae – Kreuzdorngewächse (4 Staubblätter)

Rhámnus – Kreuzdorn

A
- Mittelnerv der Laubblätter jederseits mit 2 – 4 (seltener 5) nach vorn gebogenen Seitennerven — Richtig, siehe B oder BB (S. 73)
- Sträucher meist mit Dornen — Falsch, siehe AA (S. 73)

B

Abb. 146
R. cathárticus
Gem. Kreuzdorn

Abb. 147
R. cathárticus
Gem. Kreuzdorn

Rhámnus cathárticus L.
Gemeiner Kreuzdorn
(S. 206)

- Blüten in blattachselständigen Trugdolden
- Blüten durch verkümmerte Reste des anderen Geschlechtes undeutlich zwittrig, grünlich, 4zählig, 5 – 7 mm lang (Abb. 146, 147)
- Kelchblätter lineal-lanzettlich, spitz, so lang wie der Achsenbecher, zuletzt zurückgeschlagen
- Kronblätter meist doppelt so lang wie die Kelchblätter, lineal-lanzettlich
- Blätter rundlich oder breit oval, zugespitzt, 3 – 9 cm lang

BB

Abb. 148
R. saxátilis
Felsen-Kreuzdorn

Abb. 149
R. saxátilis
Felsen-Kreuzdorn

Rhámnus saxátilis Jacq.
Felsen-Kreuzdorn
(S. 208)

- Blüten in wenigblütigen, blattachselständigen Büscheln (Abb. 148)
- Blüten meist 4zählig, gelblichgrün (Abb.149)
- Männliche Blüten mit sehr stark zurückgebildeten Fruchtknoten; weibliche Blüten mit Fruchtknoten und zweinarbigem Griffel, Staubblätter meist fehlend
- Kelchblätter lanzettlich, länger als der Achsenbecher
- Blätter länglich-elliptisch, an beiden Seiten zugespitzt, 0,8 – 3 cm lang

---

AA
- Mittelnerv der Laubblätter jederseits mit 9 – 12 mehr oder weniger geraden oder nur wenig nach oben gebogenen Seitennerven
- Sträucher ohne Dornen

Richtig, siehe B_1

Falsch, zurück zu A (S. 72)

B_1

Abb. 150
R. alpínus
Alpen-Kreuzdorn

Abb. 151
R. alpínus
Alpen-Kreuzdorn

Rhámnus alpínus L.
Alpen-Kreuzdorn
(S. 210)

- Blüten in 2 bis 7blütigen, blattachselständigen Büscheln (Abb. 150)
- Blüten grünlich oder gelbgrün 4zählig, meist eingeschlechtig (Abb. 151)
- Kelchblätter etwas kürzer als der mehr oder weniger stark behaarte Blütenstiel, anfangs ausgebreitet, später zurückgeschlagen
- Weibliche Blüten oft ohne Kronblätter
- Blätter breit lanzettlich bis rundlich, zugespitzt und 5 – 13 cm lang

Ulmáceae – Ulmengewächse [5 (5 – 8 Staubblätter)]

A
- Blüten lang gestielt, meist einzeln oder zu 3 bis 5 gebüschelt, mit den Blättern erscheinend (Abb. 153)
- Zwittrige und rein männliche Blüten in derselben Pflanze, an denselben diesjährigen Trieben

Richtig, siehe B
Falsch, siehe AA

Céltis – Zürgelbaum

B

Abb. 152
C. austrális
Zürgelbaum

Abb. 153
C. austrális
Zürgelbaum

Céltis austrális L.
Zürgelbaum
(S. 214)

- Zwittrige Blüten meist einzeln, lang gestielt; männliche Blüten (oft unvollkommen) zu 3 – 5 in büscheligen Trugdolden (Abb. 152)
- Fruchtknoten krugförmig, grün, mit kurzem Griffel aber 2 grossen, weisslichen, abstehenden, federigen Narben (Abb. 153)
- Blütenhüllblätter fast ganz frei, rostbraun, am Rande gezähnelt

AA
- Blüten seitenständig an vorjährigen Trieben, vor den Blättern erscheinend
- Alle Blüten zwittrig

Richtig, siehe B_1 oder B_1B_1 (S. 75)
Falsch, zurück zu A

B_1 Blüten lang gestielt, hängend, in Büscheln (Abb. 154)

Richtig, siehe C (S. 75)
Falsch, siehe B_1B_1 (S. 75)

Úlmus – Ulme

C

Abb. 154
Ú. lǣ́vis
Flatter-Ulme

Abb. 155
Ú. lǣ́vis
Flatter-Ulme

Úlmus lǣ́vis Pall.
Flatter-Ulme
(S. 216)

- Blüten in seitenständigen, hängenden Büscheln (Abb. 154)
- Blütenstiele 3 – 6mal so lang wie die Blüten
- Perigon mit 5 – 8 Abschnitten
- Zahl der Staubblätter 5 – 8 (Abb. 155)

B_1B_1 Blüten fast sitzend (Abb. 157)

Richtig, siehe C_1 oder C_1C_1
Falsch, zurück zu B_1 (S. 74)

C_1

Abb. 156
Ú. campéstris
Feld-Ulme

Abb. 157
Ú. campéstris
Feld-Ulme

Úlmus campéstris L.
Feld-Ulme
(S. 218)

- Blüten fast sitzend, in kugeligen Büscheln (Abb. 156)
- 4 – 5 Perigonblätter im unteren Teil verwachsen, oben **weiss** bewimpert (Abb. 157)
- Zahl der Staubblätter meist 5 (auch 3 – 6)

C_1C_1

Abb. 158
Ú. glábra
Berg-Ulme

Abb. 159
Ú. glábra
Berg-Ulme

Úlmus glábra Huds.
Berg-Ulme
(S. 220)

- Blüten fast sitzend, in kugeligen Büscheln (Abb. 158)
- Die meist 5 Perigonblätter im unteren Teil verwachsen, oben mit **rostfarbenen** Wimpern (Abb. 159)
- Zahl der Staubblätter meist 5 (seltener 6)

Rhamnáceae – Kreuzdorngewächse (5 Staubblätter)

Rhámnus – Kreuzdorn

Abb. 160
R. frángula
Faulbaum

Abb. 161
R. frángula
Faulbaum

Rhámnus frángula L.
Faulbaum
(S. 212)

- Blüten in 2 bis 10blütigen, blattachselständigen Trugdolden, bis 12 mm lang gestielt, 3 – 4 mm lang, trichterförmig, 5zählig, grünlichweiss (Abb. 160)
- Kelchblätter 3 mm lang, spitz, fast ebenso lang wie die Kelchröhre
- Löffelförmige Kronblätter etwas kleiner als die Kelchblätter, aufrecht oder schief aufgerichtet, weisslich, die 5 Staubblätter umhüllend (Abb. 161)
- Griffel ungeteilt mit kopfförmiger Narbe (Abb. 161)

Ericáceae – Heidekrautgewächse (5 Staubblätter)

Loiseleúria – Azalee

Abb. 162
L. procúmbens
Alpenazalee

Abb. 163
L. procúmbens
Alpenazalee

Loiseleúria procúmbens (L.) Desv.
Alpenazalee, Gemsheide
(S. 270)

- Blüten zu 2 bis 5 in endständigen, doldentraubigen Blütenständen (Abb. 162)
- Blütenstiele am Grunde mit 2 Vorblättern
- Kelch rot, tief 5spaltig mit eilanzettlichen, stumpfen oder zugespitzten Lappen (Abb. 163)
- Kronblätter hellrosa, glokkig, tief 5spaltig; die Zipfel eilänglich, vorn stumpf
- Fruchtknoten oberständig, mit langer, oben kopfiger Narbe

Caprifoliáceae – Geissblattgewächse (5 Staubblätter)

A Laubblätter unpaarig gefiedert (mit Endteilblatt) — Richtig, siehe B oder BB; Falsch, siehe AA

Sambúcus – Holunder

B

Abb. 164
S. nígra
Schwarzer Holunder

Abb. 165
S. nígra
Schwarzer Holunder

Sambúcus nígra L.
Schwarzer Holunder
(S. 222)

- Blüten in reichblütigen, schirmförmigen, oben abgeflachten, endständigen Trugdolden (Abb. 164)
- 5 Kronblätter gelblichweiss bis weiss, eiförmig, viel grösser als die 5 grünlichen, eiförmigen Kelchblätter (Abb. 165)
- Mark innerhalb der Zweige weiss
- Blätter mit 5 bis 7 elliptischen, zugespitzten, ungleich gesägten Fiederblättchen

BB

Abb. 166
S. racemósa
Roter Holunder

Abb. 167
S. racemósa
Roter Holunder

Sambúcus racemósa L.
Roter Holunder
(S. 224)

- Blüten in reichblütigen, ei- oder kegelförmigen, dicht behaarten Trugdolden (Abb. 166), 4 mm im Durchmesser
- 5 Kronblätter grünlichgelb, sehr oft zurückgeschlagen
- Mark innerhalb der Zweige zimtbraun (Abb. 167)
- Blätter mit 3 bis 7 länglich-lanzettlichen, zugespitzten, ungleich gesägten Fiederblättchen

AA Laubblätter nicht gefiedert — Richtig, siehe B_1 (S. 78) oder B_1B_1 (S. 79); Falsch, zurück zu A

B_1
- Blüten radiär, 5zipflig, in reichblütigen Doldentrauben
- Blütenstand mit oder ohne sterilen Randblüten
- Griffel sehr kurz

Richtig, siehe C oder CC

Falsch, siehe B_1B_1 (S. 79)

Vibúrnum – Schneeball

C

Abb. 168
V. lantána
Wolliger Sch.

Abb. 169
V. lantána
Wolliger Sch.

Vibúrnum lantána L.
Wolliger Schneeball
(S. 226)

● Blüten in endständigen, reich verzweigten, schirmförmigen, meist mit 7 Hauptstrahlen versehenen, 4 – 10 cm breiten Trugdolden (Abb. 168)

● Alle Blüten gleichartig; Blütenstiele und Achsen des Blütenstandes dicht filzig

● Kronblätter weiss; Krone kurz glockig, 6 – 8 mm breit, vor dem Aufblühen oft etwas rötlich überlaufen (Abb. 169)

● Laubblätter eiförmig bis oval, am Rande scharf gezähnt, unterseits fast filzig, vorn meist zugespitzt

---

CC

Abb. 170
V. ópulus
Gemeiner Sch.

Abb. 171
V. ópulus
Gemeiner Sch.

Vibúrnum ópulus L.
Gemeiner Schneeball
(S. 228)

● Blüten in endständigen, reich verzweigten, ziemlich lockeren Trugdolden (Abb. 170)

● Randständige Blüten sehr gross, (1,5 – 2,5 cm Durchmesser), flach, weiss, mit 5 oft ungleich grossen Zipfeln, steril; innere Blüten kurz glockig, 4 – 5 mm lang, weiss oder rötlich-weiss (Abb. 171)

● Laubblätter breit-eiförmig, 3lappig, grob gezähnt, mit spitzen Lappen, unterseits weichhaarig

B_1B_1	● Blüten 2lippig, in Paaren achselständig oder in Quirlen ● Blütenstand mit gleichartigen Blüten ● Blütenkrone röhrig, Griffel fädig verlängert	Richtig, siehe C_1 oder C_1C_1 (S. 81) Falsch, zurück zu B_1 (S. 78)
C_1	● Blüten paarweise in den Blattachseln, mit mehr oder weniger langem, gemeinsamen Stiel ● Nicht kletternde Sträucher	Richtig, siehe D oder DD (S. 80) Falsch, siehe C_1C_1 (S. 81)
D	Fruchtknoten eines jeden Blütenpaares nur am Grunde verwachsen (Abb. 175)	Richtig, siehe E oder EE (S. 80) Falsch, siehe DD (S. 80)

Lonícera – Geissblatt

E

Abb. 172
L. nígra
Schwarze H.

Abb. 173
L. nígra
Schwarze H.

Lonícera nígra L.
Schwarze Heckenkirsche
(S. 230)

● Je 2 Blüten auf einem gemeinsamen, 25 – 40 mm langen, kahlen Stiel in den Blattachseln (Abb. 172)

● Blüten aufrecht oder abstehend

● Kronröhre 8 – 10 mm lang, innen behaart, rötlichweiss, meist purpurn überlaufen (Abb. 173)

● Läubblätter länglich-elliptisch, stumpf oder spitz, unterseits meist bleibend behaart, 4 – 7,5 cm lang

EE

Abb. 174
L. xylósteum
Rote H.

Abb. 175
L. xylósteum
Rote H.

Lonícera xylósteum L.
Rote Heckenkirsche
(S. 232)

- Je 2 Blüten auf einem gemeinsamen, 15 – 20 mm langen, flaumhaarigen Stiel in den Blattachseln (Abb. 174)
- Blüten meist aufrecht (Abb. 174)
- Kronblätter 10 – 15 mm lang, zuerst weiss, später blassgelb, aussen und innen behaart (Abb. 175)
- Laubblätter breit-elliptisch, nicht- oder nur kurz zugespitzt, beiderseits weichhaarig, 3 – 6 cm lang

---

DD Fruchtknoten eines jeden Blütenpaares ganz verwachsen (äusserlich gut sichtbar) (Abb. 176)

Richtig, siehe E_1 oder E_1E_1 (S. 81)
Falsch, zurück zu D (S. 79)

E_1

Abb. 176
L. alpígena
Alpen- H.

Abb. 177
L. alpígena
Alpen-H.

Lonícera alpígena L.
Alpen-Heckenkirsche
(S. 234)

- Je 2 Blüten auf einem gemeinsamen, 25 – 40 mm langen, an der Spitze etwas verdickten Stiel in den Blattachseln (Abb. 176)
- Blüten aufrecht oder abstehend
- Kronröhre im Innern gelbgrün und langhaarig, aussen trübrot (Abb. 177)
- Laubblätter zur Blütezeit über 6 cm lang (später bis 10 cm lang), gestielt, elliptisch bis verkehrt-eiförmig, am Grunde abgerundet, scharf zugespitzt

E_1E_1

Abb. 178
L. caerúlea
Blaue H.

Abb. 179
L. caerúlea
Blaue H.

Lonícera caerúlea L.
Blaue Heckenkirsche
(S. 236)

- Je 2 Blüten auf einem gemeinsamen, 5 – 10 mm langen (kürzer als die Blüte), behaarten oder auch kahlen Stiel in den Blattachseln (Abb. 178)
- Blüten aufrecht oder abstehend
- Krone grünlich bis gelblich-weiss, 12 – 20 mm lang, innen behaart (Abb. 179)
- Blätter rundlich oder eiförmig bis länglich, 2 – 8 cm lang, stumpf oder spitzlich, später meist kahl, unterseits blaugrün

---

C_1C_1

- Jeder Blütenquirl aus mehreren Blüten, einem verwachsenen Blattpaar unmittelbar aufsitzend (Abb. 180)
- Pflanze kletternd

Richtig, siehe D_1

Falsch, zurück zu C_1 (S. 79)

D_1

Abb. 180
L. caprifólium
Garten-Geissblatt

Abb. 181
L. caprifólium
Garten-Geissblatt

Lonícera caprifólium L.
Garten-Geissblatt
(S. 238)

- Blüten zu 5 bis 8 dem obersten Blattpaar unmittelbar aufsitzend; zuweilen in den Achseln der nächsten 1 bis 2 Blattpaare noch 6zählige Blütenquirle vorhanden (Abb. 180)
- Junge Blüten meist aufrecht, später abstehend oder nickend
- Krone mit 25 – 28 mm langer Röhre, gelblich-weiss, oft rot überlaufen, innen kahl, aussen etwas drüsig (Abb. 181)

Staphyléaceae – Pimpernussgewächse (5 Staubblätter)

Staphyléa – Pimpernuss

Abb. 182
S. pinnáta
Pimpernuss

Abb. 183
S. pinnáta
Pimpernuss

Staphyléa pinnáta L.
Pimpernuss
(S. 240)

- Gestielte Blüten in langgestielten, hängenden, aus gegenständigen Trugdolden zusammengesetzten Rispen (Abb. 182)
- 5 Kelchblätter kronblattartig, länglich-eiförmig, 8 – 14 mm lang, kahl, gelblich-weiss, an der Spitze meist etwas rötlich
- Kronblätter meist verkehrt-eiförmig, nur wenig länger als die Kelchblätter, glockig zusammenschliessend, gelblich-weiss, aussen oft etwas rötlich
- Zahl der Griffel 2, an der Spitze miteinander verwachsen; Fruchtknoten oberständig (Abb. 183)
- Laubblätter unpaarig gefiedert, mit 5 – 7 Fiederblättchen

Araliáceae – Efeugewächse (5 Staubblätter)

Hédera – Efeu

Abb. 184
H. hélix
Efeu

Abb. 185
H. hélix
Efeu

Hédera hélix
Efeu
(S. 242)

- Blüten in dichten, halbkugeligen Dolden (Abb. 184)
- Als Kelchblätter 5 kleine Zähnchen
- 5 Kronblätter klappig, dickfleischig, aussen braun, innen grün
- Fruchtknoten halbunterständig, mit breitem Diskusring; Griffel kurz
- Blätter langgestielt, kahl, lederartig, ganzrandig, oberseits glänzend dunkelgrün, oft weiss geadert, unterseits mattgrün
- Blätter der nichtblühenden Triebe 2zeilig gestellt, 3- bis 5eckig gelappt, 4 – 10 cm lang
- Blätter der Blütentriebe ei-rautenförmig, lang zugespitzt (Abb. 185)

Saxifragáceae – Steinbrechgewächse (5 Staubblätter)

A Zweige mit Stacheln — Richtig, siehe B (S. 84)

Falsch, siehe AA (S. 84)

Ríbes – Johannisbeere

B

Abb. 186
R. úva-críspa
Stachelbeere

Abb. 187
R. úva-críspa
Stachelbeere

Ríbes úva-críspa L.
Stachelbeere
(S. 244)

- Blüten zu 1 bis 3büschelig
- Blütenstiele kurz, am Grunde oft gegliedert, mit 1 bis 2 schmalen, aber oft fehlenden Vorblättern und einem breiten, scheidenartigen, behaarten Tragblatt
- Kelch glockig, 5blättrig, 2 bis 3mal so lang wie die Krone, bald zurückgeschlagen, grünlich bis rötlich
- Kronblätter weisslich, grünlich oder rot überlaufen (Abb. 186)
- Griffel im unteren Abschnitt abstehend behaart; Narbe 1- oder seltener undeutlich 2kopfig (Abb. 187)
- Blätter 3 – 5lappig, an Kurztrieben in den Achseln von einfachen Stacheln; Lappen der Blätter mehr oder weniger tief gekerbt

---

AA Zweige nicht bestachelt

Richtig, siehe B_1 oder B_1B_1 (S. 85)
Falsch, zurück zu A (S. 83)

B_1

Abb. 188
R. alpínum
Alpen J.

Abb. 189
R. alpínum
Alpen J.

Ríbes alpínum L.
Alpen-Johannisbeere
(S. 246)

- Blüten in vielblütigen, aufrechten, 3 – 6 cm langen Trauben (Abb. 188)
- Blüten unvollkommen eingeschlechtig (Abb. 189), grünlich-gelb, in den Achseln von lanzettlichen, zugespitzten, kurzdrüsig bewimperten Tragblättern
- Männliche Blütenstände 10 bis 30blütig, weibliche Blütenstände 2 bis 5blütig
- Kelchblätter flach, beckenförmig, kahl, mit ausgebreiteten, stumpfen Zipfeln
- Kronblätter gelblich, viel kürzer als die Kelchblätter, stumpf
- Griffel unbehaart, mit 2 Narbenköpfchen
- Blätter meist 3- seltener 5lappig, mit spitzen oder stumpfen, tief und grob gezähnten Lappen

B_1B_1

Abb. 190
R. rúbrum
Rote J.

Abb. 191
R. rúbrum
Rote J.

Ríbes rúbrum L.
Rote Johannisbeere
(S. 248)

● Blüten in vielblütigen, zuerst abstehenden, später hängenden Trauben (Abb. 190)

● Kelchblätter kahl, grünlich oder bräunlich, oft rot punktiert, spatelig, doppelt so lang wie die gestutzten, gelblichen Kronblätter (Abb. 191)

● Griffel unbehaart; Narbe meist 2kopfig

● Langgestielte Blätter 3 – 5lappig, mit breiten, stumpflichen Lappen, doppelt gezähntem Rand

Berberidáceae – Sauerdorngewächse (6 Staubblätter)

Bérberis – Sauerdorn

Abb. 192
B. vulgáris
Sauerdorn

Abb. 193
B. vulgáris
Sauerdorn

Bérberis vulgáris L.
Sauerdorn
(S. 250)

● Blüten aus Kurztrieben entspringend, in 4 – 6 cm langen, vielblütigen, abstehenden oder hängenden Trauben (Abb. 192)

● Mit Ausnahme der Endblüte (diese 5zählig), alle Blüten 6-zählig

● Kelchblätter goldgelb, so lang wie die Kronblätter

● Zahl der Kronblätter 6 (in 2 Kreisen angeordnet), je 5 – 7 mm lang, eiförmig, hohl, halbkugelig zusammenneigend, am Grunde mit je 2 Drüsenhöckern, goldgelb

● Zahl der Staubblätter 6 (in 2 Kreisen angeordnet), reizbar

● Fruchtknoten oberständig, zylindrisch, ohne Griffel, mit plattenförmiger Narbe (Abb. 193)

Ulmáceae – Ulmengewächse (6 Staubblätter)

Perigon meist 5 bis 6teilig (seltener 4 – 8), Zahl der Staubblätter 6 (auch 5 – 8) (Siehe Seiten 74, 75)

Hippocastanáceae – Rosskastaniengewächse (7 Staubblätter)

Áesculus – Rosskastanie

Abb. 194
A. hippocástanum
Rosskastanie

Abb. 195
A. hippocástanum
Rosskastanie

Áesculus hippocástanum L.
Gemeine Rosskastanie
(S. 252)

- Blüten in reichblütigen, steif aufrechten, kegel- oder lang eiförmigen, 20 – 30 cm langen Rispen (Abb. 194)
- Blüten schief zygomorph, durch Reduktion des einen Geschlechtes auch eingeschlechtig
- Kelch ungleich 5lappig
- Kronblätter 5 (auch 4), je 10 – 15 mm lang, rundlich-eiförmig, am Rande zurückgebogen, weiss, am Grunde mit gelbem, später rotem Saftmal, mit weissem Nagel
- Staubblätter meist 7, am Grunde aufwärts gekrümmt, viel länger als die Kronblätter; ausserhalb des Staubblattkreises ringförmiger Diskus
- Fruchtknoten oberständig, fein samtig behaart, 1griffig (Abb. 195)
- Blätter 5 – 7zählig gefingert, auf bis 20 cm langen, rinnigen Stielen

---

Aceráceae – Ahorngewächse (8 Staubblätter)

- Die Gattung Ácer neigt zur Monoezie. Bei vielen Arten finden wir in den gleichen Blütenständen neben zwittrigen, auch männliche und weibliche Blüten. In den männlichen Blüten schwindet das Pistell bis auf ein Rudiment, bei den weiblichen Blüten bleiben die Staubblätter erhalten, sind aber pollenlos (morphologisch zwittrig, funktionell monoezisch).
- Von den ursprünglich 10 Staubblättern (in 2 Kreisen angeordnet) innerhalb des ringförmigen Diskus fehlen die 2 medianen

---

Ácer – Ahorn

A Blüten in 6 – 15 cm langen, vielblütigen, hängenden Rispen — Richtig, siehe B (S. 87)

Falsch, siehe AA (S. 87)

B

Abb. 196
A. pseudoplátanus
Berg-A.

Abb. 197
A. pseudoplátanus
Berg-A.

Ácer pseudoplátanus L.
Berg-Ahorn
(S. 254)

- Blüten in 6 – 15 cm langen, vielblütigen, hängenden Rispen; Rispenachse gelbgrün, oft behaart (Abb. 196)
- 5 Kelchblätter frei, innen spärlich behaart, gelbgrün
- 5 Kronblätter schmal, je 4 – 5 mm lang, innen spärlich behaart, gelbgrün
- Staubblätter behaart, am Innenrand des Diskus eingefügt, in den männlichen Blüten 2 bis 3 mal so lang wie die Kronblätter
- Fruchtknoten zottig behaart, mit langem Griffel; Narbe mit 2 langen Ästen (Abb. 197)

AA Blütenstand doldenartig (Hauptachse verkürzt) (Abb. 198)

Richtig, siehe B_1 oder B_1B_1 (S. 88)
Falsch, zurück zu A (S. 86)

B_1

- Blüten am Grunde von eiförmig bis länglichen, hellgelben, aussen auffallend schwarz behaarten Knospenschuppen umgeben
- Blüten kurz vor, oder mit dem Laub erscheinend
- Zähne der Blattabschnitte in eine lange Spitze ausgezogen

Richtig, siehe C
Falsch, siehe B_1B_1 (S. 88)

C

Abb. 198
A. platanoídes
Spitz-A.

Abb. 199
A. platanoídes
Spitz-A.

Ácer platanoídes L.
Spitz-Ahorn
(S. 256)

- Blüten in meist aufrechten, reichblütigen, völlig kahlen Doldentrauben (Abb. 198)
- 5 Kronblätter verkehrt-eiförmig, 5 – 6 mm lang, stumpf, gelbgrün, nur wenig länger als der Kelch (Abb. 199)
- Staubblätter etwas kürzer als die Kronblätter, am Rande oder in der Mitte des Diskus eingefügt (Abb. 199)

B_1B_1 ● Blüten am Grunde ohne schwarz behaarte Knospenschuppen
● Blüten nach der Laubentfaltung erscheinend
● Blattabschnitte ohne lange Spitzen

Richtig siehe C_1 oder C_1C_1
Falsch, zurück zu B_1 (S. 87)

C_1

Abb. 200
Á. campéstre
Feld-A.

Abb. 201
Á. campéstre
Feld-A.

Ácer campéstre L.
Feld-Ahorn
(S. 258)

● Blüten in wenigblütigen (5 – 20), aufrechten, oft flaumig behaarten Doldentrauben (Abb. 200)

● 5 Kronblätter länglich, zugespitzt oder stumpf, schwach behaart, gelbgrün, länger als die etwas stärker behaarten 5 Kelchblätter (Abb. 201)

● Fruchtknoten behaart, mit langem Griffel; Narbe mit 2 langen Ästen (Abb. 201)

C_1C_1

Abb. 202
Á. monspessulánum
Französischer Massholder

Abb. 203
Á. monspessulánum
Französischer Massholder

Ácer monspessulánum L.
Französischer Massholder
(S. 260)

● Blüten in wenigblütigen, meist nickenden, völlig kahlen Doldentrauben; an den Enden beblätterter Kurztriebe (Abb. 202)

● Kronblätter verkehrt-eiförmig, 4 – 5 mm lang, gelbgrün, von den Kelchblättern wenig verschieden (Abb. 203)

● Staubblätter in den männlichen Blüten länger als die Kronblätter; in „weiblichen" Blüten (scheinzwittrig) Staubblätter sehr kurz (Abb. 203)

● Fruchtknoten zerstreut behaart, mit gespaltenem Griffel; Narbe mit 2 schraubenförmig gedrehten Narbenästen

Thymelaeáceae – Seidelbastgewächse (8 Staubblätter)

Dáphne – Seidelbast

A
- Blüten vor den Blättern erscheinend (im Norden oder in den Alpen auch mit den Blättern; diese aber zur Blütezeit sehr klein
- Blütenfarbe purpurrosa oder purpurlila

Richtig, siehe B
Falsch, siehe AA

B

Abb. 204
D. mezeréum
Seidelbast

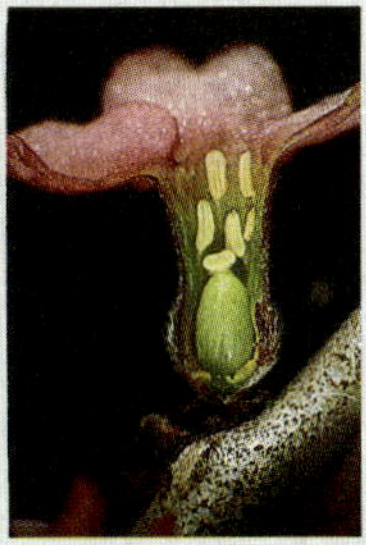

Abb. 205
D. mezeréum
Seidelbast

Dáphne mezeréum L.
Gewöhnlicher Seidelbast
(S. 262)

- Blüten sitzend, meist zu 3 (1 – 3) in den Winkeln der vorjährigen, abgefallenen Blätter, an den Zweigspitzen gehäuft (Abb. 204)
- Blüten 4 – 10 mm lang, mit zylindrischer und angedrückt behaarter Röhre, meist purpurroter Farbe (Abb. 205)
- Staubblätter mit sehr kurzem Staubfaden, in 2 Reihen, nicht aus der Röhre herausragend (Abb. 205)
- Fruchtknoten länglich-eiförmig, kahl, nur sehr kurz gestielt; Griffel sehr kurz; Narbe schwach 2lappig, schildförmig (Abb. 205)

AA
- Blüten nie vor den Blättern erscheinend
- Blütenfarbe weiss, rosa oder gelbgrün

Richtig, siehe B_1, B_1B_1 (S. 90) oder $B_1B_1B_1$ (S. 91)
Falsch, zurück zu A

B₁

Abb. 206
D. alpína
Alpen-S.

Abb. 207
D. alpína
Alpen-S.

Dáphne alpína L.
Alpen-Seidelbast
(S. 264)

- Blüten in 4 bis 10zähligen, endständigen, in den Achseln der obersten Blätter stehenden, doldenförmigen Blütenständen (Abb. 206)
- Blüten weiss, 8 – 10 mm lang, nach Vanille duftend (Abb. 206)
- Staubblätter mit sehr kurzem Staubfaden, in 2 Reihen; oberste Reihe nur wenig aus der Röhre herausragend
- Fruchtknoten länglich-oval; deutlich fein behaart; Griffel sehr klein; Narbe schildförmig (Abb. 207)

B₁B₁

Abb. 208
D. cneórum
Flaumiger S.

Abb. 209
D. cneórum
Flaumiger S.

Dáphne cneórum L.
Flaumiger Seidelbast
(S. 266)

- Blüten zu 5 – 10, sitzend, in endständigen, doldenförmigen Blütenständen (Abb. 208)
- Blüten rosa, 10 – 13 mm lang, stark duftend, Röhre anliegend behaart
- Staubblätter mit sehr kurzem Staubfaden, in 2 Reihen, nicht aus der Röhre herausragend (Abb. 209)
- Fruchtknoten eiförmig, stark behaart, mit kurzem Griffel; Narbe schildförmig
- Niederliegender Zwergstrauch

B_1B_1
B_1

Abb. 210
D. lauréola
Lorbeer-S.

Abb. 211
D. lauréola
Lorbeer-S.

Dáphne lauréola L.
Lorbeer-Seidelbast
(S. 268)

● Blüten in blattachselständigen, 6 – 8 cm langen Trauben (Abb. 210)

● Blüten gelbgrün, kurz gestielt, abstehend oder hängend; Röhre kahl

● Staubblätter mit kurzen, weissen Staubfäden, in 2 Reihen; oberste Reihe leicht aus der Röhre herausragend (Abb. 211)

● Fruchtknoten meist eiförmig und kahl, mit kurzem Griffel; Narbe schildförmig (Abb. 211)

Ericáceae – Heidekrautgewächse (8 oder 10 Staubblätter)

A	Alle 5 Kronblätter miteinander verwachsen	Richtig, siehe B oder BB (S. 92) Falsch, siehe AA (S. 98)
B	● Fruchtknoten unterständig ● Kelch mit dem unterständigen Fruchtknoten verwachsen	Richtig, siehe C, CC, CCC (S. 92) Falsch, siehe BB (S. 92)

Vaccínium – Heidelbeere

C

Abb. 212
V. myrtíllus
Heidelbeere

Abb. 213
V. myrtíllus
Heidelbeere

Vaccínium myrtíllus L.
Heidelbeere
(S. 272)

● Blüten in den Blattachseln einzeln, auf kurzen Stielen, hängend, 4 – 7 mm lang (Abb. 212)

● Kelch undeutlich 5lappig; Lappen breit, stumpf (Abb. 213)

● Krone kugelig bis krugförmig, 4 bis 5 (6) zipflig; Zipfel stumpf (Abb. 213)

● Staubblätter 8 oder 10, in der Krone eingeschlossen, kürzer als der Griffel; Staubfäden kahl, mit verbreiterter Basis; Antheren gelbbraun, mit aufwärts gerichteten und gespornten Anhängseln

● Zweige scharfkantig, grün

CC

Abb. 214
V. uliginósum
Rauschbeere

Abb. 215
V. uliginósum
Rauschbeere

Vaccínium uliginósum L.
Rauschbeere, Moorbeere
(S. 274)

- Blüten einzeln oder zu 2 bis 4traubig, an den Enden kurzer, seitenständiger Zweige, gestielt, 4 – 8 mm lang (Abb. 214)
- Kelchzipfel 4 bis 5, stumpf oder spitz, dreieckig, etwa $^1/_3$ der Kronlänge erreichend
- Krone eikrugförmig, mit 4 bis 5 kurzen, rundlichen, stumpfen, zurückgekrümmten Zipfeln, weiss oder rötlich
- Staubblätter 8 oder 10, in der Krone eingeschlossen, kürzer als der Griffel; Staubfäden kahl, mit verbreiterter Basis; Antheren dunkelgelb, mit seitlich abstehenden oder aufgerichteten und gespornten Anhängseln (Abb. 215)
- Zweige rundlich, braun (Abb. 214)

CC
C

Abb. 216
V. vítis-idǽa
Preiselbeere

Abb. 217
V. vítis-idǽa
Preiselbeere

Vaccínium vítis-idǽa L.
Preiselbeere
(S. 276)

- Blüten in gedrängten, wenig- bis vielblütigen, hängenden Trauben, gestielt, 8 – 10 mm lang (Abb. 216)
- Kelch 5lappig; Kelchblätter zugespitzt, bräunlich, vorn rötlich
- Krone glockig, offen, bis zur Hälfte verwachsen, mit 4 oder 5 zurückgekrümmten Lappen (Abb. 217)
- Staubblätter 8 oder 10, kürzer als der Griffel; Staubfäden am Grunde behaart, mit etwas verbreiterter Basis; Antheren dunkelgelb, zweispitzig, ohne besondere Anhängsel
- Zweige rundlich, grünlich oder bräunlich

BB Fruchtknoten oberständig (Abb. 219)

Richtig, siehe C_1 (S. 93)
oder C_1C_1 (S. 95)
Falsch, zurück zu B (S. 91)

C_1 ● Kelch 4teilig Richtig, siehe D oder DD
● Zahl der Staubblätter 8
● Blätter nadelförmig oder schuppenartig Falsch, siehe C_1C_1 (S. 95)

D ● Blüten mit grünem Aussenkelch Richtig, siehe E
● 4teiliger Kelch violettrosa, etwas länger (oft bis 2x) als die Kronblätter (Abb.) 219 Falsch, siehe DD

E

Abb. 218
C. vulgáris
Besenheide

Abb. 219
C. vulgáris
Besenheide

Callúna vulgáris (L.) Hull.
Besenheide, Heidekraut
(S. 278)

● Blüten in meist einseitswendigen, 5 – 20 cm langen Trauben, abstehend oder nickend (Abb. 218)

● 4teiliger Kelch violettrosa, 4 – 6 mm lang, bleibend, länger als die Kronblätter (Abb. 219)

● Krone 2 – 3 mm lang, tief 4lappig mit zugespitzten Lappen (Abb. 219)

● Blätter lineal-lanzettlich, schuppenartig, 1 – 3 mm lang, sich dachziegelig überdeckend

---

DD ● Blüten ohne Aussenkelch Richtig, siehe E_1 oder E_1E_1 (S. 94)
● 4teiliger Kelch hellrosa, deutlich kürzer als die Kronblätter (Abb. 220) Falsch, zurück zu D

E_1 ● Staubblätter aus der Kronröhre herausragend (Abb. 221) Richtig, siehe F (S. 94) oder FF (S. 94)
● Blätter unbehaart Falsch, siehe E_1E_1 (S. 94)

F

Abb. 220
E. cárnea
Schnee-Heide

Abb. 221
E. cárnea
Schnee-Heide

Eríca herbácea L.
(E. cárnea L.)
Schnee-Heide
(S. 280)

- Blüten in vielblütigen, meist einseitswendigen Trauben (Abb. 220)
- Blütenstiele kürzer als die Krone
- 4 Kelchblätter lanzettlich, zugespitzt, 2 – 3 mm lang, hellrosa (Abb. 221)
- Krone 4 – 6 mm lang, länglich-eiförmig, purpurn, an der Spitze 4lappig (Abb. 221)
- Fruchtknoten zylindrisch, dunkelrot, kahl
- Blätter nadelförmig, in 3 bis 4blättrigen Wirteln, 4 – 8 mm lang

---

FF

Abb. 222
E. vágans
Wander-H.

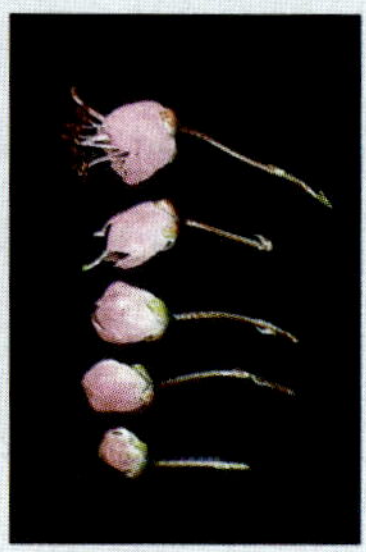

Abb. 223
E. vágans
Wander-H.

Eríca vágans L.
Wander-Heide
(S. 282)

- Blüten in 8 – 16 cm langen, zylindrischen Trauben (Abb. 222)
- Blüten meist kugelig, purpurrosa; Blütenstiele 2 bis 3 mal so lang wie die Krone (Abb. 223)
- Blätter schmal-lineal, zu 4 bis 5 quirlig, 4 – 10 mm lang

E_1E_1
- Staubblätter nicht aus der Kronröhre herausragend (Abb. 225) — Richtig, siehe F_1 (S. 95)
- Blätter am Rande mit 0,5 – 1 mm langen, weissen, abstehenden Haaren (Abb. 224) — Falsch, zurück zu E_1 (S. 93)

F_1

Abb. 224
E. tetrálix
Moor-H.

Abb. 225
E. tetrálix
Moor-H.

Eríca tetrálix L.
Moor-Heide
(S. 284)

- Blüten in 4 bis 15blütigen, endständigen, dichten, kopfigen Doldentrauben (Abb. 224)
- Kelch 4teilig, eiförmig, zugespitzt, flaumenhaarig filzig, kürzer als die Krone
- Krone krugförmig, weiss und hellviolett, 6 – 7 mm lang, an der Spitze mit 4 kleinen Lappen
- Staubblätter in der Krone eingeschlossen; Antheren dunkelrot, mit geschwänzten Anhängseln
- Fruchtknoten breit zylindrisch, behaart; Griffel länger als die Staubblätter, im oberen Teil rötlich, mit dunklem Narbenkopf (Abb. 225)
- Blätter schmal-lineal, 3 – 5 mm lang, meist zu 4 quirlig, behaart

---

C_1C_1
- Kelch 5teilig
- Zahl der Staubblätter meist 10 (seltener 8)
- Blätter nicht nadelförmig

Richtig, siehe D_1 oder D_1D_1 (S. 97)
Falsch, zurück zu C_1 (S. 93)

D_1
- Krone röhrenförmig bis glockenförmig, meist 5zipflig, mindestens 10 mm lang; verwachsener Teil zylindrisch, oberer gelappter Teil trichterförmig
- Farbe der Kronblätter hell- oder lebhaft rosa (Abb. 226, 228)

Richtig, siehe E_2 (S. 96) oder E_2E_2 (S. 96)
Falsch, siehe D_1D_1 (S. 97)

E$_2$

Abb. 226
R. ferrugíneum
Rostblättrige A.

Abb. 227
R. ferrugíneum
Rostblättrige A.

Rhododéndron ferrugíneum L.
Rostblättrige Alpenrose
(S. 286)

● Blüten in endständigen, 6 bis 20blütigen Doldentrauben (Abb. 226)

● Blüten schief aufrecht, gestielt (diese gelbhöckerig), über 10 mm lang

● Kelch undeutlich 5zipflig, Zipfel breit-eiförmig, zugespitzt, bewimpert

● Krone meist dunkelrot, aussen mit gelblichen Drüsenschuppen, innen kurz weiss behaart; Kronzipfel so lang wie die Kronröhre

● Staubblätter ungleich lang, im unteren Teil dicht weissfilzig, oben kahl

● Fruchtknoten breit-zylindrisch, grün; Griffel weiss und rosa; Narbe breit, grün

● Blätter am Rande umgerollt, unterseits zuerst gelbgrün, später mit rotbraunen Drüsenschuppen bedeckt, unbehaart (Abb. 227)

E$_2$E$_2$

Abb. 228
R. hirsútum
Behaarte A.

Abb. 229
R. hirsútum
Behaarte A.

Rhododéndron hirsútum L.
Behaarte Alpenrose
(S. 288)

● Blüten in endständigen, 3 bis 10blütigen Doldentrauben (Abb. 228)

● Blüten schief aufrecht, lang gestielt (diese gelbhöckerig), über 10 mm lang (Abb. 229)

● Kelch meist 5zipflig, Zipfel lanzettlich, spitz, lang bewimpert

● Krone hellrosa, aussen mit gelblichen Drüsenschuppen, innen kurz weiss behaart, Kronzipfel so lang wie die Kronröhre (Abb. 229)

● Staubblätter ungleich lang, am Grunde weisshaarig, oben kahl

● Fruchtknoten zylindrisch bis eiförmig, grün, beschuppt; Griffel weiss oder rosa; Narbe breit, grünlich

● Blätter mit flachem, behaartem Rand, unterseits nicht mit zahlreichen rotbraunen Drüsenschuppen

D_1D_1 ● Krone kugelig bis krugförmig, oben mit 5 kleinen Zähnchen — Richtig, siehe E_3, E_3E_3 oder $E_3E_3E_3$ (S. 98)
● Farbe der Kronblätter weiss oder rötlich — Falsch, zurück zu D_1 (S. 95)

Andrómeda – Andromeda

E_3

Abb. 230
A. polifólia
Rosmarinheide

Abb. 231
A. polifólia
Rosmarinheide

Andrómeda polifólia L.
Rosmarinheide
(S. 290)

● Blüten zu 2 bis 10 (15), in endständigen, doldentraubigen Blütenständen (Abb. 230)

● Blüten urnenförmig, nikkend, blassrosa; Blütenstiele 3 bis 4 mal so lang wie die Blüten

● Kelch tief 5spaltig; Kelchzipfel eilanzettlich, zugespitzt, kahl, rötlich

● Krone 4 – 7 mm lang, blassrosa, mit 5 kurzen, auswärts gekrümmten Zipfeln

● Staubfäden gegen den Grund verbreitert, lang weisshaarig; Antheren an der Spitze in 2 lange, grannig zugespitzte Hörnchen auslaufend (Abb. 231)

● Blatt schmal lanzettlich, am Rande umgerollt

Arctostáphylos – Bärentraube

E_3E_3

Abb. 232
A. alpínus
Alpen-B.

Abb. 233
A. alpínus
Alpen-B.

Arctostáphylos alpínus (L.) Spreng.
Alpen Bärentraube
(S. 292)

● Blüten in endständigen, 2 bis 5blütigen, aufrechten oder nickenden Trauben, gleichzeitig mit den Blättern erscheinend (Abb. 232)

● Kelch 5zipflig; Zipfel dreieckig, meist zugespitzt, grün mit weissem Saum (Abb. 233)

● Krone glockig, grünlichweiss, (seltener rötlich angehaucht), 4 – 7 mm lang, nach vorn verschmälert, mit 5 nach aussen gebogenen Zipfeln

● Blätter verkehrt-eiförmig, gegen den Stiel zu verschmälert, scharf gezähnelt, mit weissen, abstehenden Haaren, sommergrün

E_3E_3
E_3

Abb. 234
A. úva-úrsi
Immergrüne B.

Abb. 235
A. úva-úrsi
Immergrüne B.

Arctostáphylos úva-úrsi (L.) Spreng.
Immergrüne Bärentraube
(S. 294)

- Blüten in endständigen, 4 bis 7blütigen, aufrechten oder nickenden Trauben (Abb. 234)
- Kelch 5zipflig; Zipfel dreieckig, zugespitzt oder abgerundet, weiss mit gelben und roten Flecken (Abb. 235)
- Krone glockig, weiss mit rosa Saum, 4 – 6 mm lang, nach vorn verschmälert, mit 5 nach aussen gebogenen Zipfeln (Abb. 234)
- Blätter verkehrt-eiförmig, gegen den Stiel zu verschmälert, ganzrandig, lederartig, ohne Behaarung

---

AA Alle Kronblätter frei (nicht miteinander verwachsen) — Richtig, siehe B_1 / Falsch, zurück zu A (S. 91)

Lédum – Sumpfporst

B_1

Abb. 236
L. palústre
Sumpfporst

Abb. 237
L. palústre
Sumpfporst

Lédum palústre L.
Sumpfporst
(S. 296)

- Blütenstand reichblütig, doldentraubig (Abb. 236)
- Blütenstiele mehrmals länger als die Blüte, aufrecht oder abstehend
- Kelch 5zähnig, mit kleinen, gelbweissen, abgerundeten Zipfeln
- Krone 5blättrig (6, 7), weiss; Kronblätter 8 – 15 mm lang, verkehrt-eiförmig, stumpf, sternförmig ausgebreitet (Abb. 237)
- Griffel mit verdickter, 5strahliger Narbe
- Blätter linealisch, mit stark umgerolltem Rand, unterseits weissfilzig (junge Blätter) oder rostrot filzig (ältere Blätter) (Abb. 236)

Leguminósae – Hülsenfruchtgewächse (10 Staubblätter)

A
- Die 10 Staubblätter miteinander nicht verwachsen (Abb. 239)
- Blüten rot bis hellviolett

Richtig, siehe B
Falsch, siehe AA

Cércis – Judasbaum

B

Abb. 238
C. siliquástrum
Gemeiner J.

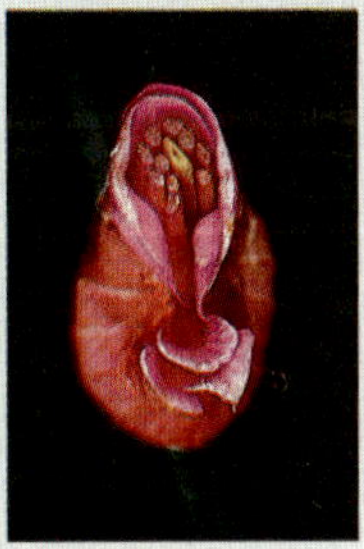

Abb. 239
C. siliquástrum
Gemeiner J.

Cércis siliquástrum L.
Gemeiner Judasbaum
(S. 298)

- Blüten zu 6 bis 8 in seitenständigen Trauben, vor den Blättern erscheinend, etwa 2 cm lang, mit roter, rosafarbener bis violetter Krone (Abb. 238)
- Rote Blütenstiele bis 2 cm lang

AA Alle Staubblätter verwachsen oder 9 miteinander verwachsen (röhrig, meist bis zur Mitte) und 1 frei

Richtig, siehe B_1, B_1B_1 (S. 100) oder $B_1B_1B_1$ (S. 102)
Falsch, zurück zu A

B_1 Blatt einfach (nicht aus Teilblättchen zusammengesetzt), ganzrandig

Richtig, siehe C oder CC (S. 100)
Falsch, siehe B_1B_1 (S. 100) oder $B_1B_1B_1$ (S. 102)

C
- Dorniger Strauch mit stark verkümmerten Blättern
- Kelch tief zweilippig

Richtig, siehe D (S. 100)
Falsch, siehe CC (S. 100)

Úlex – Stechginster

D

Abb. 240
U. europaéus
Stechginster

Abb. 241
U. europaéus
Stechginster

Úlex europaéus L.
Stechginster
(S. 300)

- Blüten zu 1 bis 3 an seitenständigen, ganz reduzierten Kurztrieben (Abb. 240)
- Blütenstiele 6 – 9 mm lang, dicht behaart
- Kelch dicht mit braunen Wollhaaren bekleidet (Abb. 241), etwa $^1/_2$ so lang wie die goldgelbe Krone
- Krone 1,5 – 2 cm lang; Fahne und Flügel kahl, Schiffchen behaart
- Alle Kurztriebe verdornt

CC

- Strauch ohne Dornen
- Blätter im Mittel 5 – 12 mm lang, fast sitzend, in der Jugend anliegend seidig behaart
- Kelch 2lippig, 5zähnig

Richtig, siehe D_1

Falsch, zurück zu C (S. 99)

Genísta – Ginster

D_1

Abb. 242
G. pilósa
Behaarter G.

Abb. 243
G. pilósa
Behaarter G.

Genísta pilósa L.
Behaarter Ginster
(S. 302)

Blüten zu 1 bis 3 seitenständig, an den Zweigenden oft traubenförmig gehäuft (Abb. 242)

- Kelch und kurze Blütenstiele seidenhaarig (Abb. 243); Kelchoberlippe 2teilig, Unterlippe 3spaltig
- Krone goldgelb; Fahne und Schiffchen seidenhaarig
- Blatt länglich-lanzettlich, unterseits seidig behaart

B_1B_1 Blätter aus 3 Teilblättchen zusammengesetzt

Richtig, siehe C_1 (S. 101)
oder C_1C_1 (S. 101)
Falsch, siehe $B_1B_1B_1$ (S. 102)

C_1 ● Blüten zu 1 bis 4 an seitenständigen Kurztrieben mit hell bis karminroter Farbe (Abb. 244) — Richtig, siehe D_2
● Teilblättchen kaum über 2 cm lang (1 – 2 cm) — Falsch, siehe C_1C_1

Cýtisus – Geissklee

D_2

Abb. 244
C. purpúreus
Roter G.

Abb. 245
C. purpúreus
Roter G.

Cýtisus purpúreus Scop.
Roter Geissklee
(S. 304)

● Blüten zu 1 bis 4 an seitenständigen Kurztrieben in den Blattachseln vorjähriger Zweige, 25 mm lang, zusammen einen traubenförmigen Gesamtblütenstand bildend (Abb. 244)

● Blütenstiele meist kahl, kürzer als der Kelch

● Kelch 6 – 10 mm lang, röhrig, oben braunrot, zerstreut abstehend behaart (Abb. 245)

● Krone hell-karminrot (Abb. 245); Fahne in der Mitte dunkler gezeichnet

● Griffel und Staubblätter am Ende schief aufwärts gekrümmt

C_1C_1 ● Blüten in endständigen, langen, hängenden Trauben — Richtig, siehe D_3 oder D_3D_3 (S. 102)
● Teilblätter über 2 cm (4 – 10 cm) lang (Abb. 246, 248) — Falsch, zurück zu C_1

Labúrnum – Goldregen

D_3

Abb. 246
L. alpínum
Alpen-G.

Abb. 247
L. alpínum
Alpen-G.

Labúrnum alpínum (Mill.) Bercht. et J. S. Presl.
Alpen-Goldregen
(S. 306)

● Blüten zu 20 bis 40 in bis zu 30 cm langen, schmalen, hängenden Trauben (Abb. 246)

● Blütenstandsstiele deutlich abstehend behaart (Abb. 247)

● Kelch mit etwa gleichlangen Lippen

● Fahne am Grunde ohne ausgeprägt braune Zeichnung

D_3D_3

Abb. 248
L. anagyroídes
Gewöhnlicher G.

Abb. 249
L. anagyroídes
Gewöhnlicher G.

Labúrnum anagyroídes Medik.
Gewöhnlicher Goldregen
(S. 308)

- Blüten zu 10 bis 40, in bis 30 cm langen, schlanken, zuerst aufrechten, später hängenden Trauben (Abb. 248)
- Blütenstandsstiele angedrückt behaart (Abb. 249)
- Kelch mit einer Unterlippe, die etwas länger ist als die Oberlippe
- Fahne am Grunde mit ausgeprägter brauner Zeichnung

B_1B_1 B_1 Blätter unpaarig gefiedert (ein Endblatt vorhanden)

Richtig, siehe C_2 oder C_2C_2 (S. 103)
Falsch, zurück zu B_1 (S. 99)

Coronílla – Kronwicke

C_2

Abb. 250
C. émerus
Strauchige K.

Abb. 251
C. émerus
Strauchige K.

Coronílla émerus L.
Strauchige Kronwicke
(S. 310)

- Blüten zu 2 bis 3 in 2 – 5 cm lang gestielten, achselständigen Dolden, nickend (Abb. 250)
- Blüten gelb, 1,5 – 2 cm lang; Schiffchen in einen kurzen Schnabel ausgezogen (Abb. 251)
- Blätter mit 7 bis 9 Fiederblättchen (Abb. 250)
- Zweige grün

Robínia – Robinie

C_2C_2

Abb. 252
R. pseudoacácia
Robinie

Abb. 253
R. pseudoacácia
Robinie

Robínia pseudoacácia L.
Robinie
(S. 312)

- Blütentrauben 10 – 25 cm lang, an beblätterten Kurztrieben, zuerst aufgerichtet, später hängend (Abb. 252)
- Blüten weiss, 1 – 2 cm lang, mit gelber Zeichnung auf der Fahne, stark duftend (Abb. 253)
- Blätter mit 7 – 19 Fiederblättchen
- Zweige braun

Ranunculáceae – Hahnenfussgewächse (Mehr als 10 Staubblätter)

Clématis – Waldrebe

Abb. 254
C. alpína
Alpen-W.

Abb. 255
C. alpína
Alpen-W.

Clématis alpína (L.) Mill.
Alpen-Waldrebe
(S. 314)

- Blüten einzeln, violett bis hellblau, nickend, 3 – 4 cm lang, an blattachselständigen Kurztrieben (Abb. 254)
- Blütenstiele 4 – 12 cm lang
- Zahl der Honigblätter 10 – 12
- Perianthblätter spatelförmig, zugespitzt, aufgerichtet (Abb. 255)
- Fruchtknoten und Staubblätter zahlreich (Abb. 255)

Abb. 256
C. vitálba
Gewöhnliche W.

Abb. 257
C. vitálba
Gewöhnliche W.

Clématis vitálba L.
Gewöhnliche Waldrebe
(S. 316)

- Blüten weiss, in reichblütigen, seiten- und endständigen Rispen (Abb. 256)
- Blütenstiele 4 – 12 mm lang
- Honigblätter fehlend
- Perianthblätter abstehend oder zurückgebogen (Abb. 257)
- Fruchtknoten und Staubblätter zahlreich (Abb. 257)

Magnoliáceae – Magnoliengewächse (Mehr als 10 Staubblätter)

Liriodéndron – Tulpenbaum

Abb. 258
L. tulipífera
Tulpenbaum

Abb. 259
L. tulipífera
Tulpenbaum

Liriodéndron tulipífera L.
Tulpenbaum
(S. 318)

- Blüten einzeln, endständig, gross, tulpenähnlich, aufrecht (Abb. 258)
- Im Knospenzustand Blüte von einem tütenförmigen Hochblatt (Spatha) umgeben
- Die 3 äusseren Blätter der Blütenhülle kelchartig, grünlich, zurückgebogen; die 6 inneren Perigonblätter (3 + 3) kronblattartig, gelbgrün oder schwefelgelb und orangerot gestreift, aufrecht (Abb. 259)
- An langgestreckter Achse die zahlreichen Staub- und Fruchtblätter schraubig angeordnet (Abb. 258)

Magnólia – Magnolie

Abb. 260
M. x soulangiána
Magnolie

Abb. 261
M. x soulangiána
Magnolie

Magnólia x soulangiána Soul.-Bod.
Magnolie, Tulpen-Magnolie
(S. 320)

- Blüten einzeln, endständig, gross, glockig, aufrecht (Abb. 260)
- Blüten im Knospenzustand von einem tütenförmigen Hochblatt (Spatha) umgeben
- Alle Perigonblätter aussen weiss und rosa überlaufen, innen weiss
- An langgestreckter Achse die zahlreichen Staub- und Fruchtblätter schraubig angeordnet (Abb. 261)

Tiliáceae – Lindengewächse (Mehr als 10 Staubblätter)

Tília – Linde

Abb. 262
T. cordáta
Winter-L.

Abb. 263
T. cordáta
Winter-L.

Tília cordáta Mill.
Winter-Linde
(S. 322)

- Blüten zu 3 bis 10 (16) in einer Trugdolde; am Grunde mit einem häutigen, grünlich-gelben Deckblatt (Abb. 262)
- Kelchblätter 5, eiförmig, zugespitzt, 3 mm lang, am Rande und gegen die Spitze zu sammetig behaart, graugrün
- Kronblätter 5, verkehrt-eiländlich, 3 – 8 mm lang, kahl, gelblichweiss, mehr oder weniger aufgerichtet
- Blätter unterseits blaugrün, in den Innenwinkeln der Blattnerven je 1 Büschel rotbrauner Haare (weiss, wenn Blätter jünger als 2 bis 3 Wochen) (Abb. 263)

Tília platyphýllos Scop.
Sommer-Linde
(S. 324)

Abb. 264
T. platyphýllos
Sommer-L.

Abb. 265
T. platyphýllos
Sommer-L.

- Blüten zu 2 – 5 (meist 3) in einer Trugdolde; am Grunde mit einem häutigen, grünlich-gelben Deckblatt
- Kelchblätter 5, länglich eiförmig, zugespitzt oder abgerundet, gegen die Spitze zu sammetig behaart, gelblichgrün
- Kronblätter 5, verkehrt-eilänglich, bis 8 mm lang, aus schmalem Grund allmählich verbreitert, gelblichweiss, zur Blütezeit flach ausgebreitet (Abb 264)
- Blätter unterseits gelb- bis blaugrün, in den Innenwinkeln der Blattnerven je 1 Büschel weisser Haare (Abb. 265)

Rosáceae – Rosengewächse (Mehr als 10 Staubblätter)

A	1 Griffel pro Blüte (für Crataégus monógyna siehe (S. 114), (Abb. 295)	Richtig, siehe B oder BB (S. 108) Falsch, siehe AA (S. 112) AAA (S. 121) oder AAAA (S. 122)
B	Fruchtknoten dicht behaart (Abb. 267)	Richtig, siehe C oder CC (S. 107) Falsch, siehe BB (S. 108)
C	● Blütenbecher röhrenförmig verlängert; Mündung schmal (Abb. 267) ● Blüten mit den Blättern erscheinend	Richtig, siehe D (S. 107) Falsch, siehe CC (S. 107)

D

Abb. 266
P. tenélla
Zwerg-M.

Abb. 267
P. tenélla
Zwerg-M.

Prúnus tenélla Batsch.
Zwerg-Mandel
(S. 326)

- Blüten einzeln (seltener zu 2 oder 3), sitzend oder undeutlich gestielt, am Grunde von erhaltengebliebenen Knospenschuppen umhüllt (S. 266)
- Kelchbecher röhrig-trichterförmig, bis 10 mm lang, kahl; Kelchblätter breit-eiförmig, etwa 5 mm lang, beiderseits kahl
- Kronblätter rosarot, länglich bis verkehrt-eiförmig, am Grunde keilförmig, 10 – 15 mm lang
- Fruchtknoten und Griffel (bis zu seiner Hälfte) sammethaarig (Abb. 267)
- Staubfäden rötlich (Abb. 267)

CC
- Blütenbecher glockenförmig, nicht, oder kaum länger als breit; Mündung weit (Abb. 269)
- Blüten vor den Blättern erscheinend

Richtig, siehe D_1 oder D_1D_1 (S. 108)

Falsch, zurück zu C (S. 106)

D_1

Abb. 268
P. pérsica
Pfirsichbaum

Abb. 269
P. pérsica
Pfirsichbaum

Prúnus pérsica (L.) Batsch.
Pfirsichbaum
(S. 328)

- Blüten meist einzeln, seltener zu 2, an Kurztrieben, von Knospenschuppen umgeben (Abb. 268)
- Blütenstiele sehr kurz oder fehlend
- Kelchblätter verkehrt-eiförmig, 6 – 8 mm lang, grünlich, aussen wollig behaart
- Kronblätter hellrosa, seltener weiss, eiförmig, am Grunde keilförmig, bis 2 cm lang
- Fruchtknoten und Griffel (bis zu seiner Hälfte) sammethaarig
- Staubfäden weiss (Abb. 269)

D_1D_1

Abb. 270
P. armeníaca
Aprikosenbaum

Abb. 271
P. armeníaca
Aprikosenbaum

Prúnus armeníaca L.
Aprikosenbaum
(S. 330)

- Blüten meist einzeln, Knospenschuppen nicht abfallend (Abb. 270, 271)
- Kelch rotbraun (Abb. 271), mit 7 – 8 mm langen, am Grunde meist sammethaarigem Becher und breiten, stumpflichen, herabgekrümmten Zipfeln
- Kronblätter weiss, aussen oft rötlich angehaucht, rundlich, 10 – 20 mm lang (Abb. 270)
- Fruchtknoten und Griffel (bis zu seiner Hälfte) sammethaarig
- Staubfäden weiss

BB Fruchtknoten kahl (seltener an der Spitze fein behaart)

Richtig, siehe C_1; C_1C_1, $C_1C_1C_1$ (S. 109) oder $C_1C_1C_1C_1$ (S. 110)
Falsch, zurück zu B (S. 106)

C_1
- Blüten in kurzen, 4 bis 10blütigen, aufrechten oder abstehenden Trauben (Abb. 272)
- Blüten zusammen mit den Blättern erscheinend

Richtig, siehe D_2

Falsch, siehe C_1C_1, $C_1C_1C_1$ (S. 109) oder $C_1C_1C_1C_1$ (S. 110)

D_2

Abb. 272
P. máhaleb
Felsenkirsche

Abb. 273
P. máhaleb
Felsenkirsche

Prúnus máhaleb (L.) Mill.
Felsenkirsche
(S. 332)

- Blüten lang gestielt, in 4 bis 10blütigen, kurzen, aufrechten oder abstehenden, beinahe doldenförmigen Trauben (Abb. 272)
- Kelchzipfel eiförmig, stumpf oder spitzlich, ganzrandig, gelbgrün, waagrecht abstehend oder zurückgeschlagen
- Kronblätter weiss, verkehrt-eiförmig, gegen den Grund zu keilig verschmälert, 5 – 8 mm lang
- Staubfäden weiss; Staubbeutel dunkelgelb (Abb. 273)

C_1C_1 ● Blüten in verlängerten, mehr als 12blütigen Trauben (Abb. 274)
● Strauch immergrün

Richtig, siehe D_3 oder D_3D_3
Falsch, siehe $C_1C_1C_1$ oder $C_1C_1C_1C_1$ (S. 110)

D_3

Abb. 274
P. laurocérasus
Kirschlorbeer

Abb. 275
P. laurocérasus
Kirschlorbeer

Prúnus laurocérasus L.
Kirschlorbeer
(S. 334)

● Blüten in aufrechten, 10 – 12 cm langen, reichblütigen Trauben (Abb. 274)

● Kelch mit kreisförmigem Becher und kurzen, stumpfen, aussen mit Höckern versehenen Zipfeln

● Kronblätter weiss, verkehrt-eiförmig bis rundlich, 3 – 4 mm lang, kurz genagelt, ganzrandig

● Staubfäden weiss; Staubbeutel weisslich bis hellbraun oder hellgelb (Abb. 275)

D_3D_3

Abb. 276
P. pádus
Traubenkirsche

Abb. 277
P. pádus
Traubenkirsche

Prúnus pádus L.
Traubenkirsche
(S. 336)

● Blüten in abstehenden, meist aber hängenden, 8 – 15 cm langen, reichblütigen Trauben (Abb. 276)

● Kelchblätter halbkugelig, aussen kahl, innen zottig behaart, zurückgeschlagen

● Kronblätter weiss, breit verkehrt-eiförmig, kurz genagelt, 5 – 10 mm lang, ganzrandig oder in der oberen Hälfte oft ausgebissen gezähnelt (Abb. 277)

● Staubfäden weiss; Staubbeutel gelb

$C_1C_1C_1$ ● Blüten lang gestielt, in doldenförmigen Büscheln
● Blütezeit kurz vor, oder während der Blattentfaltung (Abb. 280)

Richtig, siehe D_4 oder D_4D_4 (S. 110)

Falsch, siehe $C_1C_1C_1C_1$ (S. 110)

D_4

Abb. 278
P. ávium
Kirschbaum

Abb. 279
P. ávium
Kirschbaum

Prúnus ávium (L.) Moench
Kirschbaum
(S. 338)

- Blüten 3 – 5 cm lang gestielt, abstehend oder nikkend, in doldenförmigen Büscheln (Abb. 278)
- Kelchblätter meist ganzrandig, stumpflich, zurückgeschlagen
- Kronblätter weiss, rundlich bis verkehrt-eiförmig, kurz genagelt, meist ausgerandet (Abb. 279)

D_4D_4

Abb. 280
P. cérasus
Weichselkirsche

Abb. 281
P. cérasus
Weichselkirsche

Prúnus cérasus L.
Weichselkirsche
(S. 340)

- Blüten 2 – 4 cm lang gestielt, abstehend oder nikkend, in doldenförmigen Büscheln (Abb. 280)
- Kelchblätter besonders im oberen Teil gesägt, spitz, zurückgeschlagen
- Kronblätter breit, verkehrt-eiförmig bis fast kreisrund, kurz genagelt, kaum ausgerandet (Abb. 281)

C_1C_1 Blüten einzeln oder zu 2 bis 3 — Richtig, siehe D_5 oder D_5D_5 (S. 111)
C_1C_1 — Falsch, zurück zu C_1 (S. 108)

D_5
- Blüten vor den Blättern entwickelt — Richtig, siehe E (S. 111)
- Stark dorniger Strauch — Falsch, siehe D_5D_5 (S. 111)

E

Abb. 282
P. spinósa
Schlehdorn

Abb. 283
P. spinósa
Schlehdorn

Prúnus spinósa L.
Schlehdorn
(S. 342)

- Blüten in den dicht gehäuften Kurztrieben meist einzeln oder zu 2 bis 3 (Abb. 282)
- Blütenstiele meist kahl
- Kelchzipfel schmal-eiförmig, stumpf oder zugespitzt, 2 – 4 mm lang, meist kahl
- Kronblätter verkehrt-eiförmig, kurz genagelt, weiss, 5 – 8 mm lang, abgerundet (Abb. 283)
- Staubbeutel gelblich oder rötlich (Abb. 283)

D_5D_5
- Blüten mit den Blättern sich entwickelnd
- Fruchtbäume ohne Dornen

Richtig, siehe E_1; E_1E_1 oder $E_1E_1E_1$ (S. 112)
Falsch, zurück zu D_5 (S. 110)

E_1

Abb. 284
P. doméstica
Zwetschgenbaum

Abb. 285
P. doméstica
Zwetschgenbaum

Prúnus doméstica L. ssp. doméstica
Zwetschgenbaum
(S. 344)

- Blüten zu 1 bis 3 an Kurztrieben, mit 5 – 20 mm langen, schmalen Stielen (Abb. 284)
- Kelchblätter schmal-eiförmig, blaugrün, auf der Innenseite meist etwas behaart, mit vereinzelten braunen Zähnchen an den Rändern
- Kronblätter weiss, länglich-eiförmig, 7 – 12 mm lang, (Abb. 285)
- Staubfäden weiss; Staubbeutel dunkelgelb (Abb. 285)

E_1E_1

Abb. 286
P. doméstica ssp. itálica
Reineclaude

Abb. 287
P. doméstica ssp. itálica
Reineclaude

Prúnus doméstica ssp. itálica (Borkh.) Gams.
Reineclaude Reneklode
(S. 346)

- Blüten meist einzeln (seltener zu 2 bis 3), mit 10 – 25 mm langen, schmalen Stielen (Abb. 286)
- Kelchblätter eiförmig, gelb- bis blaugrün, im oberen Teil deutlich fein gezähnt (Abb. 287)
- Kronblätter weiss, breiteiförmig, 8 – 15 mm lang
- Staubfäden weiss; Staubbeutel dunkelgelb

E_1E_1
E_1

Abb. 288
P. doméstica ssp. insitítia
Pflaumenbaum

Abb. 289
P. doméstica ssp. insitítia
Pflaumenbaum

Prúnus doméstica ssp. insitítia (L.) Schneid.
Pflaumenbaum
(S. 348)

- Blüten meist einzeln (seltener zu 2 bis 3), mit 5 – 15 mm langen, breiteren (bei jungen Blüten) (Abb. 289) oder schmalen (älteren) Stielen
- Kelchblätter eiförmig, gelb- bis blaugrün, deutlich gezähnt
- Kronblätter weiss, rundlich, 8 – 10 mm lang (Abb. 288)
- Staubfäden weiss; Staubbeutel dunkelgelb

AA
- 2 bis 5 Griffel pro Blüte
- Wenn Blüten einzeln, dann Durchmesser höchstens 15 mm

Richtig, siehe B_1 oder B_1B_1 (S. 113)
Falsch, siehe AAA (S. 121) oder AAAA (S. 122)

B_1 Kronblätter lineal-lanzettlich, 3 bis 4 mal so lang wie breit, weiss, auf der Aussenseite filzig behaart, mit oft rötlicher Spitze

Richtig, siehe C_2 (S. 113)
Falsch, siehe B_1B_1 (S. 113)

Amelánchier – Felsenbirne

C_2

Abb. 290
A. ovális
Felsenbirne

Abb. 291
A. ovális
Felsenbirne

Amelánchier ovális Medik.
Felsenbirne, Felsenmispel
(S. 350)

- Blüten in 3- bis über 6blütigen, weissfilzig behaarten, abstehenden, traubig rispigen Blütenständen (Abb. 290)
- Kelchblätter weissfilzig behaart; Kelchzipfel rötlich angelaufen (Abb. 291)
- Kronblätter weiss, schmal-linearlanzettlich, aussen zottig behaart, ausgebreitet mit oft etwas rötlichen Zipfeln, 15 – 20 mm lang (Abb. 290)
- Blüten mit den Blättern erscheinend
- Fruchtknoten unterständig; Zahl der Griffel 5 (Abb. 291)

B_1B_1 Kronblätter breit-eiförmig oder rundlich, weiss; wenn lanzettlich, dann rötlich gefärbt

Richtig, siehe C_3 oder C_3C_3 (S. 114)
Falsch, zurück zu B_1 (S. 112)

C_3
- Zweige stets mit Dornen
- Zahl der Griffel 1 oder 2 (seltener 3)
- Blätter mehr oder weniger tief eingeschnitten

Richtig, siehe D_6 oder D_6D_6 (S. 114)
Falsch, siehe C_3C_3 (S. 114)

Cratǽgus – Weissdorn

D_6

Abb. 292
C. laevigáta
Zweigriffliger W.

Abb. 293
C. laevigáta
Zweigriffliger W.

Cratǽgus laevigáta (Poir.) DC
Zweigriffliger Weissdorn
(S. 352)

- Blüten in aufrechten, reichblütigen Trugdolden
- Kelchblätter dreieckig, spitz oder stumpf, kahl oder auf der Innenseite leicht behaart
- Kronblätter weiss, rund, 5 – 8 mm lang, kahl, die langgen Blütenstiele meist kahl (Abb. 292)
- Zahl der Griffel 2 (seltener 3) (Abb. 293)
- Blätter höchstens bis zur Mitte jeder Blattseite eingeschnitten, mit 3 – 5 Lappen

D_6D_6

Abb. 294
C. monógyna
Eingriffliger W.

Abb. 295
C. monógyna
Eingriffliger W.

Crataegus monógyna Jacq.
Eingriffliger Weissdorn
(S. 354)

- Blüten in aufrechten, reichblütigen Trugdolden
- Kelchblätter dreieckig, vorn meist abgerundet oder lanzettlich und zugespitzt, kahl oder aussen etwas behaart
- Kronblätter weiss, rundlich, 5 – 6 mm lang, sehr kurz genagelt, kahl; die langen Blütenstiele kahl oder spärlich behaart (Abb. 294)
- Zahl der Griffel 1 (seltener 2) (Abb. 295)
- Blätter tief eingeschnitten, mit 3 – 5 Lappen

C_3C_3 Zweige stets ohne Dornen

Richtig, siehe D_7 oder D_7D_7 (S. 115)
Falsch, zurück zu C_3 (S. 113)

D_7

- Blüten einzeln oder zu 2 bis 5 in hängenden Trugdolden, im Durchmesser höchstens 3 – 5 mm, nach der Blattentfaltung erscheinend (Abb. 296)
- Blätter sehr kurz gestielt, eiförmig zugespitzt, ganzrandig, oberseits dunkelgrün, unterseits dicht weiss oder graufilzig, 2 – 4 cm lang

Richtig, siehe E_2
Falsch, siehe D_7D_7 (S. 115)

Cotoneáster – Steinmispel

E_2

Abb. 296
C. integérrimus
Gewöhnliche S.

Abb. 297
C. integérrimus
Gewöhnliche S.

Cotoneáster integérrimus Medik.
Gewöhnliche Steinmispel
(S. 356)

- Glockige Blüten einzeln oder zu 2 bis 5 in hängenden Trugdolden (Abb. 296)
- Blütenstiele 3 – 8 mm lang, locker behaart, grünlich bis braunrot (Abb. 296)
- Kelchbecher und Kelchzipfel kahl, grün oder braunrot; Kelchblätter 3eckig, ungefähr 3 mm lang
- Kronblätter weiss oder rosa, rundlich, kurz genagelt, 3 – 6 mm lang (Abb. 297)
- Staubfaden weiss; Staubbeutel hellgelb (Abb. 297)

D_7D_7	● Blütendurchmesser mehr als 5 mm ● Blüten lang gestielt, in wenig- oder vielblütigen Trugdolden	Richtig, siehe E_3 oder E_3E_3 (S. 117) Falsch, zurück zu D_7 (S. 114)
E_3	Zahl der Griffel 4 bis 5	Richtig, siehe F oder FF (S. 116) Falsch, siehe E_3E_3 (S. 117)
F	● Kronblätter junger Blüten aussen rosa überlaufen (Abb. 298) ● Staubbeutel auch in jungen Blüten gelb	Richtig, siehe G oder GG (S. 116) Falsch, siehe FF (S. 116)

Málus – Apfelbaum

G

Abb. 298
M. sylvéstris
Holzapfel

Abb. 299
M. sylvéstris
Holzapfel

Málus sylvéstris Mill.
Holzapfel
(S. 358)

● Blüten in aufrechten Doldentrauben, an den Enden der Kurztriebe (Abb. 298)

● Blütenstiele 10 – 25 mm lang, kahl oder spärlich behaart (Abb. 299)

● Kelchzipfel schmal-dreieckig, lang zugespitzt, 5 – 6 mm lang, an der Spitze oft etwas bräunlich, kahl oder behaart, bei jungen Blüten von den Kronblättern abstehend

● Kronblätter verkehrt-eiförmig, in den Nagel verschmälert, 10 – 15 mm lang, innen weiss und oft etwas rosa überlaufen, aussen rosa bis dunkelrot (Abb. 298)

● Staubbeutel gelb

GG

Abb. 300
M. sylvéstris ssp. doméstica
Apfelbaum

Abb. 301
M. sylvéstris ssp. doméstica
Apfelbaum

Málus sylvéstris ssp. doméstica (Borkh.) Mansf.
Apfelbaum
(S. 360)

- Blüten in aufrechten Doldentrauben, an den Enden der Kurztriebe (Abb. 300)
- Blütenstiele 10 – 25 mm lang, filzig (Abb. 301)
- Kelchzipfel breit dreieckig, an der Spitze meist bräunlich, wie der Kelchbecher filzig, bei jungen Blüten den Kronblättern anliegend
- Kronblätter verkehrt-eiförmig, deutlich genagelt, bis 25 mm lang, innen weiss, aussen rosa überlaufen (Abb. 301)
- Staubbeutel gelb

FF
- Kronblätter junger Blüten aussen weiss
- Staubbeutel in jungen Blüten dunkelrot (Abb. 302)

Richtig, siehe G_1 oder G_1G_1 (S. 117)
Falsch, zurück zu F (S. 115)

Pýrus – Birne

G_1

Abb. 302
P. commúnis
Birnbaum

Abb. 303
P. commúnis
Birnbaum

Pýrus commúnis L.
Birnbaum
(S. 362)

- Blüten bis 3 cm lang gestielt, in 3- bis 9blütigen Doldentrauben, am Ende belaubter Endtriebe
- Kelch dreieckig, gelbgrün, beiderseits meist etwas filzig behaart
- Kronblätter beiderseits weiss, breit eiförmig, genagelt, bis 15 mm lang (Abb. 302)
- Staubbeutel rötlich (Abb. 303)

G_1G_1

Abb. 304
P. nivális
Schneebirne

Abb. 305
P. nivális
Schneebirne

Pýrus nivális Jacq.
Schneebirne
(S. 364)

- Blüten in 3- bis 7blütigen Doldentrauben, am Ende belaubter Endtriebe
- Kelch dreieckig, gelbgrün, wie Kelchbecher dicht filzig behaart (Abb. 305)
- Kronblätter beiderseits weiss, eiförmig, genagelt, bis 15 mm lang (Abb. 304)
- Staubbeutel junger Blüten intensiv rot (Abb. 305)

E_3E_3 Zahl der Griffel 2 – 3 (Abb. 307)

Richtig, siehe F_1 oder F_1F_1 (S. 118)
Falsch, zurück zu E_3 (S. 115)

F_1

- Blätter unpaarig gefiedert, mit 9 bis 15 Fiederblättchen (Abb. 306)
- Blüten weiss
- Blüten meist dreigrifflig; Griffel in der unteren Hälfte behaart (Abb. 307)

Richtig, siehe G_2
Falsch, siehe F_1F_1 (S. 118)

Sórbus – Eberesche

G_2

Abb. 306
S. aucupária
Vogelbeerbaum

Abb. 307
S. aucupária
Vogelbeerbaum

Sórbus aucupária L.
Vogelbeerbaum
(S. 366)

- Blüten unangenehm riechend, in aufrechten, gewölbten, sehr grossen, vielblütigen Trugdolden (Abb. 306)
- Kelchzipfel dreieckig, grünlich, wie Kelchbecher locker filzig behaart (Abb. 307)
- Kronblätter rundlich, sehr kurz genagelt, weiss, 3 – 5 mm lang
- Blätter unpaarig gefiedert (Abb. 306)

F_1F_1 Blätter nicht gefiedert — Richtig, siehe G_3 oder G_3G_3; Falsch, zurück zu F_1 (S. 117)

G_3 Blüten mit roten, aufgerichteten Kronblättern (Abb. 309) — Richtig, siehe H; Falsch, siehe G_3G_3

H

Abb. 308
S. chamaeméspilus
Zwerg-M.

Abb. 309
S. chamaeméspilus
Zwerg-M.

Sórbus chamaeméspilus (L.) Crantz.
Zwerg-Mehlbeere
(S. 368)

- Blüten in dichten, gewölbten, aufrechten, schirmförmigen, dicht weissfilzig behaarten Trugdolden (Abb. 308)
- Kelchblätter schmal-dreieckig, aussen meist rot berandet, innen weissfilzig behaart, 10 – 15 mm lang, Abb. 309)
- Kronblätter verkehrt-eiförmig bis länglich, rot, keilförmig in den Grund verschmälert, 4 – 5 mm lang, aufrecht (Abb. 309)

G_3G_3 Blüten mit weissen oder gelblichen, ausgebreiteten Kronblättern — Richtig, siehe H_1 oder H_1H_1 (S. 119); Falsch, zurück zu G_3

H_1
- Blätter tief gelappt, mit jederseits 3 bis 5 allmählich zugespitzten Abschnitten (Abb. 311)
- Blattunterseite mit jederseits 3 bis 5 stark hervortretenden Seitennerven (Abb. 311)

Richtig, siehe I (S. 119)
Falsch, siehe H_1H_1 (S. 119)

I

Abb. 310
S. torminális
Elsbeerbaum

Abb. 311
S. torminális
Elsbeerbaum

Sórbus torminális (L.) Crantz.
Elsbeerbaum
(S. 370)

● Blüten weiss, in ziemlich grossen, aufrechten Trugdolden

● Kelchblätter dreieckig, 1 – 3 mm lang, innen wollig behaart

● Kronblätter rundlich, ohne Nagel, kahl

● Griffel meist 2, bis fast zur Mitte verbunden, am Grunde behaart (Abb. 310)

● Blätter tief gelappt, mit jederseits 3 bis 5 allmählich zugespitzten Abschnitten (Abb. 311)

H_1H_1 ● Blätter nicht tief gelappt (Abb. 312)
● Blattunterseite mit jederseits mehr als 5 Seitennerven

Richtig, siehe I_1; I_1I_1, $I_1I_1I_1$ (S. 120)
oder $I_1I_1I_1I_1$ (S. 121)
Falsch, zurück zu H_1 (S. 118)

I_1

Abb. 312
S. ária
Mehlbeerbaum

Abb. 313
S. ária
Mehlbeerbaum

Sórbus ária (L.) Crantz.
Mehlbeerbaum
(S. 372)

● Blüten in aufrechten, grossen Trugdolden; Blütenstiele, Kelchbecher und Kelchblätter weiss filzig behaart (Abb. 312)

● Kronblätter weiss, 3 mm lang, auf der Oberseite gegen den Grund zu abstehend wollig behaart, rundlich

● Griffel meist 2, (Abb. 313), seltener 3; Staubblätter weit herausragend

● Blätter elliptisch, 6 – 12 cm lang, 5 – 8 cm breit, mit einem 10 – 25 mm langen und filzig behaarten Stiel, doppelt gezähnt (Abb. 312)

● Blattunterseite mit 6 bis 14 stark hervortretenden Seitennerven, die bis zum Blattrande durchlaufen, dicht weissfilzig (Abb. 312)

I_1I_1

Abb. 314
S. intermédia
Schwedische M.

Abb. 315
S. intermédia
Schwedische M.

Sórbus intermédia (Ehrh.) Pers.
Schwedische Mehlbeere
(S. 374)

- Blüten in aufrechten, grossen Trugdolden; Blütenstiele, Kelchbecher und Kelchblätter weiss filzig behaart
- Kronblätter weiss, 3 – 4 mm lang, rundlich, am Grunde wollig behaart
- Griffel meist 2; Staubblätter weit herausragend (Abb. 314)
- Blätter länglich-eiförmig, deutlich gelappt; am Grunde Blatthälften spitz keilförmig zusammenlaufend (Abb. 315)
- Blattunterseite mit 6 bis 8 stark hervortretenden Seitennerven, graufilzig, nach der Blütezeit oft verkahlend (Abb. 315)

I_1I_1
I_1

Abb. 316
S. latifólia
Breitblättrige M.

Abb. 317
S. latifólia
Breitblättrige M.

Sórbus latifólia (Lam.) Pers.
Breitblättrige Mehlbeere
(S. 376)

- Blüten in aufrechten, grossen Trugdolden; Blütenstiele, Kelchbecher und Kelchblätter weiss filzig behaart
- Kronbläller weiss, 3 – 4 mm lang, rundlich
- Griffel 2 – 3; Staubblätter weit herausragend (Abb. 316)
- Blätter eiförmig, gelappt mit feinen Zähnchen im oberen Teil der Lappen; am Grunde Blatthälften breit keilförmig zusammenlaufend, 7 – 9 cm lang, 6 – 8 cm breit (Abb. 317)
- Blattunterseite mit 6 bis 8 stark hervortretenden Seitennerven, graufilzig (Abb. 317)
- Bastard aus Sórbus ária x Sórbus torminális

I_1I_1
I_1I_1

Abb. 318
S. mougeótii
Mougeots M.

Abb. 319
S. mougeótii
Mougeots M.

Sórbus mougeótii Soy.-Willem. et Godr.
Mougeots Mehlbeere
(S. 378)

- Blüten in aufrechten, grossen Trugdolden; Blütenstiele, Kelchbecher und Kelchblätter weiss filzig behaart (Abb. 319)
- Kronblätter weiss, 5 – 6 mm lang, eirundlich
- Griffel meist 2 (Abb. 318)
- Blätter länglich-eiförmig, mit vorwärts gerichteten Lappen, am Grunde Blatthälften schmal keilig zusammenlaufend (Abb. 319)
- Blattunterseite mit 8 bis 12 stark hervortretenden Seitennerven, graufilzig

---

AAA
- 5 Griffel pro Blüte (Abb. 323)
- Blüten stets einzeln, an Kurztrieben endständig (Abb. 320, 322)
- Durchmesser der Blüten 4 – 5 cm

Richtig, siehe B_2 oder B_2B_2 (S. 122)

Falsch, siehe AAAA (S. 122)

Cydónia – Quitte

B_2

Abb. 320
C. oblónga
Quitte

Abb. 321
C. oblónga
Quitte

Cydónia oblónga Mill.
Quitte
(S. 380)

- Blüten einzeln, gross, endständig an beblätterten Zweigen (Abb. 320)
- Kelchblätter 5, länglich, 8 – 15 mm lang, nebst dem Kelchbecher weiss filzig, zurückgeschlagen; Kelchzipfel deutlich gezähnt, stumpf (Abb. 321)
- Kronblätter weiss, rot angehaucht, verkehrt-eiförmig, 15 – 30 mm lang (Abb. 320)
- Staubfäden hellviolett; Staubbeutel gelb; Zahl der Staubblätter 15 – 21 (meist 20) (Abb. 321)
- Blätter deutlich gestielt, eiförmig bis länglich, 5 – 10 cm lang, ganzrandig, mit filziger Unterseite

Méspilus – Mispel

B_2B_2

Abb. 322
M. germánica
Mispel

Abb. 323
M. germánica
Mispel

Méspilus germánica L.
Mispel
(S. 382)

● Blüten einzeln, gross, endständig an beblätterten Zweigen (Abb. 322)

● Kelchzipfel meist ganzrandig, fein zugespitzt, wie der Kelchbecher filzig behaart (Abb. 323)

● Kronblätter grünlich-weiss bis weiss, rundlich, 12 – 20 mm lang, kurz genagelt (Abb. 322)

● Staubfäden weiss; Staubbeutel hell-braunrot; Zahl der Staubblätter 30 – 40

● Blätter fast sitzend, schmal-eiförmig, 3 – 12 cm lang, ganzrandig oder fein gesägt, mit lockerfilziger Unterseite

---

AA
AA Mehr als 5 Griffel pro Blüte (Abb. 325) — Richtig, siehe B_3 oder B_3B_3 (S. 123)
Falsch, zurück zu A (S. 106)

B_3 Blütenachse stark gewölbt (Abb. 325) — Richtig, siehe C_4 oder C_4C_4 (S. 123)
Falsch, siehe B_3B_3 (S. 123)

Rúbus – Brombeeren

C_4

Abb. 324
R. fruticósus
Brombeere

Abb. 325
R. fruticósus
Brombeere

Rúbus fruticósus L.
(Formenreiche Sippe)
Brombeere
(S. 384)

● Gestielte Blüten in lockeren Trugdolden; diese aus den Blattachseln zweijähriger Sprosse entspringend

● Kelchblätter breit-dreieckig, zugespitzt, filzig, zurückgeschlagen

● Kronblätter weiss oder rötlich, rundlich abstehend (Abb. 324)

● Die zahlreichen Fruchtknoten an einer lang gewölbten Blütenachse angeordnet (Abb. 325)

● Blätter 3- bis 7zählig gefiedert; Fiedern gezähnt

C_4C_4

Abb. 326
R. idaeus
Himbeere

Abb. 327
R. idaeus
Himbeere

Rúbus idaeus L.
Himbeere
(S. 386)

- Blüten meist nickend, in wenigblütigen Trugdolden
- Kelchblätter breit-dreieckig, zugespitzt, filzig, abstehend oder zurückgeschlagen
- Kronblätter weiss, länglich, zuerst aufrecht, später abstehend (Abb. 326, 327)
- Die zahlreichen Fruchtknoten an einer lang gewölbten Blütenachse angeordnet (Abb. 327)
- Blätter meist 3 bis 5 zählig gefiedert, Fiedern gezähnt
- Schösslinge erst im 2. Sommer mit blühenden Zweigen

B_3B_3 Blütenachse krugförmig vertieft, die zahlreichen Fruchtknoten einschliessend (Abb. 329)

Richtig, siehe C_5 oder C_5C_5 (S. 124)
Falsch, zurück zu B_3 (S. 122)

C_5 Kelchblätter deutlich fiederteilig (Abb. 329)

Richtig, siehe D_8 oder D_8D_8 (S. 124)
Falsch, siehe C_5C_5

Rósa – Rose

D_8

Abb. 328
R. canína
Hunds-R.

Abb. 329
R. canína
Hunds-R.

Rósa canína L.
Hunds-Rose
(S. 388)

- Bis 2 cm lang gestielte Blüten, einzeln oder in mehrblütigen Doldenrispen (Abb. 328)
- Kelchblätter fiederteilig, am Rande gewimpert, gegen das Ende der Blütezeit zurückgeschlagen; Kelchbecher kahl (Abb. 329)
- Kronblätter weiss bis hellrosa, oben vielfach eingebuchtet, verkehrt-dreieckig (Abb. 328)
- Griffelkanal im breiten Diskus eng; Griffel frei, ein die Mündung des Kelchbechers verschliessendes Narbenköpfchen bildend (Abb. 329)
- Blätter meist 5 bis 7zählig gefiedert, meist kahl

D_8D_8

Abb. 330
R. tomentósa
Filz-R.

Abb. 331
R. tomentósa
Filz-R.

Rósa tomentósa Sm.
Filz-Rose, Wald-Rose
(S. 390)

● Lang gestielte (2 – 4mal so lang wie der Kelchbecher) Blüten, einzeln oder zu 2 bis 4doldig gehäuft

● Kelchbecher, Kelchblätter und Blütenstiele reichlich mit Stieldrüsen besetzt

● Kelchblätter fiederteilig, nach dem Verblühen ausgebreitet, später oft aufgerichtet (Abb. 330)

● Kronblätter hellviolett bis blassrosa, oben vielfach eingebuchtet, rundlich (Abb. 330)

● Griffelkanal im breiten Diskus eng; Griffel ein die Mündung des Kelchbechers verschliessendes wenig erhobenes Narbenköpfchen bildend

● Blätter 5 bis 7zählig gefiedert, oberseits anliegend behaart, unterseits weichhaarig filzig; Stieldrüsen am Blattstiel und an den Fiederblättchen (Abb. 331)

C_5C_5 Kelchblätter ungeteilt (Abb. 335)

Richtig, siehe D_9
oder D_9D_9 (S. 125)
Falsch, zurück zu C_5 (S. 123)

D_9

Abb. 332
R. majális
Zimt-R.

Abb. 333
R. majális
Zimt-R.

Rósa majális J. Herrm. emend. Mansf.
Zimt-Rose, Mai-Rose
(S. 392)

● Kurz gestielte Blüten, einzeln oder zu 2 bis 5

● Kelchzipfel einfach, ganzrandig, so lang oder länger als die Kronblätter, etwas flaumig behaart, nach der Blütezeit aufrecht; grüner und kugeliger Kelchbecher und Kelchzipfel meist kahl (Abb. 333)

● Kronblätter rosa bis purpurn, verkehrt-eiförmig (Abb. 332)

● Griffelkanal breit; Griffel ein halbkugeliges Köpfchen bildend (Abb. 333)

● Blätter 5 bis 7zählig gefiedert, fast ausnahmslos einfach gezähnt, ohne Stieldrüsen an den Zähnen; Blattunterseite flaumig behaart, jedoch ohne Drüsen; Blattstiel oft flaumig behaart

D9D9

Abb. 334
R. pendulína
Alpen-Hagrose

Abb. 335
R. pendulína
Alpen-Hagrose

Rósa pendulína L.
Alpen-Hagrose,
Hängende Rose
(S. 394)

- Lang gestielte Blüten meist einzeln
- Kelchzipfel einfach, ganzrandig, so lang oder länger als die Kronblätter, am Ende oft etwas verbreitert, oft fein behaart, nach der Blütezeit aufgerichtet (Abb. 335)
- Kelchbecher meist kahl, nach der Blüte flaschenförmig verlängert, rötlich; Blütenstiele reich mit Stieldrüsen
- Kronblätter hell bis dunkelkarminrot, rundlich (Abb. 334)
- Griffel ein grosses, wolliges Narbenköpfchen bildend
- Blätter 5- bis 11zählig gefiedert, meist doppelt gezähnt, oft mit Drüsen an den Zähnen; Blattunterseite nicht behaart; Blattstiel mit Stieldrüsen
- Fruchtknoten flaschenförmig (Abb. 335)

Nebenschlüssel 2: Pflanzen monözisch

Moráceae – Maulbeergewächse

A	Blüten äusserlich nicht sichtbar, sondern in einem birnenförmigen Blütenbecher eingeschlossen	Richtig, siehe B (S. 126) Falsch, siehe AA (S. 126)

Ficus – Feigenbaum

B

Abb. 336
F. cárica
Feigenbaum

Abb. 337
F. cárica
Feigenbaum

Ficus cárica L.
Feigenbaum
(S. 396)

● Blüten in einer fleischigen, birnenförmigen Hülle (= Rezeptakel) eingeschlossen (Abb. 336); männliche Blüten oben, weibliche Blüten unten

● Blütenstandsachse innen hohl, auf der Innenfläche zahlreiche Blüten und Hochblattschuppen, die den Eingang verschliessen (Abb. 337)

● Männliche Blüten in der Umgebung des Eingangs, mit einem 3- bis 5teiligen, unscheinbaren Perigon und 3 bis 5 Staubblättern

● Weibliche Blüten von zweierlei Gestalt: **Fruchtblüten** mit langen Griffeln, **Gallenblüten** mit kurzen Griffeln; Perigon 3- bis 5teilig, 1 Griffel, 2 Narben

● Laubblätter tief 3- bis 5lappig, am Grunde herzförmig, oberseits rauh, unterseits flaumhaarig

---

AA Blüten äusserlich gut sichtbar, in kurzen Ähren zusammengeschlossen — Richtig, siehe B_1
Falsch, zurück zu A (S. 125)

Mórus – Maulbeerbaum

B_1

Abb. 338
M. álba
Weisser M.

Abb. 339
M. álba
Weisser M.

Mórus álba L.
Weisser Maulbeerbaum
(S. 398)

● Männliche Blütenstände länglich-walzlich, gestielt, 2 – 4 cm lang; Blüten mit 4teiligem Perigon und 4 Staubblättern

● Weibliche Blütenstände länglich-eiförmig, länger gestielt; Blüten mit 4teiligem Perigon, einem Fruchtknoten mit 2 langen, feinhöckerigen Narben (Abb. 338)

● Blätter wechselständig angeordnet, ungeteilt oder 3- bis 5lappig (Abb. 339)

Buxáceae – Buchsgewächse

Búxus – Buchsbaum

Abb. 340
B. sempérvirens
Buchsbaum

Abb. 341
B. sempérvirens
Buchsbaum

Búxus sempérvirens L.
Buchsbaum
(S. 400)

- Blüten in blattachselständigen Ähren; Endblüte weiblich, Seitenblüten männlich (Abb. 340)
- Männliche Blüten mit 4blättrigem Perigon, 4 Staubblättern, ein kleines Fruchtknotenrudiment
- Weibliche Blüten mit wechselnder Zahl von Perigonblättern (P : 5 – 6), einem 3blättrigen Fruchtknoten, einem kurzen und dicken Griffel
- Blätter elliptisch- bis eiförmig, ganzrandig, lederig, immergrün, gegenständig, oft löffelförmig gewölbt, im unteren Drittel am breitesten (Abb 341)

Platanáceae – Platanengewächse

Plátanus – Platane

Abb. 342
P. x acerifólia
Platane

Abb. 343
P. x acerifólia
Platane

Plátanus x acerifólia (Ait.) Willd.
Bastard-Platane
(S. 402)

- Männliche und weibliche Blüten in langgestielten, hängenden Köpfchen; die an den Zweigen oben stehenden Blütenstände sind weiblich, die tiefer liegenden sind männlich (Abb. 342, 343)
- Männliche Blüten mit stark zurückgebildeter Blütenhülle; Staubblätter 3 bis 4, frei; Staubfäden kurz; Staubbeutel langgestreckt
- Weibliche Blüten meist mit 3 bis 4 Staminodien; Kronblätter meist fehlend; Narben auf der Innenseite der langen Griffel herablaufend
- Blätter zum Zeitpunkt der Blütezeit noch klein, meist noch bräunlich behaart (Abb. 343)

Juglandáceae – Walnussgewächse

Júglans – Walnussbaum

Abb. 344
J. régia
Walnussbaum

Abb. 345
J. régia
Walnussbaum

Júglans régia L.
Walnussbaum,
Echter Nussbaum
(S. 404)

- Männliche Kätzchen sitzend, schlaff herabhängend, bis 10 cm lang, in den Achseln abgefallener Laubblätter vorjähriger Zweige, vielblütig
- Männliche Blüten grün mit abgeflachtem Blütenboden, 6 bis 30 Staubblättern, 6teiliger Perianthhülle (aus 4 Perigonblättern und 2 Vorblättern) (Abb. 344)
- Weibliche Blüten zu 2 bis 3; Griffel mit auswärts gekrümmten, am Rande gefransten Narbenschenkeln
- Blätter unpaarig gefiedert mit 7 bis 9 Fiederblättchen (Abb. 345)

Betuláceae – Birkengewächse

A
- Weibliche Blütenstände zur Blütezeit in der Knospe eingeschlossen; nur die roten Narben zwischen den Knospenschuppen hervorragend (Abb. 347, 349)
- Blüten vor Beginn der Blattentfaltung (Abb. 346)

Richtig, siehe B (S. 129) oder BB (S. 129)

Falsch, siehe AA (S. 130)

B

Abb. 346
C. avelläna
Haselstrauch

Abb. 347
C. avelläna
Haselstrauch

Córylus avelläna L.
Haselstrauch
(S. 406)

- Männliche Blüten in kleinen, nackten Kätzchen überwinternd
- Zur Blütezeit Kätzchen 3 – 7 cm lang, länglich-walzlich, meist zu 2 bis 4 nebeneinander stehend (Abb. 346)
- Männliche Blüten ohne Blütenhülle, mit je 2 eiförmigen Vorblättern, einzeln in den Achseln, breit-eiförmiger, gelbbrauner, lang zugespitzter, flaumiger Tragblätter (Vorblätter mit dem Tragblatt verwachsen)
- Staubblätter 4, gespalten, daher nach 8 aussehend; Staubbeutel mit endständigem Haarschopf, meist gelb
- Weibliche Blütenstände den Laubknospen ähnlich; Knospenschuppen zur Blütezeit mehrheitlich grün (Abb. 347)
- Narben je 2 pro Blüte, fadenförmig, purpurrot (Abb. 347)

BB

Abb. 348
C. colúrna
Baum-Hasel

Abb. 349
C. colúrna
Baum-Hasel

Córylus colúrna L.
Baum-Hasel
(S. 408)

- Männliche Blüten in kleinen, nackten Kätzchen überwinternd
- Zur Blütezeit Kätzchen 6 – 12 cm lang, länglich-walzlich, meist zu 2 bis 5 nebeneinander (Abb. 348)
- Männliche Blüten ohne Blütenhülle, in den Achseln breit-eiförmiger, gelblich-grün-brauner, zugespitzter, stark behaarter Tragblätter
- Staubblätter 4, gespalten, daher nach 8 aussehend; Staubbeutel mit endständigem Haarschopf, meist zuerst etwas rötlich
- Weibliche Blütenstände den Laubknospen ähnlich; Knospenschuppen zur Blütezeit mehrheitlich grün und braun (Abb. 349)
- Narben je 2 pro Blüte, fadenförmig, purpurrot (Abb. 349)

AA	Weibliche Blütenstände zur Blütezeit nicht in der Knospe eingeschlossen, sondern als aufrechte, abstehende oder hängende Kätzchen ausgebildet	Richtig, siehe B_1 oder B_1B_1 (S. 131) Falsch, zurück zu A (S. 128)
B_1	● Weibliche Blütenstände zu 3 bis 6 einen traubigen Gesamtblütenstand bildend (Abb. 353) ● Blattknospen mit nur 2 Knospenschuppen	Richtig, siehe C; CC oder CCC (S. 131) Falsch, siehe B_1B_1 (S. 131)

Álnus – Erle

C

Abb. 350
A. glutinósa
Schwarz-Erle

Abb. 351
A. glutinósa
Schwarz-Erle

Álnus glutinósa (L.) Gaertn.
Schwarz-Erle
(S. 410)

● Männliche und weibliche Kätzchen an vorjährigen Trieben, im Herbst und Winter violettbraun

● Männliche Kätzchen im Frühling 6 – 12 cm lang, zu 3 bis 6 endständig (Abb. 350)

● Tragblatt der Blüten bräunlich bis purpurrot mit oft einem graublauen Fleck in der Mitte

● Staubbeutel zuerst rötlich, dann gelb

● Weibliche Blüten in seitenständigen, gestielten, 1 – 2 cm langen, kahlen Blütenständen (Abb. 351)

CC

Abb. 352
A. incána
Grau-Erle

Abb. 353
A. incána
Grau-Erle

Álnus incána (L.) Moench
Grau-Erle
(S. 412)

- Männliche und weibliche Kätzchen an vorjährigen Trieben; im Herbst und Winter grünlich bis braun
- Männliche Kätzchen im Frühling 7 – 9 cm lang, zu 3 bis 5 endständig (Abb. 352)
- Tragblatt der Blüten dunkelbraun bis schwarz
- Staubbeutel zuerst rötlich, dann gelb
- Weibliche Blüten in seitenständigen, nicht gestielten 5 – 15 mm langen, dicht behaarten Blütenständen (Abb. 353)

CC
C

Abb. 354
A. víridis
Grün-Erle

Abb. 355
A. víridis
Grün-Erle

Álnus víridis (Chaix) DC
Grün-Erle, Alpen-Erle
(S. 414)

- Männliche Kätzchen unter einer weisslichen Harzkruste geschlossen überwinternd (Abb. 354), im Frühjahr mit dem Laub ausbrechend, bis 6 cm lang, einzeln oder zu 2 bis 3
- Tragblätter zuerst grün, später violettbraun
- Staubbeutel grünlichgelb oder rötlich, später gelb
- Weibliche Blüten an diesjährigen Trieben, mit den Blättern hervorbrechend, 10 – 15 mm lang, klebrig; Narben seltener weiss, meist leuchtend rot (Abb. 355)

B_1B_1
- Weibliche Blüten einzeln
- Blattknospen mit mehreren Schuppen

Richtig, siehe C_1 oder C_1C_1 (S. 133)
Falsch, zurück zu B_1 (S. 130)

C_1
- Weibliche Kätzchen in Knospen überwinternd, im Frühjahr endständig an kurzen Seitenzweigen (Abb. 357)
- Deckblätter der weiblichen Blüten 3teilig mit 3 Blüten (6 Narben)
- Staubbeutel an der Spitze ohne Haarbüschel

Richtig, siehe D (S. 132) oder DD (S. 133)
Falsch, siehe C_1C_1 (S. 133)

D
- Bäume oder grössere Sträucher
- Männliche Blütenstände hängend (Abb. 356)
- Blätter über 3 cm lang, doppelt gezähnt

Richtig, siehe E oder EE

Falsch, siehe DD (S. 133)

Bétula – Birke

E

Abb. 356
B. péndula
Hänge-Birke

Abb. 357
B. péndula
Hänge-Birke

Bétula péndula Roth.
Weiss-Birke, Hänge-Birke
(S. 416)

- Männliche Kätzchen sitzend, länglich-walzenförmig, hängend, bis 10 cm lang (Abb. 356)
- Tragblätter hell- bis dunkelbraun
- Weibliche Kätzchen gestielt, zylindrisch, zuerst aufrecht, später hängend, dichtblütig, zuerst gelbgrün, später hellbraun, 2 – 4 cm lang (Abb. 357)
- Mittellappen der Fruchtschuppen klein, kurz dreieckig, kürzer als die breiten, stets zurückgebogenen Seitenklappen

EE

Abb. 358
B. pubéscens
Moor-Birke

Abb. 359
B. pubéscens
Moor-Birke

Bétula pubéscens Ehrh.
Moor-Birke
(S. 418)

- Männliche Kätzchen sitzend, länglich-walzenförmig, hängend, bis 8 cm lang (Abb. 358)
- Tragblätter meist im unteren Teil grünlich, an der Spitze braun (Abb. 359)
- Weibliche Kätzchen zylindrisch, zuerst aufrecht, später hängend, dichtblütig, 2 – 4 cm lang, grünlich bis hellbraun
- Mittellappen der Fruchtschuppen deutlich vorgezogen, meist zungenförmig verlängert, die meist deutlich aufwärts gebogenen Seitenlappen überragend

DD	● Niedere Sträucher ● Männliche und weibliche Kätzchen aufrecht oder abstehend, erst spät in der Blütezeit männliche Kätzchen hängend (Abb. 360) ● Blätter meist weniger als 3 cm lang, einfach gezähnt	Richtig, siehe E_1 oder E_1E_1 Falsch, zurück zu D (S. 132)

E_1

Abb. 360
B. húmilis
Niedrige Birke

Abb. 361
B. húmilis
Niedrige Birke

Bétula húmilis Schrank
Niedrige Birke
(S. 420)

● Blatt oval, zugespitzt, mit spitzen Zähnen, nie breiter als lang, 8 – 30 mm lang (Abb. 360)

● Jüngste Triebe locker flaumig behaart bis kahl, mit vielen Harzdrüsen

● Weibliche Kätzchen aufrecht, kurz gestielt, lanzettlich, 10 – 15 mm lang (Abb. 361)

E_1E_1

Abb. 362
B. nána
Zwerg-Birke

Abb. 363
B. nána
Zwerg-Birke

Bétula nána L.
Zwerg-Birke
(S. 422)

● Blatt rundlich, Zähne stumpflich, meist breiter als lang, 4 – 12 mm lang (Abb. 362, 363)

● Jüngste Triebe dicht flaumig behaart mit nur vereinzelten Harzdrüsen (auch fehlend)

● Weibliche Kätzchen aufrecht, kurz gestielt, eiförmig-länglich, 7 – 10 mm lang (Abb. 363)

C_1C_1	● Deckblätter der weiblichen Blüten ungeteilt mit 2 Blüten (4 Narben) ● Staubbeutel an der Spitze mit Haarschopf (Abb. 365, 367)	Richtig, siehe D_1 (S. 134) oder D_1D_1 (S. 134) Falsch, zurück zu C_1 (S. 131)

Cárpinus – Hainbuche

D₁

Abb. 364
C. bétulus
Hainbuche

Abb. 365
C. bétulus
Hainbuche

Cárpinus bétulus L.
Hainbuche, Weissbuche
(S. 424)

- Männliche Kätzchen erst im Frühjahr erscheinend, zylindrisch, lockerblütig, 4 – 6 cm lang, schlaff herabhängend, meist einzeln (Abb. 364)
- Männliche Blüten ohne Vorblatt und Perianth in den Achseln, des Tragblattes
- Zahl der Staubblätter 4 bis 12, im unteren Teil des Tragblattes (Abb. 365)
- Tragblätter unten rundlich, im oberen Teil breit dreieckig verlaufend, meist zugespitzt, aber auch stumpflich, behaart, grün und oben bräunlich (Abb. 365)
- Weibliche Blütenstände zuerst unscheinbar, nur die roten Narben zeigend, später länger werdend

---

Óstrya – Hopfenbuche

D_1D_1

Abb. 366
O. carpinifólia
Hopfenbuche

Abb. 367
O. carpinifólia
Hopfenbuche

Óstrya carpinifólia Scop.
Hagenbuchenblättrige Hopfenbuche
(S. 426)

- Männliche Kätzchen bereits im Herbst ausgebildet, nackt überwinternd, dichtblütig, bis 12 cm lang, hängend, zu 2 bis 3 an Langtrieben endständig (Abb: 366)
- Männliche Blüten mit grünlichen, im oberen Teil braunen Tragblättern; diese rundlich, in feiner, langer Spitze auslaufend
- Zahl der Staubblätter 6 bis 14, auf der ganzen Tragblattfläche verteilt (Abb. 367)
- Weibliche Kätzchen anfangs aufrecht, kätzchenartig, später hängend; Narben lang, rötlich

Fagáceae – Buchengewächse

A
- Männliche Blüten in lang gestielten, hängenden Köpfchen (Abb. 368) — Richtig, siehe B oder BB (S. 136)
- Blätter ganzrandig oder schwach gezähnt; Blattrand wellig gebuchtet — Falsch, siehe AA (S. 136)

Fágus – Buche

B

Abb. 368
F. orientális
Orient-Buche

Abb. 369
F. orientális
Orient-Buche

Fágus orientális Lipsky
Orient-Buche
(S. 428)

- Männliche Blüten in lang gestielten, stark zottig behaarten, reichblütigen, eiförmigen Blütenständen (Abb. 368)
- Männliche Blüten mit mehrheitlich breit-glockenförmigem, 5- bis 6spaltigem Perigon, 6 bis 12 Staubblättern; Perigonröhre behaart, im oberen Teil hell- bis dunkelbraun gefärbt (Abb. 369)
- Weibliche Blütenstände eiförmig bis kugelig, von einem braunfilzigen, weichstacheligen, 4spaltigen Fruchtbecher umgeben
- Blätter länglich-elliptisch, in – oder über der Mitte am breitesten, mit 7 bis 10 Seitenrippenpaaren; Mittelrippe der Blattunterseite und Blattstiel mit auffälligem, seidigem Haarfilz

BB

Abb. 370
F. sylvática
Rotbuche

Abb. 371
F. sylvática
Rotbuche

Fágus sylvática L.
Rotbuche
(S. 430)

● Männliche Blüten in langgestielten, zottig behaarten, reichblütigen, eiförmig- bis kugeligen Blütenständen

● Männliche Blüten mehrheitlich mit schmal-glockenförmigem, 5 bis 6spaltigem Perigon und 4 bis 15 Staubblättern, zuweilen in der Mitte ein rudimentärer Fruchtknoten mit fädlichem Griffel; Perigonröhre behaart, bis hinunter zur Mitte hellbraun gefärbt (Abb. 370)

● Weibliche Blütenstände kugelig, meist aufrecht oder abstehend, gestielt; Blütenhülle meist 6zipflig, behaart; Blüten von einem braunfilzigen, weichstacheligen, 4spaltigen, 15 – 25 mm langen Fruchtbecher umgeben (Abb. 371)

● Blätter eiförmig-rhombisch, grösste Breite unterhalb der Mitte, mit 5 bis 10 Seitenrippenpaaren

---

AA	● Männliche Blüten in verlängerten Ähren oder Kätzchen	Richtig, siehe B_1 oder B_1B_1 (S. 137)
	● Blätter stachelspitzig oder gezähnt (Abb. 372) oder buchtig gelappt	Falsch, zurück zu A (S. 135)

B_1	● Männliche Blüten in aufrechten oder abstehenden Ähren (Abb. 372)	Richtig, siehe C (S. 137)
	● Blätter stachelig gezähnt (Abb. 372)	Falsch, siehe B_1B_1 (S. 137)

Castánea – Kastanie

C

Abb. 372
C. satíva
Edelkastanie

Abb. 373
C. satíva
Edelkastanie

Castánea satíva Mill.
Edelkastanie
(S. 432)

● Männliche Blüten zu mehreren in Knäueln vereinigt; diese zu 10 – 20 cm langen, unterbrochenen, aufrechten Kätzchen angeordnet (Abb. 372)

● Männliche Blüten mit einer 6 (5 – 8) spaltigen Blütenhülle, 8 bis 12 Staubblättern; Staubfäden sehr lang

● Weibliche Blüten einzeln oder zu 2 bis 3 am Grunde der männlichen Blüten, von einer grünen, mit schuppenförmigen Blättern besetzten Fruchthülle dicht umschlossen (Abb. 373)

● Blütenhülle meist 6teilig, grünlich; Narben 4 bis 8, grünlich-weiss bis weiss, aufrecht

● Blätter länglich-lanzettlich, bis zu 25 cm lang, grob buchtig gezähnt, Zähne stets nach vorn und etwas einwärts gerichtet (Abb. 372)

B_1B_1
● Männliche Blüten in hängenden Kätzchen (Abb. 376) — Richtig, siehe C_1 oder C_1C_1 (S. 138)
● Blätter buchtig gelappt aber auch ganzrandig und dabei ungelappt — Falsch, zurück zu B_1 (S. 136)

C_1
● Blätter unterseits dicht mit Sternhaaren bedeckt, daher graues Erscheinungsbild — Richtig, siehe D (S. 138) oder DD (S. 138)
● Lappen der Blätter stachelspitzig, oder Blätter ganzrandig und dabei ungelappt — Falsch, siehe C_1C_1 (S. 138)

Quércus – Eiche

D

Abb. 374
Q. cérris
Zerr-E.

Abb. 375
Q. cérris
Zerr-E.

Quércus cérris L.
Zerr-Eiche
(S. 434)

● Männliche Kätzchen hängend, lockerblütig, bis 8 cm lang; Perigonblätter länglich, behaart, stumpflich (Abb. 374)

● Staubbeutel weiss behaart (Abb. 375)

● Weibliche Blüten an diesjährigen Zweigen einzeln oder zu 2 bis 5, sitzend oder an kurzen, gemeinsamen Stielen

● Junge Zweige dicht bräunlich behaart

● Blätter länglich-eiförmig, jederseits mit 4 bis 9 kurz stachelspitzigen Lappen, 6 – 12 cm lang, am Grunde mit lange bleibenden, fädlichen Nebenblättern; in der Jugend beidseitig graufilzig

---

DD

Abb. 376
Q. ílex
Stechpalmen-E.

Abb. 377
Q. ílex
Stechpalmen-E.

Quércus ílex L.
Stechpalmen-Eiche
(S. 436)

● Männliche Kätzchen hängend, lockerblütig, bis 7 cm lang; Perigonblätter länglich, 5- bis 7zählig, bräunlich behaart, stumpflich bis spitzlich (Abb. 376)

● Zahl der Staubblätter meist 8; Staubbeutel spärlich behaart

● Weibliche Blüten einzeln sitzend oder zu 2 auf einem 1 cm langen, dichtfilzigen Stiel (Abb. 377)

● Junge Zweige, Blüten- und Blattstiele dicht weiss behaart

● Blätter länglich-eiförmig, spitz gezähnt oder ganzrandig und dabei ungelappt; Unterseite sehr dicht mit weissen Sternhaaren besetzt (Abb. 377)

C_1C_1 ● Blätter unterseits nur spärlich mit Sternhaaren besetzt, bald verkahlend
● Lappen der Blätter nicht stachelspitzig, sondern stumpf

Richtig, siehe D_1 (S. 139)
oder D_1D_1 (S. 139)

Falsch, zurück zu C_1 (S. 137)

D$_1$

Abb. 378
Q. pubéscens
Flaum-E.

Abb. 379
Q. pubéscens
Flaum-E.

Quércus pubéscens Willd.
Flaum-Eiche
(S. 438)

- Männliche Kätzchen hängend, sehr lockerblütig, 5 – 8 cm lang; Perigonblätter schmal, zugespitzt, reichlich behaart (Abb. 378)
- Zahl der Staubblätter meist 8 (6 – 10); Staubbeutel kahl
- Weibliche Blüten einzeln oder zu 2 bis 5 an den diesjährigen Zweigen end- und blattwinkelständig, sitzend oder sehr kurz gestielt (Abb. 379)
- Junge Zweige und Blattstiele weiss filzig behaart
- Blätter mit 4 bis 7 Lappen, 6 – 10 cm lang; Blattstiel 8 – 12 cm lang

---

D$_1$D$_1$

Abb. 380
Q. róbur
Stiel-E.

Abb. 381
Q. róbur
Stiel-E.

Quércus róbur L.
Stiel-Eiche
(S. 440)

- Männliche Kätzchen hängend, sehr lockerblütig, 2 – 5 cm lang; Perigonblätter gelblich-grün (Abb. 380)
- Zahl der Staubblätter meist 8 (6 – 10); Staubbeutel kahl
- Weibliche Blüten meist zu 2 bis 5 auf gemeinsamen Stielen sitzend; Narben 3, zungen- bis lappenförmig, gelblich oder rot (Abb. 381)
- Junge Zweige meist kahl oder nur schwach behaart
- Blätter mit 4 bis 9 Lappen, 5 – 10 cm lang, oft sehr ungleichhälftig, am Grunde deutlich geöhrt; Blattstiel 2 – 7 mm lang

Salicáceae – Weidengewächse

A	● Zahl der Staubblätter mehr als 5 ● Staubfäden kurz ● Tragblatt der Blüten deutlich gezähnt oder zerschlitzt ● Blattknospen mehrschuppig	Richtig, siehe B oder BB (S. 141) Falsch, siehe AA (S. 142)
B	Tragblatt der Blüte stets kahl (Abb. 383, 385)	Richtig, siehe C oder CC (S. 141) Falsch, siehe BB (S. 141)

Pópulus – Pappel

C

Abb. 382
P. x. canadénsis
Kanadische P.

Abb. 383
P. x. canadénsis
Kanadische P.

Pópulus x canadénsis Moench
Kanadische Pappel
(Schwarzpappel-Bastard)
(S. 442)

● Männliche Kätzchen 5 – 10 cm lang (Abb. 382)

● Tragblätter schmal dreieckig, handförmig zerschlitzt, gegen den Grund keilförmig zusammenlaufend, kahl, besonders im oberen Teil bräunlich (Abb. 383)

● Seitenäste der Tragblätter vielfach 2fach gefranst (Abb. 383)

● Staubbeutel rot, nach dem Verstäuben schwärzlich (Abb. 382)

● Narben meist 3 bis 4, auf dem Fruchtknoten fast sitzend, etwas zurückgerollt

● Junge Blätter fahlrot, kurz nach der Blütezeit erscheinend

CC

Abb. 384
P. nígra
var. pyramidális
Pyramiden-P.

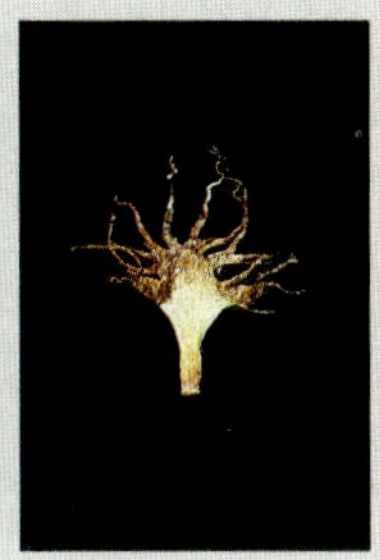

Abb. 385
P. nígra
var. pyramidális
Pyramiden-P.

Pópulus nígra var. pyramidális (Rozan.) Spach
Pyramiden-Pappel
(S. 444)

- Männliche Kätzchen nicht grösser als 7 cm
- Tragblätter im oberen Teil dreieckig, handförmig zerschlitzt, mit braunem Rand und braunen Ästen; gegen den Grund zu nicht keilförmig zusammenlaufend (Abb. 385)
- Seitenäste der Tragblätter meist nur 1fach gefranst (Abb. 385)
- Staubbeutel rot, nach dem Verstäuben violett oder schwarz (Abb. 384)
- Es existieren keine weiblichen Exemplare!
- Wuchs des Baumes schmal-säulenförmig, Stamm bis zur Spitze durchgehend, alle Äste aufgerichtet

---

BB Tragblatt der Blüte stets behaart (Abb. 387)

Richtig, siehe C_1 oder C_1C_1 (S. 142)
Falsch, zurück zu B (S. 140)

C_1

Abb. 386
P. álba
Silber-P.

Abb. 387
P. álba
Silber-P.

Pópulus álba L.
Silber-Pappel
(S. 446)

- Männliche Kätzchen 3 – 7 cm lang, bis 1,5 cm dick (Abb. 386); weibliche Kätzchen etwas kürzer
- Tragblätter elliptisch bis keilförmig-elliptisch, ungleich gezähnt, im oberen Teil dunkelbraun bis schwarz, zottig behaart (Abb. 387)
- Staubbeutel zuerst hellpurpurn (Abb. 387), später gelb; Staubfäden weiss, so lang wie die Staubbeutel
- Fruchtknoten kegelförmig, länglich kurz gestielt
- Narben gelbgrün (nie rot!)

C_1C_1

Abb. 388
P. trémula
Zitter-P.

Abb. 389
P. trémula
Zitter-P.

Pópulus trémula L.
Zitter-Pappel
(S. 448)

- Männliche Kätzchen 4 – 11 cm lang, bis 2 cm dick, zuerst wurstförmig gekrümmt und in einen dichten Pelz eingehüllt, später schlaff herabhängend (Abb. 388)
- Tragblätter stark zerschlitzt, dicht zottig behaart, im oberen Teil braun bis schwarz
- Staubbeutel zuerst purpurrot, später sich entfärbend
- Fruchtknoten kegelförmig, sehr kurz gestielt, am Grunde von einem bleichgrünen Diskus umgeben (Abb. 389)
- Narben purpurrot (nie grün!) (Abb. 389)

AA
- Zahl der Staubblätter 1 bis 2
- Staubfäden lang
- Tragblatt der Blüten nicht gezähnt oder zerschlitzt
- Blattknospen nur 1schuppig

Richtig, siehe B_1 oder B_1B_1 (S. 144)
Falsch, zurück zu A (S. 140)

Sálix – Weide

B_1
- Niedrige Zwergsträucher der subalpinen und alpinen Stufe
- Zweige und jüngste Triebe flach über den Boden augebreitet, Wurzeln treibend, oft auch in den Boden einwachsend
- Kätzchen an beblätterten Zweigen endständig (Abb. 390)

Richtig, siehe C_2 oder C_2C_2 (S. 143)
Falsch, siehe B_1B_1 (S. 144)

C_2
- Fruchtknoten und Blätter immer behaart (Abb. 391)
- Blätter ganzrandig, unterseits bläulichweiss, seidig behaart (Abb. 391)

Richtig, siehe D (S. 143)
Falsch, siehe C_2C_2 (S. 143)

D

Abb. 390
S. reticuláta
Netz-W.

Abb. 391
S. reticuláta
Netz-W.

Sálix reticuláta L.
Netz-Weide
(S. 450)

- Kätzchen zylindrisch, dichtblütig, lang gestielt, bis 22 mm lang, endständig (Abb. 390)
- Tragblatt aus verschmälertem Grund oval, an der Spitze abgerundet oder seltener gezähnt, meist grün und purpurn, dicht behaart
- Staubbeutel 2, etwa doppelt so lang wie das Tragblatt; Staubbeutel zuerst rot, später gelb
- Fruchtknoten fast sitzend, filzig behaart, mit kurzem Griffel; Narbenäste kurz, seitlich gespreizt, purpurn
- Blätter breit-eiförmig, ganzrandig, 2 – 4 cm lang, unterseits seidig behaart; Adernetz stark hervortretend (Abb. 391)

C_2C_2
- Fruchtknoten und Blätter kahl (Abb. 392, 395) — Richtig, siehe D_1 oder D_1D_1 (S. 144)
- Blätter gezähnt oder ganzrandig (hier aber schmal-eiförmig) — Falsch, zurück zu C_2

D_1

Abb. 392
S. herbácea
Zwerg-W.

Abb. 393
S. herbácea
Zwerg-W.

Sálix herbácea L.
Zwerg-Weide, Kraut-Weide
(S. 452)

- Kätzchen sehr klein, mit 5 bis 10 Blüten, kurz gestielt, endständig, 4 – 10 mm lang (Abb. 392, 393)
- Tragblatt schmal, oben meist abgeflacht, grünlich oder blassrosa, fein behaart oder kahl
- Männliche Blüten mit 2 Drüsen und in der Regel 2 freien Staubblättern (seltener bis zur Mitte verwachsen)
- Fruchtknoten kurz gestielt, kahl, in den kurzen Griffel verjüngt; Narbenäste kurz, seitwärts gebogen, rötlich
- Blätter rundlich-eiförmig, am Grunde meist keilförmig zusammenlaufend, oben meist etwas ausgerandet, meist fein gezähnt; Blattstiel 3 mm lang (Abb. 392)

D_1D_1

Abb. 394
S. retúsa
Stumpfblättrige W.

Abb. 395
S. retúsa
Stumpfblättrige W.

Sálix retúsa L.
Stumpfblättrige Weide
(S. 454)

● Kätzchen wenig bis vielblütig, gestielt, 1 – 4 cm lang, oval bis zylindrisch, mit meist kahler Achse (Abb. 394)

● Tragblatt einfarbig grünlich, oft mit rötlichem Saum, an der Spitze kraus behaart, oval, gegen den Grund verschmälert

● Männliche Blüten mit 2 Drüsen, 2 Staubblättern; Staubbeutel vor der Blütezeit rot, später gelb

● Fruchtknoten kurz gestielt, eikegelförmig, kahl; Griffel kurz; Narbenäste seitlich gebogen

● Blätter meist länglich-eiförmig, stumpf oder ausgerandet, nach dem Grund keilförmig verschmälert, bogennervig (Abb. 395)

B_1B_1 ● Bäume oder aufrechte Sträucher
● Kätzchen seitenständig (Abb. 396)

Richtig, siehe C_3 oder C_3C_3 (S. 145)
Falsch, zurück zu B_1 (S. 142)

C_3 Tragblätter der Blüten einfarbig, bis zur Spitze gelblich, grünlich oder rosa; Rand manchmal purpurn gesäumt (Abb. 397)

Richtig, siehe D_2; D_2D_2 oder $D_2D_2D_2$ (S. 145)
Falsch, siehe C_3C_3 (S. 145)

D_2

Abb. 396
S. elaeágnos
Lavendel-W.

Abb. 397
S. elaeágnos
Lavendel-W.

Sálix elaeágnos Scop.
Lavendel-Weide
(S. 456)

● Kätzchen schlank, zylindrisch, meist etwas gekrümmt, fast sitzend, kurz vor oder gleichzeitig mit den Blättern erscheinend (Abb. 396)

● Tragblätter verkehrt-eiförmig, oben abgerundet, am Rande gewimpert oder kahl, meist gleichfarbig grün (auch mit rötlicher Färbung im oberen Teil) (Abb. 397)

● Staubblätter deutlich bis zur Mitte verwachsen (Abb. 397)

● Fruchtknoten schmal, länglich, kurz gestielt, kahl, mit langem Griffel; Narbenäste lang, geteilt

D_2D_2

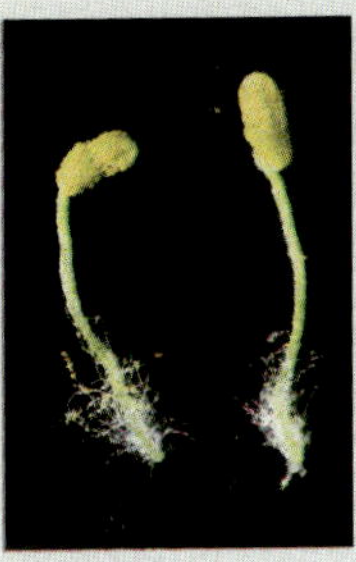

Abb. 398
S. álba
Silber-W.

Abb. 399
S. álba
Silber-W.

Sálix álba L.
Silber-Weide
(S. 458)

- Kätzchen 3 – 6 cm lang, schlank, walzlich-länglich, gestielt, oft etwas gebogen, mit den Blättern hervorbrechend
- Tragblatt langgestreckt, Basis und Rand behaart, vorn leicht gewölbt
- Staubblätter 2, frei, an der Basis dicht behaart; Staubbeutel gelb (Abb. 398)
- Fruchtknoten fast sitzend, kahl; Narbenäste seitwärts gespreizt (Abb. 399)
- Männliche Blüten mit 2 Drüsen; weibliche Blüten mit einer Drüse
- Zweige mehrheitlich gelbbraun bis braun, nicht hängend

D_2D_2
D_2

Abb. 400
S. álba 'Tristis'
Trauer-Weide

Abb. 401
S. álba 'Tristis'
Trauer-Weide

Sálix álba 'Tristis' (Ser.) Gaud (var. vitellína-péndula Rehd.)
Trauer-Weide
(S. 460)

- Männliche Kätzchen leicht gebogen, 3 – 6 cm lang, von den hängenden Zweigen abstehend, mit den Blättern hervorbrechend (Abb. 400)
- Tragblatt schmal-dreieckig, oft gebogen, oben abgerundet, behaart
- Staubblätter 2, frei
- Fruchtknoten kurz gestielt, schmal-eiförmig, gegen oben schmäler werdend; Narbenäste auswärts gebogen (Abb. 401)
- Zweige hängend, dünn, sehr lang, hellgelb (Abb. 400)

C_3C_3 Tragblätter der Blüten deutlich zweifarbig; Basis meist hell, vorderer Teil braun, schwarz oder rot (Abb. 403)

Richtig, siehe D_3 oder D_3D_3 (S. 146)
Falsch, zurück zu C_3 (S. 144)

D_3

- Männliche und weibliche Kätzchen vor der Blütezeit durch dichten Haarpelz weiss erscheinend (Abb. 402)
- Tragblatt sehr lang kraushaarig (Abb. 403)
- Weide der montanen und subalpinen Stufe

Richtig, siehe E (S. 146)
Falsch, siehe D_3D_3 (S. 146)

E

Abb. 402
S. hastáta
Spiess-W.

Abb. 403
S. hastáta
Spiess-W.

Sálix hastáta L.
Spiess-Weide
(S. 462)

● Kätzchen 3 – 5 cm lang, zylindrisch, dicht grau behaart, gestielt, aufrecht oder etwas abstehend, mit den Blättern erscheinend (Abb. 402)

● Tragblatt grünlich- bis rötlichgelb, an der Spitze dunkler, lanzettlich, aussen mit langen, krausen Haaren besetzt (Abb. 403)

● Staubblätter 2, frei; Staubfäden kahl, 4 bis 6 mal so lang wie das Tragblatt (Abb. 403)

● Fruchtknoten aus eiförmigem Grund keilförmig verschmälert, meist grün; Griffel verlängert; Narben zweispaltig, aufrecht abstehend

---

D_3D_3 ● Kätzchen vor der Blütezeit nicht durch dichtes Haarkleid weiss erscheinend — Richtig, siehe E_1 oder E_1E_1 (S. 147)
● Tragblatt nicht kraushaarig
● In der Ebene oder im Gebirge — Falsch, zurück zu D_3 (S. 145)

E_1 ● Seltene Weide auf Torf und Hochmooren — Richtig, siehe F
● Junge Staubbeutel rot punktiert; Staubfäden grünlichweiss — Falsch, siehe E_1E_1 (S. 147)

F

Abb. 404
S. myrtilloídes
Moor-W.

Abb. 405
S. myrtilloídes
Moor-W.

Sálix myrtilloídes L.
Moor-Weide
(S. 464)

● Kätzchen vor oder mit den Blättern erscheinend, 10 – 25 mm lang, länglich-eiförmig oder verkehrt eiförmig, bis 7 mm lang gestielt (Stiel hinter kleinen Blättchen versteckt) (Abb. 404)

● Tragblatt meist breit-eiförmig, im oberen Teil dunkelrot, behaart, oben abgerundet (Abb. 405)

● Staubblätter 2, frei, länger als das Tragblatt; Staubbeutel zuerst stark rot punktiert, später gelb (Abb. 405)

● Fruchtknoten schlank, lang gestielt, aus eiförmigem Grund nach oben kegelförmig verschmälert, grün; Narbenäste seitwärts-aufwärts gerichtet

● Seltene Weide auf Torf-und Hochmooren

E_1E_1	● Nicht seltene Weiden ● Junge Staubbeutel nicht rot punktiert, sondern vollständig rot-violett, rot oder gelb	Richtig, siehe F_1 oder F_1F_1 (S. 148) Falsch, zurück zu E_1 (S. 146)

F_1	● Junge Staubbeutel rot oder violett (Abb. 406, 408) ● Narben purpurrot (Abb. 409)	Richtig, siehe G oder GG (S. 148) Falsch, siehe F_1F_1 (S. 148)

G

Abb. 406
S. myrsinítes
Heidelbeer-W.

Abb. 407
S. myrsinítes
Heidelbeer-W.

Sálix myrsinítes L.
Heidelbeer-Weide
(S. 466)

● Kätzchen eiförmig bis zylindrisch, 10 – 20 mm lang, deutlich gestielt, mit den Blättern erscheinend, endständig an Seitentrieben (Abb. 406)

● Tragblätter oval, purpurrot, gegen die Spitze zu schwärzlich, lang behaart, abgerundet oder zugespitzt (Abb. 407)

● Staubblätter 2, frei, violett bis hell-violett; Staubbeutel vor der Blütezeit rot-violett (Abb. 407)

● Fruchtknoten sehr kurz gestielt, schwach behaart; Griffel verlängert, zuweilen an der Spitze geteilt

● Narben purpurrot

GG

Abb. 408
S. purpúrea
Purpur-W.

Abb. 409
S. purpúrea
Purpur-W.

Sálix purpúrea L.
Purpur-Weide
(S. 468)

- Kätzchen sitzend oder nur sehr kurz gestielt, walzlich, 15 – 50 mm lang, oft etwas gekrümmt, vielfach gegenständig, vor den Blättern erscheinend
- Tragblatt im unteren Teil rötlich, oben dunkelrot bis schwarz, breit-oval, oben meist abgerundet, stark behaart
- Staubblätter 2; Staubfäden meist bis zu den Staubbeuteln verwachsen (daher scheinbar nur 1 Staubblatt!); Staubbeutel vor der Blütezeit rot, später gelb (Abb. 408)
- Fruchtknoten fast sitzend, eiförmig, angedrückt weiss behaart; Griffel fehlend
- Narben rot, einen auffallenden Kopf bildend (Abb. 409)

F_1F_1
- Junge Staubbeutel gelb (Abb. 410, 412)
- Narben grün (Abb. 411, 413)

Richtig, siehe G_1 oder G_1G_1 (S. 149)
Falsch, zurück zu F_1 (S. 147)

G_1

Abb. 410
S. cáprea
Sal-W.

Abb. 411
S. cáprea
Sal-W.

Sálix cáprea L.
Sal-Weide
(S. 470)

- Kätzchen vor den Blättern entwickelt, 2 – 6 cm lang, schmal bis breit eiförmig, am Grunde von kleinen, lanzettlichen, hellgrau behaarten Blättchen umgeben, meist aufrecht (Abb. 410/411)
- Tragblätter mit heller Basis, die oberen $^{2}/_{3}$ keilförmig zusammenlaufend, schwarz, abstehend behaart
- Staubblätter 2, frei, mit weissen Staubfäden
- Fruchtknoten lang gestielt, aus ovalem Grund nach oben spitz verschmälert, dicht behaart; Griffel kurz oder fehlend; Narbenäste aufrecht
- Zweige olivgrün bis bräunlich; Knospenschuppen rötlich (Abb. 411)

G₁G₁

Abb. 412
S. cinérea
Aschgraue W.

Abb. 413
S. cinérea
Aschgraue W.

Sálix cinérea L.
Aschgraue Weide
(S. 472)

● Kätzchen vor den Blättern entwickelt, 2 – 5 cm lang, oval, am Grunde von kleinen, lanzettlichen, weisslich behaarten Blättchen umgeben, aufrecht oder abstehend (Abb. 412, 413)

● Tragblätter länglich eiförmig, vom oberen Drittel an sich zuspitzend, nur im oberen Teil dunkelbraun bis schwarz, lang behaart

● Staubblätter 2, frei, mit weissen Staubfäden

● Fruchtknoten lang gestielt, aus ovalem Grund gegen oben schmäler werdend, dicht behaart; Griffel kurz oder fehlend; Narbenäste aufrecht

● Jüngere Zweige braun, deutlich fein behaart; Knospenschuppen dunkelbraun (Abb. 413)

Moráceae – Maulbeergewächse

Beschreibung der Arten siehe Seiten 125 und 126

Loranthácеae – Mistelgewächse

Víscum – Mistel

Abb. 414
V. album
Mistel

Abb. 415
V. album
Mistel

Víscum album L.
Mistel
(S. 474)

● Blüten zu 3 bis 5 in sitzenden Trugdolden; in der Achsel kleiner Hochblätter stehend (Abb. 414)

● Männliche Blüten ohne Kelch, mit 4teiliger Blütenhülle, 4 Staubblättern

● Bei weiblichen Blüten Blütenhülle klein, 3 bis 4teilig, gelblich (Abb. 415)

● Fruchtknoten unterständig; Griffel kurz oder fehlend; Narbe dick, polsterförmig

● Blätter gegenständig, lanzettlich, ganzrandig, derb, wintergrün

● Zweige grün

Oleácea – Ölbaumgewächse

Beschreibung der Arten siehe Seiten 66 – 69

Elaeagnáceae – Ölweidengewächse

Hippóphaë – Sanddorn

Abb. 416
H. rhamnoídes
Sanddorn

Abb. 417
H. rhamnoídes
Sanddorn

Hippóphaë rhamnoídes L.
Sanddorn
(S. 476)

- Männliche Blüten sehr kurz gestielt, in kugeligen bis eiförmigen Blütenständen, vor den Blättern erscheinend (Abb. 416)
- Männliche Blüten mit tief 2teiliger Blütenhülle, 4 staubfadenlosen Staubblättern
- Weibliche Blüten meist einzeln mit kurzen Griffeln und seitlich verlängerten, gelbgrünen Narben (Abb. 417)
- Junge Blätter lineal-lanzettlich, unterseits silberweiss-schildhaarig, ganzrandig, mit braunen Schüppchen
- Dorniger Strauch von 1 bis 3 m Höhe

Lauráceae – Lorbeergewächse

Laurus – Lorbeer

Abb. 418
L. nóbilis
Echter L.

Abb. 419
L. nóbilis
Echter L.

Laurus nóbilis L.
Echter Lorbeer
(S. 478)

- Blüten in achselständigen, büscheligen Scheindolden oder sehr kurzen Rispen, gelblich-weiss gefärbt, mit 4zähliger, am Grunde verwachsener Blütenhülle (Abb. 418)
- Männliche Blüten mit 10 bis 12 Staubblättern (Abb. 419)
- Weibliche Blüten mit 4 Staminodien, einem kurzen Griffel und einer 3kantigen, stumpfen Narbe
- Blätter länglich-lanzettlich, ganzrandig, lederig, immergrün

Liliáceae – Liliengewächse

Rúscus – Mäusedorn

Abb. 420
R. aculeátus
Stechender M.

Abb. 421
R. aculeátus
Stechender M.

Rúscus aculeátus L.
Stechender Mäusedorn
(S. 480)

● Blüten zu 1 bis 2 den Phyllokladien (= blattartige, stechende, grüne Kurztriebe) mitten aufsitzend (Abb. 420)

● Männliche Blüten mit 6teiliger, grünlicher Blütenhülle und 3 Staubblättern

● Weibliche Blüten mit 6teiliger Blütenhülle und einem oberständigen Fruchtknoten (Abb. 421)

● Phyllokladien breit-eiförmig, 1 – 3 cm lang, mit scharfer, stechender Spitze, dicklederig, dunkelgrün

Rhamnáceae – Kreuzdorngewächse

Beschreibung der Arten siehe Seiten 72, 73, 76

Saxifragáceae – Steinbrechgewächse

Beschreibung der Arten siehe Seiten 83 – 85

Gínkgo bíloba L.	Ginkgo	Ginkgoáceae
Salisbúria adiantifólia Sm.	Ginkgo	Ginkgogewächse
Ginkgo, Silberbaum, Mädchenhaarbaum	Ginkgo, Maidenhair tree	Seite 37

Verbreitung: Aus Japan und China stammend (nur aus Kultur bekannt)
Standort: Bei uns als Zierbaum in Gärten oder als Alleebaum häufig angepflanzt; kollin
Baumhöhe: 20–25 m hoher und sommergrüner Baum

▲ Abb. 422
An Kurztrieben männliche Kätzchen und junge Blätter

Männliche Blüten in kurzgestielten, 6–8cm langen Kätzchen; diese, wie die weiblichen Blüten, mit den fächerförmigen Blättern erscheinend

Weibliche Blüten zu 1–3 am Ende einer bis 4 cm langen, blattlosen Achse; Fruchtblätter rudimentär

Blätter fächerförmig, dichotom verzweigt; an Langtrieben spiralig stehend, mit 2 cm langem Blattstiel, bis fast zur Basis gespalten; an Kurztrieben büschelig stehend, mit bis 4 cm langem Blattstiel und unregelmäßig gezähnt

Baum zweihäusig

Abb. 423 ▶
Oben und Mitte links: Junge und bereits verblühte männliche Kätzchen (6–8 cm lang) an Kurztrieben
Mitte rechts: Weibliche Blütenstände mit fächerförmigen Blättern am Kurztrieb
Unten links und rechts: Weibliche Blüten zu 1–3 an 4 cm langen Stielen

F	R	N	H	D	L	T	K	W	A	B	C	E	G
3	3	3	4	4	4	4	2	p	5–6	I	–	–	–

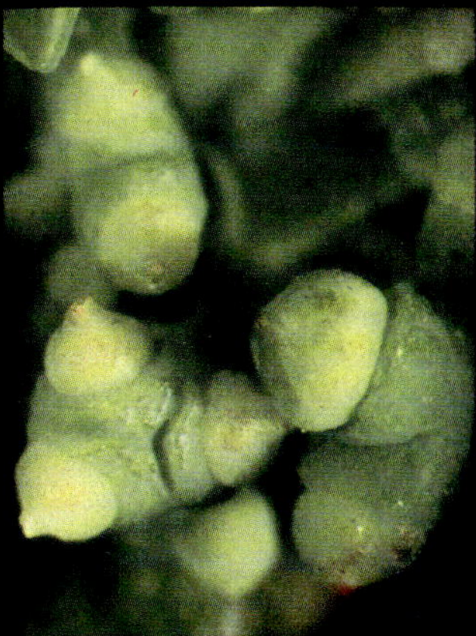

Táxus baccáta L. | **If** | **Taxáceae**
Tasso comune | **Eibengewächse**
Eibe | **English yew** | **Seite 38**

Verbreitung: Europäisch-südwestasiatische Pflanze
Standort: Kollin und montan, vereinzelt bis 1700 m; meist an steilen Hängen oder in Taleinschnitten auf meist sickerfeuchten Ton- und Lehmböden in luftfeuchter wintermilder Klimalage; Licht-Halbschattpflanze
Baumhöhe: Bis 20 m hoher Baum

▲ Abb. 424
Unterseite eines Zweiges mit männlichen Blüten (an vorjährigen Trieben)

Männliche Blüten klein, kugelig, längs der Unterseite vorjähriger Triebe; vor dem Stäuben weiss gestielt mit 6–14 schildförmigen Staubblättern

Weibliche Blüten sehr klein, einzeln stehend, unauffällig; zur Zeit der Geschlechtsreife schaut die grüne Samenanlage zwischen den Blattschuppen hervor; männliche-, wie weibliche Blüten im Herbst angelegt

Nadeln: deutlich gestielt und am Zweig herablaufend

Pflanze zweihäusig

Abb. 425 ▶
Links und rechts oben: Junge männliche Blüten vor dem Stäuben (5 mm)
Links Mitte: Eine männliche Blüte mit schildförmigen Staubblättern (5–7 mm)
Rechts Mitte: Weiss gestielte männliche Blüten vor und nach dem Stäuben (5–7 mm)
Links und rechts unten: 5 junge und zahlreiche ältere männliche Blüten

F	R	N	H	D	L	T	K	W	A	B	C	E	G
2w	4	2	3	×	2	4	2	i	3–4	I	–	–	–

Junípérus commúnis L. ssp. commúnis Gemeiner Wacholder	Genévrier commun Ginepro comune Common juniper	Cupressáceae Zypressengewächse Seite 39

Verbreitung: Eurasiatische Pflanze; Europa, aber ohne arktische Gebiete
Standort: Kollin, montan, seltener subalpin; ziemlich häufig auf sonnigen Magerweiden, an Felsen und in lichten Wäldern (z. B. Föhren- und Flaumeichenwäldern) auf mässig trockenen oder wechselfeuchten Ton- und Lehmböden, aber auch auf Sand oder Torf; Lichtholz; auch in Gärten angepflanzt
Strauchhöhe: bis 3 m hoch; aufrecht oder bogig aufsteigend; seltener baumförmig

▲ Abb. 426
2 m hoher, bogig aufsteigender Strauch in der montanen Stufe

Männliche Blüten einzeln stehend, mit 3–6 Staubbeuteln je Staubblatt, eiförmig; Pollen oft weisslich

Weibliche Blüten einzeln, ähneln Laubknospen, sind grün, 2 mm lang, aus 3–6 fleischigen Fruchtschuppen mit je 1 oder 2 Samenanlagen am Grunde; unreife Beeren grün, oft bläulich bereift; männliche und weibliche Blüten im Herbst als kurze Seitensprosse in den Achseln der mittleren Nadelquirle angelegt

Pflanze zweihäusig, seltener einhäusig

Nadeln scharf zugespitzt; Nadelquirle stehen weit auseinander

Abb. 427 ▶
Links oben und links Mitte: Zweig mit unreifen, kugelig bis eiförmigen Beerenzapfen (Wacholderbeeren) (3–5 mm)
Rechts oben und rechts Mitte: Zweige mit männlichen Blüten (4–5 mm)
Links und rechts unten: In den Achseln der Nadeln liegende männliche Blüten (4–5 mm)

F	R	N	H	D	L	T	K	W	A	B	C	E	G
2w	3	2	4	×	4	4	4	i	4–5	I	–	–	–

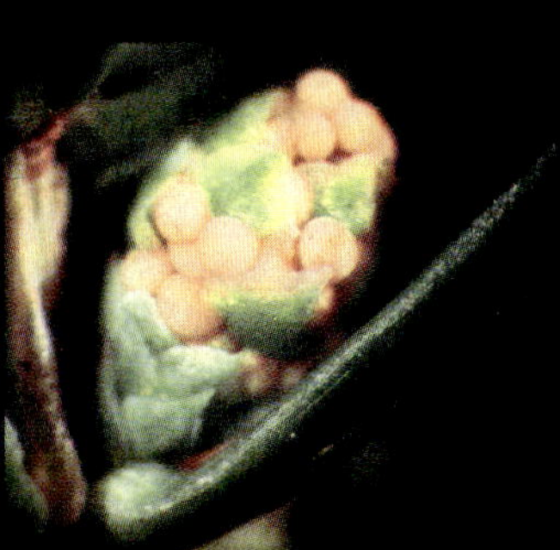

Juníperus commúnis L. ssp. alpína Čelak | **Genévrier nain** | **Cupressáceae**
J. nána Willd. | **Ginepro nano** | **Zypressengewächse**
Zwerg-Wacholder | **Dwarf juniper** | **Seite 39**

Verbreitung: Eurosibirisch-nordamerikanische Pflanze; in Europa in den Gebirgen und in nördlichen Gebieten
Standort: Subalpin, seltener alpin; zerstreut auf sonnigen Magerweiden im Zwergstrauch- und Alpenrosengürtel auf mässig frischen, modrig humosen, gern flachgründigen, steinigen Ton- und Lehmböden; Lichtpflanze
Strauchhöhe: Bis 50 cm hoch; mehr oder weniger niederliegender Strauch

▲ Abb. 428
30 cm hoher Strauch mit dichtstehenden Nadelquirlen (Nadeln sichelförmig gebogen)

Männliche Blüten einzeln stehend, mit 3–6 Staubbeuteln je Staubblatt, eiförmig bis kugelig; Pollen oft weisslich

Weibliche Blüten einzeln stehend, ähneln Laubknospen, sind grün, 1–2 mm lang, aus 3–6 fleischigen Fruchtschuppen mit je 1 oder 2 Samenanlagen am Grunde; männliche und weibliche Blüten im Herbst in den Achseln der Nadeln angelegt

Nadeln leicht sichelförmig gekrümmt und plötzlich zugespitzt; Nadelquirle stehen nahe beieinander

Pflanze zweihäusig

Abb. 429 ▶
Links und rechts oben: An Zweigen dicht stehende, sichelförmig gekrümmte Nadeln (4–8 mm)
Links Mitte: Endabschnitt mit zahlreichen männlichen Blüten (2–4 mm)
Rechts Mitte und links unten: Männliche Blüten (2–4 mm) in den Achseln der Nadeln
Rechts unten: Sichelförmig gekrümmte und plötzlich zugespitzte Nadeln (4–10 mm)

F	R	N	H	D	L	T	K	W	A	B	C	E	G
2	2	2	3	3	4	2	4	i	5–6	I	–	–	–

Juníperus sabína L. | Genévrier sabine | Cupressáceae
Ginepro sabino | Zypressengewächse
Sefistrauch, Sadebaum | Savine juniper | Seite 44

Verbreitung: Eurasiatische Pflanze; südwärts bis Sierra Nevada, Appenin, Pyrenäen, Gebirge der Balkanhalbinsel
Standort: Kollin, montan, subalpin; selten alpin; vor allem an heissen, trockenen Hängen der kontinentalen Inneralpen, in offenen Trockenrasen, unter Föhren auf sommertrockenen, flachgründigen Steinböden; Lichtpflanze
Strauchhöhe: Niederliegender Strauch oder in Kultur bis 6 m hoher Baum

▲ Abb. 430
Ausschnitt aus einem 30 cm hohen Strauch

Männliche Blüten länglich-eiförmig, bis 2 mm breit, mit 10–14 fruchtbaren Staubblättern, mit zentralständigem Filament und abgerundetem Konnektiv; an diesem 2–4 Pollensäcke

Weibliche Blüten mit 4 sternförmig sich spreizenden Fruchtblättern, zur Blütezeit aufrecht, später hakenförmig gekrümmt; weibliche und männliche Blüten im Herbst in den Achseln der Blätter (Schuppen) angelegt

Blätter nadel- und schuppenförmig

Strauch zweihäusig

Abb. 431 ▶
Links und rechts oben: Zweige des niederliegenden Strauches mit jungen Beerenzapfen (5 mm)
Oberhalb der Mitte links: Nadel (bis 4 mm)- und schuppenförmige (1–3 mm) Blätter
Oberhalb der Mitte rechts: Männliche Blüte (2–4 mm lang)
Unterhalb der Mitte links: Brauner Zweig mit abgefallener, männlicher Blüte
Unterhalb der Mitte links und unten rechts: Weibliche Blütenanlagen
Links unten: Junge und ältere Beerenzapfen (Beeren)

F	R	N	H	D	L	T	K	W	A	B	C	E	G
2	2	2	3	4	4	4	5	i	4–5	I	–	–	–

Cupréssus sempérvirens L. **Cyprès** **Cupressáceae**
Cipresso comune **Zypressengewächse**
Echte Zypresse **Italien cypress** **Seite 44**

Verbreitung: Südosteuropäische Pflanze
Standort: Kollin; auf der Insel Mainau im Bodensee, in Gärten und auf Friedhöfen (besonders südliches Europa) angepflanzt
Baumhöhe: 25–45 m hoher, schlanker und aufrecht-ästiger Baum

▲ Abb. 432
Ausschnitt aus einer 5 m hohen Zypresse; am Ende der Seitentriebe männliche Blüten

Männliche Blüten einzeln, schmaleiförmig bis zylindrisch, 3–4 mm lang, am Ende von Seitentrieben, anfangs grün, später braun

Weibliche Blüten in meist kugeligen Zapfen; Fruchtschuppen zäh, verholzend, zur Zeit der Samenreife spreizend

Blätter an jüngeren Zweigen schuppenartig, angepresst, später auseinandergedrückt

Abb. 433 ▶
Links oben und links Mitte: Zweige mit zahlreichen männlichen Blüten (3–4 mm)
Rechts oben und rechts Mitte: Junge, rundliche, noch grüne, wenigschuppige Zapfen (4–6 mm)
Unten links und unten Mitte: Männliche Blüten am Ende von Seitentrieben
Rechts unten: Reifende Zapfen

F	R	N	H	D	L	T	K	W	A	B	C	E	G
2	3	2	3	2	3	5	2	i	4–5	I	–	–	–

Chamaecýparis obtúsa Sieb. et Zucc. ex Endl. **Faux cyprès obtus** **Cupressáceae**
Cupréssus obtúsa K. Koch **Cipresso** **Zypressengewächse**
Feuerzypresse, Hinoki Scheinzypresse **Hinoki false cypress** **Seite 45**

Verbreitung: Aus Japan eingeführt; in Parks und Gärten seltener in der typischen Art, meist in der gelben Form „Crippsii" und der Zwergform „Nana Gracilis" angepflanzt
Standort: Kollin; völlig winterhartes Gehölz
Baumhöhe: Bei uns in Europa bis 20 m hoch, in Japan bis 40 m

▲ Abb. 434
Zweig mit männlichen Blüten, grünen (junge) und braunen (ältere) Zapfen

Männliche Blüten am Ende von Seitentrieben, sehr klein, stäuben im April und fallen danach bald ab

Weibliche Blüten in meist gestielten und halbkugeligen 6–8 schuppigen Zapfen; die Schuppen in der Mitte mit je einer kurzen, aufwärts gebogenen Spitze

Flächenständige **Blätter** mit einer mehr oder weniger deutlich sichtbaren Drüse; kantenständige Blätter ohne Drüse, sichelförmig

Abb. 435 ▶
Oben:
Zweige mit männlichen Blüten und grünen, gestielten Zapfen (1 cm)
Mitte:
Männliche Blütenstände am Ende von Seitentrieben (3–4 mm)
Unten links:
Seitentriebe mit und ohne (bereits abgefallen) männlichen Blütenständen (3–4 mm)
Rechts unten:
Grüne und gestielte Zapfen (8–10 mm)

F	R	N	H	D	L	T	K	W	A	B	C	E	G
3	3	2	4	×	4	4	4	i	4–5	I	–	–	–

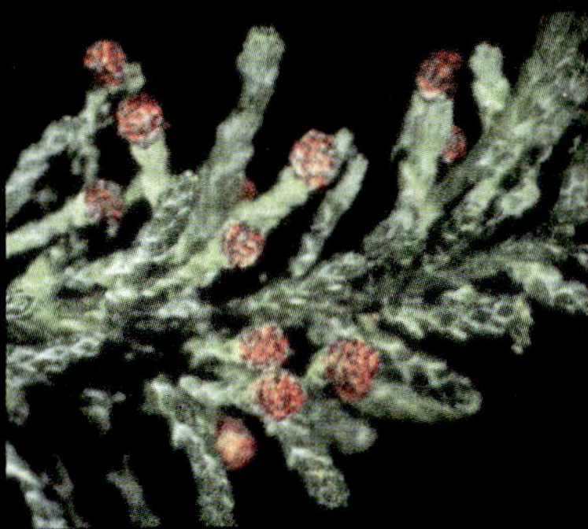

Verbreitung: Aus dem östlichen Nordamerika stammend
Standort: Kollin und montan; in Parkanlagen, in Gärten und auf Friedhöfen häufig angepflanzt; auch als Heckenpflanze oft verwendet; viele zwergige Gartenformen bekannt
Baumhöhe: Bis 20 m hoher Baum

▲ Abb. 436
Am Ende von Seitentrieben weibliche Blüten; flächenständige Blätter mit Drüsenhöcker

Männliche Blüten sehr kurz gestielt, am Ende von Seitentrieben

Weibliche Blüten am Ende von Seitentrieben; junge Zapfen mit wenigen, dachziegelig angeordneten, oft etwas fleischigen Fruchtschuppen, bis 8 mm lang

Flächenständige **Blätter** mit einem Drüsenhöcker, Unterseite ohne weissliche Zeichnung; kantenständige Blätter ohne Höcker, mit freier Spitze und einwärts gekrümmt

Abb. 437 ▶
Linke Bildhälfte:
Gestielte männliche Blüten am Ende von Seitentrieben
Rechte Bildhälfte:
Sitzende weibliche Blüten am Ende von Seitentrieben

F	R	N	H	D	L	T	K	W	A	B	C	E	G
3	3	3	3	3	3	4	3	i	4–5	I	–	–	–

Thúja orientális L.	Thuja d'Orient	Cupressáceae
	Tuia orientale	Zypressengewächse
Morgenländischer Lebensbaum	Oriental arborvitae	Seite 46

Verbreitung: Aus China und Korea stammend
Standort: Kollin und montan; in Parkanlagen und Gärten seltener –, auf Friedhöfen häufiger angepflanzt; als Heckenpflanze oft verwendet; winterhart
Baumhöhe: Bis 20 m hoher Baum

▲ Abb. 438
Zweig mit männlichen Blüten am Ende der Seitentriebe

Männliche Blüten kurz gestielt, am Ende von Seitentrieben

Weibliche Blüten am Ende von Seitentrieben; junge Zapfen 10–15 mm lang, grünlich, mit 6 Schuppen (diese besitzen auf dem Rücken je einen zurückgekrümmten Dorn)

Flächenständige **Blätter** beidseitig gleichfarbig und meist mit einer weisslichen Zeichnung

Abb. 439 ▶
Links oben und links unten: Männliche Blüten am Ende von Seitentrieben (3–5 mm)
Links Mitte: Seitentriebe mit bereits abgefallenen männlichen Blüten
Rechte Bildhälfte: Grüne Zapfen (10–15 mm) mit deutlich sichtbaren, zurückgekrümmten Dornen

F	R	N	H	D	L	T	K	W	A	B	C	E	G
3	3	3	3	3	3	4	3	i	4	l	–	–	–

Ábies álba Mill. | **Sapin pectiné** | **Pináceae**
Ábies pectináta (Lam.) DC | **Abete bianco** | **Föhrengewächse**
Weisstanne, Tanne | **Silver Fir** | **Seite 40**

Verbreitung: Mittel- und südeuropäische Gebirgspflanze
Standort: Ursprünglich montan (besonders zwischen 700 und 1400 m), seltener subalpin (bis ca. 2000 m, bildet aber nirgends die Waldgrenze); Bestände bildend auf frischen bis feuchten, tiefgründigen, lehmigen bis tonigen Böden in schattigen Lagen mit hoher Luftfeuchtigkeit; Tiefwurzler; Schattpflanze
Baumhöhe: Bis 55 m hoher Baum mit einem max. Durchmesser von 2,5 m

▲ Abb. 440
Männliche Blütenstände im oberen Teil der Krone

Männliche Blüten in länglichen, oft etwas gebogenen, meist schräg abwärts gerichteten, gelb bis gelbbraunen Kätzchen

Weibliche Blüten in 2–6 cm langen, hellgrün gefärbten, aufrecht stehenden Zapfen; Kätzchen wie Zapfen am Grunde von zahlreichen bräunlichen Schuppenblättern umgeben

Deckschuppen am Grunde breit, nach vorne verschmälert und zugespitzt, die Fruchtschuppen überragend, nach aussen gebogen und horizontal abstehend

Blüten nur im obersten Teil der Krone

Pflanzen einhäusig

Abb. 441 ▶
Oben:
Aufrechte Zapfen mit zahlreichen Schuppenblättern
Oberhalb der Mitte links und rechts aussen:
Längsschnitt durch Zapfen
Oberhalb der Mitte im Zentrum:
Querschnitt durch Zapfen; mit hellgrünen, kurz und dick gestielten Fruchtschuppen (je 2 Samenanlagen tragend)
Untere Hälfte:
Männliche Blüten in stark beschuppten Kätzchen

F	R	N	H	D	L	T	K	W	A	B	•C	E	G
4w	3	3	4	5	1	3	2	i	5–6	I	–	–	–

Pícea ábies (L.) Karst.
Pícea excélsa (Lam.) Link
Fichte, Rottanne

Épicéa
Abete rosso
Norway spruce

Pináceae
Föhrengewächse
Seite 40

Verbreitung: Ursprünglich eine nordeuropäische Pflanze
Standort: Ursprünglich subalpin; in der kollinen und montanen Stufe vor 100 – 200 Jahren Beginn der Anpflanzung; auf frischen bis nassen, steinig-sandigen Lehm- und Tonböden in kühl-humid. winterkalter Klimalage
Baumhöhe: Bis 55 m hoher Baum (Flachwurzler, daher nicht sturmfest)

▲ Abb. 442
Männliche (gelbbraune)- und weibliche (rote) Blütenstände; braune, hängende Zapfen

Männliche Blüten in zuerst kugeligen, später 2–3 cm langen, beim Aufblühen emporgerichteten, rotgelb gefärbten Kätzchen; diese über die ganze Krone verteilt

Weibliche Blüten in zuerst aufrechten, 2–4 cm langen, purpurroten Zapfen; diese neigen sich nach der Befruchtung; Deckschuppen zur Blütezeit nur ½ so lang als die rötlichen, am Rand gewellten und gezähnelten Fruchtschuppen

Zapfen an der Spitze vorjähriger Triebe

Pflanze einhäusig

Abb. 443 ▶
Links oben: Junge, noch kugelige, männliche Blütenstände
Rechts oben und Mitte: Reife männliche Blütenstände
Links unten: Aufrechter Zapfen an der Spitze eines vorjährigen Triebes
Untere Hälfte in der Mitte: Längsschnitt durch einen Zapfen (Ausschnitt)
Rechts unten: Purpurrote Fruchtschuppe

F	R	N	H	D	L	T	K	W	A	B	C	E	G
3	×	3	4	×	1	2	3	i	4–6	I	–	–	–

Pínus múgo Turra
P. montána Mill.
Berg-Kiefer, Berg-Föhre

Pin de montagne
Pino mugo
Mountain pine

Pináceae
Föhrengewächse
Seite 41

Verbreitung: Mittel- und südeuropäische Gebirgspflanze
Standort: Subalpin (1500–2400 m), seltener alpin; auf kalkhaltigen, steinigen Böden mit saurer Rohhumusauflage an sonnigen Hängen, in schattigen Nordlagen mit langer Schneebedeckung; in einer besonderen Sippe auf Hochmooren; von den Waldföhren lassen sich die Bergföhren an der grauen Farbe der Rinde bereits aus Distanz unterscheiden; Lichtholz
Baum/Strauchhöhe: Niederliegender Strauch oder bis 20 m hoher Baum

▲ Abb. 444
Zahlreiche, reichblütige, männliche Blütenstände

Männliche Blüten gelb, gehäuft, in länglich-eiförmigen, 3–8 cm langen Kätzchen

Weibliche Blüten in violett-roten, breit-eiförmigen, gestielten Zäpfchen; diese in keinem Entwicklungsstadium mit zurückgebogenem Stiel

Deckschuppen klein; **Fruchtschuppen** fleischig, breit, vorn abgerundet, in der Mitte mit einem stark vorspringenden und verlängerten Kiel; oberer Teil der Schuppe oft schwarz umrandet

Pflanze einhäusig

Abb. 445 ▶
Oben:
Jüngeres und bereits verblühtes Kätzchen
Mitte:
Längsschnitt durch Kätzchen
Links unten:
Längsschnitt durch einen jungen Zapfen
Rechts, unterhalb der Mitte:
2 Zapfen am Grunde der jüngsten Triebe
Rechts unten:
2 junge Zäpfchen mit gut sichtbaren, aufwärts gerichteten Kielen

F	R	N	H	D	L	T	K	W	A	B	C	E	G
2	3	2	×	×	4	2	4	i	5–6	I	–	–	–

Pínus sylvéstris L. Gemeine Kiefer Wald-Föhre, Dähle	Pin sylvestre Pino silvestre Scots pine	Pináceae Föhrengewächse Seite 42

Verbreitung: Eurosibirische Pflanze
Standort: Kollin, montan und subalpin; auf sehr trockenen, sandigen bis steinigen, flachgründigen, meist kalkreichen Böden; auch auf Felskuppen, Mergelrutschhängen, durchlässigen, nährstoffarmen Deckenschotter und nährstoffarmen, sauren Moorböden; Lichtpflanze
Baumhöhe: Bis 40 m hoher Baum

▲ Abb. 446
Männliche Blütenstände am Ende von Langtrieben

Männliche Blüten in gelben, 3–8 cm langen, meist schmal pyramidenförmigen Kätzchen

Weibliche Blüten in violetten, gestielten, eiförmigen und vor der Blütezeit aufrechten Zäpfchen; diese nach der Blütezeit hakig zurückgebogen

Deckschuppen rundlich, dünn, klein; **Fruchtschuppen** fleischig, breit, vorn abgerundet mit je einem verlängerten Kiel

Pflanze einhäusig

Abb. 447 ▶
Oben: Jüngeres und bereits verblühtes Kätzchen
Mitte: Zäpfchen zu zweien oder einzeln an der Spitze junger Triebe stehend
Links unten: Nach der Blütezeit hakig zurückgekrümmte Zäpfchen
Rechts unten: Längsschnitt durch Zäpfchen

F	R	N	H	D	L	T	K	W	A	B	C	E	G
×	×	2	×	×	4	3	4	i	5–6	I	–	–	–

Pínus cémbra L.	Pin cembro	Pináceae
Zirbelkiefer	Pino cembro, Cirmolo	Föhrengewächse
Arve, Zirbe	Swiss stone pine	Seite 42

Verbreitung: Alpin-karpatische Pflanze
Standort: Subalpin; vereinzelt bis 2850 m, tiefere Lagen bei 1200 m; auf stark versauerten Böden mit mächtiger Rohhumusauflage, in Regionen mit hohen Niederschlagsmengen auch auf kalkhaltigem Gestein (wenn Kalk ausgewaschen) wie z. B. Dolomit; Lichtpflanze
Baumhöhe: Bis 25 m hoher Baum; sturmfest, da Flach- und Tiefwurzler

▲ Abb. 448
Männliche Blütenstände am Grunde von Langtrieben

Männliche Blüten in zuerst 1–2 cm langen, eiförmigen, roten, aufrechten oder abstehenden Kätzchen; diese nach der Blütezeit länglich und meist gebogen

Weibliche Blüten in violetten, gestielten, eiförmigen und aufrechten Zäpfchen; diese einzeln oder zu mehreren (bis 6) an den Spitzen junger Triebe

Fruchtschuppen breit, in der äusseren Hälfte verdickt, blau bereift und oberseits gewölbt

Pflanze einhäusig

Abb. 449 ▶
Links oben: Mehrere Kätzchen am Grunde von Langtrieben
Rechts oben: 5 Nadeln in je einem Büschel
Mitte, obere Hälfte: Jüngere und bereits verblühte Kätzchen
Links, untere Hälfte: Bereits verblühtes Kätzchen
Mitte, untere Hälfte, rechts: Zäpfchen (3/1) am Ende der jungen Triebe
Links unten: Einzelnes Zäpfchen
Rechts unten: Längsschnitte durch Zäpfchen

F	R	N	H	D	L	T	K	W	A	B	C	E	G
3	2	2	4	4	3	2	5	i	6–7	I	–	–	+

Pínus stróbus L. | **Pin Weymouth** | **Pináceae**
 | **Pino strobo** | **Föhrengewächse**
Weymouthskiefer | **Eastern white pine** | **Seite 43**

Verbreitung: Ursprünglich eine nordamerikanische Pflanze
Standort: In der kollinen und seltener der montanen Stufe nur angepflanzt; meist auf tiefgründigen, feuchten und lockeren Böden in niederschlagsreichen Regionen; auch auf Torf; erträgt extreme Temperaturunterschiede; Lichtpflanze
Baumhöhe: Bis 60 m hoher Baum

▲ Abb. 450
Männliche Blütenstände am Grunde von Langtrieben; junge und ältere Zapfen

Männliche Blüten in blassgelben, nach der Blütezeit länglichen, meist gekrümmten Kätzchen; diese zahlreich am Grunde von Langtrieben

Weibliche Blüten in blaugrünen, schmal-eiförmigen, lang gestielten, aufrechten Zäpfchen; diese einzeln oder zu mehreren am Ende junger Triebe

Fruchtschuppen dreieckig, grün, ohne Kiel

Pflanze einhäusig

Abb. 451 ▶
Oben:
Junge Zäpfchen (3/1) und Stellung der Fruchtschuppen zueinander
Mitte, linke Hälfte:
Längsschnitt durch Zäpfchen
Mitte und unten rechts:
Junges und älteres Nadelbüschel (5)
Links unten:
Verblühte männliche Kätzchen

F	R	N	H	D	L	T	K	W	A	B	C	E	G
3	×	2	4	3	3	4	3	i	5–6	I	–	–	–

Lárix decídua Mill.	Mélèze	Pináceae
L. europaéa DC.	Larice comune	Föhrengewächse
Europäische Lärche	European larch	Seite 43

Verbreitung: Alpin-karpatische Pflanze
Standort: Ursprünglich subalpin, vereinzelt bis 2900 m, in den Niederungen angepflanzt; auf Rohböden (Moränen, Rutschhängen, Lawinenzügen) mit genügender Feuchtigkeit; meist in sonnigen, nebelarmen Lagen auf tiefgründigen und lehmigen Böden; Lichtpflanze
Baumhöhe: Bis 50 m hoher Baum; Tiefwurzler, daher sturmfest

▲ Abb. 452
Zweige mit gelblichen Kätzchen und 2 roten Zäpfchen

Männliche Blüten in eiförmig- bis kugeligen, abstehenden oder abwärts gerichteten (positiv geotropisch), schwefelgelben, 5–10 mm langen Kätzchen

Weibliche Blüten in rundlich-eiförmigen, aufrechten (negativ geotropisch), 10–25 mm langen, lebhaft dunkelrot gefärbten Zäpfchen

Fruchtschuppen klein, gelblich; **Deckschuppen** zur Blütezeit lebhaft rot gefärbt, mit einer langen Spitze in der Ausrandung

Pflanze einhäusig

Abb. 453 ▶
Links oben: Männliche und weibliche Blütenstände am gleichen einjährigen Zweig
Rechts oben: Aufgerichtetes Zäpfchen (rot) und abwärts gerichtetes Kätzchen (gelb)
Mitte: Rote Deckschuppe (5–10 mm), im unteren Bereich dünne Fruchtschuppe mit Samenanlagen (4 mm/2 mm)
Rechts Mitte: Staubblätter (2 mm, oben) und Fruchtschuppen mit Samenanlagen
Links unten: Längsschnitt durch Kätzchen
Rechts unten: Längsschnitt Seitenansicht bei Kätzchen

F	R	N	H	D	L	T	K	W	A	B	C	E	G
3	2	2	2	4	4	2	4	p	4–6	I	–	–	–

Rosmarínus officinális L. | **Rosmarin officinal** | **Labiátae**
Rosmarino, Osmarino | **Lippenblütler**
Rosmarin | **Rosemary** | **Seite 66**

Verbreitung: Mediterrane Pflanze; nach Norden verschleppt
Standort: Kollin; auf trockenen, steinigen, kalk- und magnesiumhaltigen Böden in wintermilden, warmen Lagen; im Trockengebüsch und in der Felsensteppe; frostempfindlich; Lichtpflanze
Strauchhöhe: 50–150 cm hoher Strauch

▲ Abb. 454
Dichtstehende und reichblütige Zweige

Blüten zu 5–10 in endständigen **Scheintrauben**

Kelch glockig, 2lippig, hellgrün bis bräunlich-grün, graufilzig mit 3spitziger Ober- und 2spaltiger Unterlippe

Krone blauviolett, 2lippig, mit aus dem Kelch leicht hervorragenden Röhre

Staubblätter 2, viel länger als die Oberlippe

Fruchtknoten oberständig, tief 4lappig, mit langem Griffel

Abb. 455 ▶
Links oben:
Ausschnitt aus einem 80 cm hohen Strauch mit aufsteigenden, vielblütigen Ästen
Rechts oben:
Astausschnitt mit jüngeren, flaumig behaarten, blütentragenden Zweigen
Mitte:
Kurz gestielte, 1–3 cm lange Blätter mit umgerollten Rändern
Unten:
Krone der Blüten (1–2 cm) mit etwas zurückgebogener, zweizipfliger Oberlippe; Unterlippe mit großem Mittellappen und 2 kleinen, vorgestreckten Seitenlappen

F	R	N	H	D	L	T	K	W	A	B	C	E	G
1	4	2	3	3	3	5	2	n	5–6	II	–	–	–

Forsýthia × intermédia Zab.	**Forsythia**	**Oleáceae**
F. suspénsa × F. viridíssima	**Forsizia**	**Ölbaumgewächse**
Forsythie	**Forsythia**	**Seite 67**

Verbreitung: Ursprünglich eine ostasiatische Pflanze
Standort: Kollin; auf lockeren Böden in warmen Lagen; häufig in Gärten als Zierstrauch angepflanzt; Lichtpflanze
Strauchhöhe: 1,5–3 m hoher Strauch

▲ Abb. 456
Ausschnitt aus einem überhängenden Strauch

Blüten zu 1–3 an Kurztrieben, vor den Laubblättern erscheinend

Kelch 4zählig; Kelchzipfel lanzettlich

Krone deutlich röhrig, mit trichterförmig erweitertem, 4teiligem Rand, gelb

Staubblätter 2; Staubbeutel miteinander verwachsen

Fruchtknoten oberständig und 2fächerig

Abb. 457 ▶
Links oben und rechts Mitte: Blüten zu 1–3 an Kurztrieben
Rechts oben und rechts unten: Oberständiger Fruchtknoten und 2 Staubblätter (Staubbeutel verwachsen)
Links Mitte: Fruchtknoten mit Griffel und Narbe
Links unten: Querschnitt durch Blüte

F	R	N	H	D	L	T	K	W	A	B	C	E	G
2	3	3	3	3	4	5	3	n	4–5	II	–	–	+

Syrínga vulgáris L. | **Lilas** | **Oleáceae**
Serenella, Fior di maggio | **Ölbaumgewächse**
Gewöhnlicher Flieder | **Common lilac** | **Seite 67**

Verbreitung: Ursprünglich eine südosteuropäische Pflanze
Standort: Kollin und montan; auf steinigen, lockeren und eher feuchteren Böden in wärmeren Lagen; in vielen Formen oder in Hybriden seit dem 16. Jahrhundert bei uns kultiviert; Lichtpflanze
Baum-/Strauchhöhe: Strauch, oder bis 7 m hoher Baum

▲ Abb. 458
Bis 15 cm lange, reichblütige, rispenförmige Blütenstände

Blüten in reichblütigen, endständigen **Rispen**

Kelch 2 mm lang, unregelmässig und kurz 4zähnig

Krone deutlich röhrig (1–1,5 cm lang) mit vier 4–5 mm langen, eiförmigen, vorn abgerundeten Zipfeln, blau, rot-violett bis weiss

Staubblätter 2, im oberen Teil der Kronröhre entspringend

Fruchtknoten oberständig, **Griffel** kurz, in der Kronröhre eingeschlossen, **Narbe** 2lappig (Lappen oft dicht aneinanderliegend)

Abb. 459 ▶
Oben:
Als Blütenstände reichblütige Rispen (5–15 cm)
Mitte:
Aufsicht und Seitenansicht auf einen Teil der Rispe (4 cm)
Links unten:
Längsschnitt durch Blüte (1,5 cm)
Rechts unten:
Aufsicht auf einzelne Blüte (Durchmesser 8–10 mm)

F	R	N	H	D	L	T	K	W	A	B	C	E	G
3	3	3	3	3	3	5	3	n	5	II	+	–	+

Ligústrum vulgáre L. Gemeiner Liguster Rainweide, Beinholz	Troène Ligustro, Olivella Common privet	Oleáceae Ölbaumgewächse Seite 68

Verbreitung: Europäisch-westasiatische Pflanze
Standort: Kollin, seltener montan; in wärmeren Lagen auf feuchten oder wechselfeuchten, meist kalkhaltigen, steinigen und lehmigen Böden; in lichten Laub- und Föhrenwäldern, Gebüschen, Hecken, an sonnigen Rainen, Ufern, Mauern und an Waldschlägen; Licht-Halbschattpflanze
Strauchhöhe: Bis 5 m hoher Strauch

▲ Abb. 460
6–8 cm lange, vielblütige, rispenförmige Blütenstände

Blüten in endständigen, mit lanzettlichen, kleinen Hochblättern versehenen, 6–8 cm langen, feinbehaarten Rispen

Kelch meist undeutlich 4zähnig, grünlich, 1–2 mm lang

Krone trichterförmig, 5 mm lang, weisslich, mit 4 flach ausgebreiteten, an der Spitze oft grünlichen Zipfeln

Staubblätter 2, nicht oder nur leicht aus der Krone hervorragend

Fruchtknoten oberständig, 2fächerig, **Griffel** dünn, **Narbe** 2lappig

Abb. 461 ▶
Oben:
Als Blütenstände reichblütige, weisse Rispen (6–8 cm)
Links Mitte:
Aufsicht auf einzelne Blüte (4 Kronblätter (weiss), 2 Staubblätter (gelb) und 1 Narbe (weiss, in der Mitte der Blüte) (7 mm)
Rechts Mitte:
Längsschnitt durch einzelne Blüte (6–8 mm)
Links unten:
Längsschnitt durch Rispe
Rechts unten:
Teil einer Rispe mit geschlossenen und offenen Blüten

F	R	N	H	D	L	T	K	W	A	B	C	E	G
3w	4	2	3	4	3	4	3	n	6–7	II	+	–	+

Fráxinus órnus
Manna-Esche
Blumen-Esche

Frêne á fleurs
Frassino da manna
Manna ash, Flowering ash

Oleáceae
Ölbaumgewächse
Seite 68

Verbreitung: Südeuropäisch-westasiatische Pflanze
Standort: Kollin, seltener montan; an sonnigen, warmen, meist basenreichen Abhängen in Laubmisch-, Kastanien-, Eichen- und Buschwäldern; auch als Zierbaum in Gärten angepflanzt; Lichtpflanze
Baumhöhe: Bis 10 m hoher Baum; auch strauchförmig

▲ Abb. 462
Zahlreiche, reichblütige Rispen; zum Teil durch Laubblätter verdeckt

Blüten in zuerst aufrechten, später überhängenden, reichblütigen Rispen; mit den Laubblättern erscheinend

Kelch sehr kurz (1 mm), tief 4teilig, mit breit-dreieckigen Abschnitten; an der Frucht erhalten bleibend

Kronblätter meist 4, lineal bis schmal zungenförmig 5–7 (– 15) mm lang, weiss

Staubblätter 2

Fruchtknoten oberständig

Abb. 463 ▶
Oben:
Reichblütige Rispen (10–20 cm)
Links Mitte:
Einzelne Rispe (8 cm)
Rechts Mitte und unten:
Einzelne Blüten mit Kelch, Krone und je 2 Staubblättern

F	R	N	H	D	L	T	K	W	A	B	C	E	G
2	4	2	3	3	3	5	2	p	4	II	–	–	–

Fráxinus excélsior L.
Gemeine Esche
Geissbaum

Frêne commun
Frassino comune
European ash

Oleáceae
Ölbaumgewächse
Seite 69

Verbreitung: Europäische Pflanze
Standort: Kollin, seltener montan; auf lockeren, nährstoffreichen und kalkhaltigen Böden (Kalkesche) oder tiefgründigen und feuchten Lehmböden (Wasseresche); in Auen- und Schluchtwäldern, krautreichen Laubmischwäldern, an Bächen und Flüssen, an steinigen Hängen; Halbschattholz
Baumhöhe: 25–40 m hoher Baum

▲ Abb. 464
Zweigausschnitt mit schwarzen Blattknospen und zwittrigen Blüten

Blüten meist zwittrig, seltener nur männlich oder weiblich, in reichblütigen, an den Sprossen des gleichen Jahres und vor den Laubblättern erscheinenden **Rispen**

Kelch und **Krone** fehlend

Männliche Blüten aus 2–3, auf sehr kurzen Staubfäden stehenden, rundlichen und anfangs purpurroten Staubbeuteln

Weibliche Blüten aus Fruchtknoten, 2lappiger Narbe und 2 spatelförmigen Staminodien

Zwittrige Blüten aus Fruchtknoten und 2 Staubblättern

Abb. 465 ▶
Oben:
Rispen mit zwittrigen (links) und nur männlichen (rechts) Blüten (3 cm/4 cm)
Oberhalb Mitte, links:
Zwittrige Einzelblüten (2–4 mm)
Oberhalb Mitte, rechts:
Teile einer Rispe mit männlichen Blüten (1 cm)
Linke untere Hälfte:
Verblühte zwittrige Blüten mit junger Frucht (3 mm)
Rechte untere Hälfte:
Verblühte männliche Blüten (Teilrispe 1 cm; Rispen 3–4 cm)

1: Wasser-Esche / 2: Kalk-Esche

	F	R	N	H	D	L	T	K	W	A	B	C	E	G
1:	4w	4	4	3	4	3	4	2	p	4–5	I	–	–	–
2:	2	5	2	3	2	3	4	2	p					

Émpetrum nígrum L. ssp. hermaphroditum | Camarine noir | Empetráceae
Schwarze Krähenbeere | Moretta comune | Krähenbeerengewächse
Rauschbeere | Black crow berry | Seite 69

Verbreitung: Eurosibirische Pflanze
Standort: Montan und subalpin; auf frisch-feuchten, nährstoff- und basenarmen, sauren, humosen Stein-, Sand- oder Torfböden in humider Klimalage; Rohhumusbildner; Licht-Halbschattenpflanze
Strauchhöhe: Niederliegender, weit kriechender, reich verzweigter und teppichbildender Zwergstrauch von 10–45 cm Höhe

▲ Abb. 466
Ausschnitt aus einem blühenden Zwerg-Strauch

Blüten überwiegend zwittrig, einzeln in den Blattachseln; an Triebenden meist gehäuft

Kelch breit-oval, grünlichgelb, oft rot angelaufen, 1–2 mm lang, 3teilig

Krone aus 3 purpurroten (selten weissen), 2–3 mm langen Kronblättern; Kelch und Krone getrennt 3blättrig

Staubblätter 3 (seltener 2), dunkelpurpurn, Kelch und Krone mehrfach überragend

Fruchtknoten oberständig, 6–9fächerig, mit ebensovielen purpurroten Narbenstrahlen

Abb. 467 ▶
Oben: Blühende Zweige
Links Mitte: Am Triebende gehäufte Einzelblüten (je 3–4 mm)
Rechts Mitte: Aufsicht auf Blüte: 3 Kron- und 3 Staubblätter (Durchmesser 4 mm)
Links unten: Blüte mit 3 Kelch und Krone überragende Staubblätter
Rechts unten: Längsschnitt durch Blüte: Oberständiger Fruchtknoten, purpurrote Narbenstrahlen und Staubblätter (6 mm)

F	R	N	H	D	L	T	K	W	A	B	C	E	G
3	2	2	4	4	3	3	2	z	5	I/II	–	+	–

Ílex aquifólium L. | **Houx** | **Aquifoliáceae**
Agrifoglio | **Stechpalmengewächse**
Stechpalme | **Holly** | **Seite 70**

Verbreitung: Südeuropäisch-westasiatische Pflanze
Standort: Kollin und montan; auf frischen bis mässig trockenen, mässig nährstoff- und basenreichen, meist sandigen und steinigen Lehmböden, mit Mull- und Moderhumus, in Gegenden mit ozeanischem Klima; in Buchen- und Laubmischwäldern als Unterholz und in Hecken; Schattpflanze
Baum/Strauchhöhe: Bis 10 m (seltener 15 m) hoher Baum oder Stauch

▲ Abb. 468
Zweige mit einzelnen weisslichen Blüten

Blüte durch verkümmern des einen Geschlechtes stets zweigeschlechtig; weibliche Blüten meist einzeln in den Blattachseln, männliche Blüten zu 2–6 in **Trugdolden**

Kelch 4 (selten 5)-teilig, grün, meist fein behaart

Kronblätter meist 4, weiss, 3–4 mm lang, nur am Grunde miteinander verwachsen

Fruchtknoten oberständig, bei männlichen Blüten zu einem ungefächerten Gebilde zurückgebildet

Abb. 469 ▶
Links oben: Zweig mit weiblichen Blüten (Durchmesser 8–10 mm)
Oben Mitte und rechts: Männliche Blüten an Trugdolden (8–10 mm)
Mitte: Aufsicht auf weibliche (links) und männliche (rechts) Blüte (Durchmesser 8–10 mm)
Unten: Längsschnitt durch weibliche (links) und männliche (rechts) Blüte

F	R	N	H	D	L	T	K	W	A	B	C	E	G
3	3	3	4	4	2	4	2	i	5–6	II	+	–	+

Euónymus europaéus L.
Evónymus europaéus L.
Gem. Spindelstrauch, Pfaffenhütchen

Fusain d'Europe
Fusaria comune
Spindle-tree

Celastráceae
Spindelbaumgew.
Seite 71

Verbreitung: Europäische Pflanze
Standort: Kollin und montan; auf frischen, nährstoff- und basenreichen, meist lehmigen Böden; Lehmzeiger; in Auen- und Laubmischwäldern; Halbschatt-Lichtpflanze
Baum/Strauchhöhe: Bis 6 m hoher Strauch oder kleiner Baum

▲ Abb. 470
Blühender Zweig (Blüten mit Blättern erscheinend)

Blüten grünlich-weiss bis grünlich-gelb, in blattachselständigen, 1–3 cm lang gestielten, 3–9 blütigen **Trugdolden;** durch Rückbildung des einen Geschlechtes oft 1geschlechtig

Kelchblätter meist 4, rundlich, 1–2 mm lang, grün

Kronblätter meist 4, dreieckig bis eiförmig, am Rande oft etwas gefranst, grünlich-weiss

Staubblätter 4; Staubfäden 1–2 mm lang, im flachen, dunkelgrünen Diskus eingefügt

Fruchtknoten oberständig, in den flachen Diskus eingesenkt

Abb. 471 ▶
Oben:
Blüten in langgestielten Trugdolden (3–4 cm)
Mitte und unten links und rechts:
Aufsicht auf jüngere und stäubende Blüten (Durchmesser 8–10 mm)
Unten Mitte:
Längsschnitt durch Blüte

F	R	N	H	D	L	T	K	W	A	B	C	E	G
3w	4	3	3	5	3	3	2	n	5	II	–	–	+

Córnus mas L. | **Cornouiller mâle** | **Cornáceae**
Corniolo maschio | **Hornstrauchgewächse**
Kornelkirsche, Tierlibaum | **Cornelian cherry** | **Seite 71**

Verbreitung: Ostmediterrane Pflanze
Standort: Kollin, seltener montan; auf feuchten bis trockenen, nährstoffreichen, kalkreichen Böden; in trockenen Laubmischwäldern, Gebüschen, an Waldrändern, auf sonnigen Hängen; als Heckenpflanze oft angepflanzt; durch Wurzelsprosse bodenfestigend; Halbschattpflanze
Strauchhöhe: Bis 5 m hoher Strauch

▲ Abb. 472
Vor dem Blattaustrieb blühende Zweige

Blüten vor den Blättern erscheinend, auf 5–8 mm langen behaarten Stielen, zu 10–25 in kugeligen **Dolden;** diese an seitenständigen Kurztrieben und von 4 gelbgrünen, bis zur Fruchtreife bleibenden Hochblättern umgeben

Kelchblätter 4, häutig, 0,5–1 mm lang

Kronblätter 4 (5), leuchtend gelb, 2–3 mm lang

Auf dem unterständigen **Fruchtknoten** gelber Diskus, unter welchem 4 Kronblätter und 4 **Staubblätter** eingefügt sind

Abb. 473 ▶
Links oben: Ausschnitt aus einem blühenden Strauch
Links, oberhalb Mitte: Aufsicht auf 4/5teilige Blüte (Durchmesser 4–6 mm)
Rechts oben und Mitte: Doldenartige Blütenstände an Kurztrieben (8–12 mm)
Links unten: Dolden von Hochblättern umgeben
Rechts unten: Längsschnitt durch Blüte (7 mm)

F	R	N	H	D	L	T	K	W	A	B	C	E	G
3	4	3	3	4	3	5	2	p	2–4	II	+	–	+

Córnus sanguínea L.	Cornouiller sanguin	Cornáceae
	Corniolo sanguinello	Hornstrauchgewächse
Hartriegel, Hornstrauch	Red dogwood	Seite 72

Verbreitung: Europäische Pflanze
Standort: Kollin, seltener montan; auf nassen bis ziemlich trockenen, sauren bis kalkreichen, sandigen, steinigen oder reinen Ton- und Lehmböden; Lehmzeiger, durch Wurzelausläufer Bodenfestiger; Licht- und Halbschattenpflanze; in lichten Laubmischwäldern am Waldrand, Gebüschen, Hecken, Auen, an Ufern
Strauchhöhe: Bis 4 m hoher Strauch

▲ Abb. 474
Blühender Strauch am Waldrand

Blüten nach den Blättern erscheinend, in 2–4 cm lang gestielten, 20–50blütigen und endständigen **Dolden**

Kelchblätter 4, häutig, 0,5–1 mm lang

Kronblätter 4, weiss, 4–6 mm lang, unterseits angedrückt behaart

Auf dem unterständigen **Fruchtknoten** grünlichweisser Diskus, unter welchem 4 Kronblätter und 4 **Staubblätter** eingefügt sind

Abb. 475 ▶
Links oben: Am Ende beblätterter Triebe weisse, doldenartige Blütenstände (4–8 cm)
Rechts oben: Aufsicht auf Dolde (5 cm)
Mitte, obere Hälfte: Seitenansicht Teilblütenstand (3 cm)
Mitte, untere Hälfte: Geschlossene Einzelblüte (7 mm)
Unten: Einzelblüte (links, Aufsicht, rechts Längsschnitt)

F	R	N	H	D	L	T	K	W	A	B	C	E	G
3	4	3	3	4	3	4	3	n	5–6	II	+	–	+

Rhámnus cathárticus L.	**Nerprun purgatif**	**Rhamnáceae**
Purgier-Kreuzdorn	**Spinocervino**	**Kreuzdorngewächse**
Gemeiner Kreuzdorn	**Common buckthorn**	**Seite 72**

Verbreitung: Eurasiatische Pflanze
Standort: Kollin und montan; auf warmen, meist trockenen, basenreichen (meist kalkhaltig), lockeren, steinigen Lehmböden oder flachgründigen Stein- und Kiesböden; in sonnigen Hecken, an Trockenbuschhängen, in Mager-Weiden, an trockenen, aber auch nassen Waldrändern; Licht-Halbschattpflanze
Strauchhöhe: Bis 3 m hoher Strauch

▲ Abb. 476
Blühender Zweig mit reichblütigen Trugdolden

Blüten undeutlich zweigeschlechtig, in 2–8blütigen, blattachselständigen **Trugdolden**

Kelchblätter 4, 2–3 mm lang, etwa so lang wie der Achsenbecher, zuletzt zurückgeschlagen, gelbgrün

Kronblätter 4, 4–6 mm lang, gelbgrün, lineallanzettlich; bei „männlichen" Blüten dicht hinter den wenig längeren Staubblättern stehend

Staubblätter 4, vor den Kronblättern stehend

Fruchtknoten oberständig; an langem Griffel 4 Narbenlappen

Abb. 477 ▶
Links oben: Blüten in blattachselständigen Trugdolden (15 mm)
Rechts oben: Aufsicht auf geschlossene und geöffnete Blüten (Durchmesser 8 mm)
Mitte: Blüten mit unterdrücktem männlichen Geschlecht
Links unten: Längsschnitt durch Blüte mit unterdrücktem weiblichen Geschlecht (4–5 mm)
Rechts unten: Längsschnitt durch Blüte mit unterdrücktem männlichen Geschlecht (4–7 mm)

F	R	N	H	D	L	T	K	W	A	B	C	E	G
3w	4	2	4	5	3	4	3	n	5–6	II	+	–	+

Rhámnus saxátilis Jacq. | **Nerprun des rochers** | **Rhamnáceae**
Felsen-Kreuzdorn | **Ranno spinello** | **Kreuzdorngewächse**
Färberdorn | **Rock buckthorn** | **Seite 73**

Verbreitung: Südosteuropäische Pflanze
Standort: Kollin und montan; auf sommerwarmen, mehr oder weniger trockenen, kalkreichen, meist feinerdearmen Kies- oder Steinböden; in lichten, sonnigen Kiefern-Trocken-Wäldern, in Gebüschen, an Waldrändern und felsigen Hängen mit Kiefern und Eichen; Halbschatt-Lichtpflanze
Strauchhöhe: Bis 1 m hoher, oft bogig aufsteigender Baum

▲ Abb. 478
Blühender, bogig aufsteigender Ast

Blüten langgestielt, in wenigblütigen, blattachselständigen **Büscheln**

Kelchblätter 4, lanzettlich, länger als der Achsenbecher, gelbgrün

Kronblätter 4 (5), lineal, gelbgrün, die Länge der Staubblätter erreichend; bei weiblichen Blüten mit 2narbigem Griffel fehlen oft die Kronblätter

Staubblätter 4 (5) oder reduziert

Fruchtknoten oberständig

Abb. 479 ▶
Oben und Mitte:
Seitenansicht und Aufsicht auf Blüten mit Unterdrükkung des weiblichen Geschlechtes
Unten:
4- und 5zählige Blüte
(Durchmesser 6–10 mm)

F	R	N	H	D	L	T	K	W	A	B	C	E	G
1	3	2	3	2	3	5	3	n	4–5	II	+	–	+

Rhámnus alpínus L. | **Nerprun des Alpes** | **Rhamnáceae**
Oreoherzógia alpína (L.) W. Vent | **Ranno alpino** | **Kreuzdorngewächse**
Alpen-Kreuzdorn | **Alpine buckthorn** | **Seite 73**

Verbreitung: Mittel- und südeuropäische Gebirgspflanze
Standort: Montan, seltener kollin oder subalpin; auf kalkhaltigen, meist trockenen Böden in sonnigen Lagen; in lichten Wäldern, auf Felsen, im Geröll und in Hecken
Strauchhöhe: Bis 3m hoher Strauch

▲ Abb. 480
An neuen Trieben büschelige Blütenstände

Blüten in bis 7blütigen, blattachselständigen Büscheln

Kelchblätter 4, gelbgrün, zuerst ausgebreitet, später zurückgeschlagen

Kronblätter 4, kürzer als der Kelch, oft sehr klein, bei weiblichen Blüten oft fehlend

Staubblätter 4, etwa so lang wie die Kronblätter

Fruchtknoten oberständig; **Griffel** bis zur Mitte oder tiefer 2–4teilig; Narben kopfig

Abb. 481 ▶
Oben:
Blüten in Büscheln; mit den Blättern erscheinend
Mitte:
Längsschnitt durch Blüte mit unterdrücktem männlichen Geschlecht (7 mm)
Unten:
Aufsicht auf Blüten mit unterdrücktem männlichen Geschlecht
(Durchmesser 4–6 mm)

F	R	N	H	D	L	T	K	W	A	B	C	E	G
2	4	2	3	2	3	3	3	n	5–6	II	+	–	–

Rhámnus frángula L.	**Bourdaine**	**Rhamnáceae**
Frángula álnus Mill.	**Frangola comune**	**Kreuzdorngewächse**
Faulbaum, Pulverholz	**Alder buckthorn**	**Seite 76**

Verbreitung: Eurosibirische Pflanze
Standort: Kollin und montan; auf staufeuchten bis nassen, sandigen, lehmigen oder torfigen, nährstoffarmen Lehm-, Sand- oder Torfböden; in Auenwäldern, Erlenbrüchen und Birkenmooren, lichten Wäldern mit staunassen Böden und Mooren; Halbschatt-Lichtpflanze
Strauchhöhe: Bis 3 m hoher Strauch

▲ Abb. 482
In den Achseln der Laubblätter wenig- bis vielblütige Trugdolden

Blüten lang gestielt in 2–10blütigen, blattachselständigen **Trugdolden**

Kelchblätter 5, grünlichweiss, 3–4 mm lang, dreieckig

Kronblätter 5, etwas kleiner als die Kelchblätter, aufrecht oder schief aufgerichtet, weisslich, die Staubblätter umhüllend

Staubblätter 5, dicht vor den Kronblättern stehend, kürzer als diese, mit grossen weisslichen Staubbeuteln und kurzen Staubfäden

Fruchtknoten oberständig, **Griffel** mit kopfiger Narbe

Abb. 483 ▶
Oben:
Noch geschlossene und bereits geöffnete Blüten in den Trugdolden (6–12 mm)
Mitte:
Aufsicht: Kelch-, Kron-Staubblätter und kopfige Narbe (Durchmesser 6–8 mm)
Unten:
Längsschnitt durch Blüten (5 mm)

F	R	N	H	D	L	T	K	W	A	B	C	E	G
4w	3	2	4	5	3	4	3	n	5–6	I/II	–	–	–

Céltis austrális L.	**Micocoulier**	**Ulmáceae**
	Bagolaro comune	**Ulmengewächse**
Europäischer Zürgelbaum	**Hackberry, nettle tree**	**Seite 74**

Verbreitung: Mediterrane Pflanze
Standort: Kollin; an trockenen und felsigen Hängen; wärmeliebend; Lichtpflanze
Baumhöhe: Bis 20 m hoher Baum

▲ Abb. 484
Blühende Zweige (mit zwittrigen und unvollkommen männlichen Blüten)

Blüten mit den Blättern erscheinend, lang gestielt, meist einzeln, blattachselständig, teils zwittrig (5–7zählig); männliche Blüten (unvollkommen) zu 3–5 in büscheligen **Trugdolden,**

Perigonblätter 2,5 mm lang, oval, am Rande gefranst und bewimpert

Staubblätter meist 5

Fruchtknoten oberständig, mit kurzem Griffel und 2 grossen, zuletzt zurückgebogenen, dicht behaarten Narben

Abb. 485 ▶
Oben:
Zwittrige und rein männliche Blüten (12 mm) an denselben diesjährigen Trieben
Mitte:
Zwittrige Blüten
Unten:
Männliche Blüten in büscheligen Trugdolden (10–15 mm)

F	R	N	H	D	L	T	K	W	A	B	C	E	G
2	3	3	3	3	3	5	2	p	4–5	I	–	–	–

Úlmus láevis Pall.	Orme lisse	Ulmáceae
U. effúsa Willd.	Olmo bianco	Ulmengewächse
Flatter-Ulme	European white elm	Seite 75

Verbreitung: Osteuropäische Pflanze
Standort: Kollin; auf sickernassen, zeitweise überschwemmten, nährstoff- und basenreichen, humosen, sandigen oder reinen Lehm- und Tonböden in sommerwarmer Klimalage; in Auenwäldern und an Waldrändern; Gleyboden-Zeiger, Tiefwurzler; Allee- und Strassenbaum; Lichtholzart
Baumhöhe: Bis 25 m hoher Baum

▲ Abb. 486
Einjähriger Zweig mit 5 Blütenbüscheln

Blüten lang gestielt, in überhängenden Büscheln (Stiele 3–6mal so lang wie die Blüten), vor den Blättern erscheinend

Perigon grünlich, mit 5–8 oben etwas gefransten Abschnitten

Staubblätter 5–8

Fruchtknoten oberständig

Abb. 487 ▶
Linke Hälfte:
Aus Blütenknospen hervorbrechende, lang gestielte Blüten (10–15 mm)
Rechte Hälfte:
Seitenansicht dreier Einzelblüten (12 mm)

F	R	N	H	D	L	T	K	W	A	B	C	E	G
4w	4	4	4	5	2	5	3	p	3–4	I	–	–	+

Úlmus campéstris auct. non L.	Orme champêtre	Ulmáceae
U. mínor Mill. emend. Richens	Olmo comune	Ulmengewächse
Feld-Ulme, Feld-Rüster	English elm, field elm	Seite 75

Verbreitung: Mediterrane Pflanze
Standort: Kollin; auf trockenen Böden in sonniger Lage (Flaumeichenwälder) oder sandigen bis tonigen Böden entlang von Flussauen; in sonnigen Hangwäldern, in Auenwäldern, an Waldrändern; Tiefwurzler; Lichtholzart; Pionierpflanze; Alleebaum
Baumhöhe: Bis 30 m hoher Baum

▲ Abb. 488
Blühende Zweige mit kugeligen bis eiförmigen Blütenständen

Blüten vor den Blättern erscheinend, ungestielt, zwittrig, etwa 3–5 mm lang, zu **büschelartigen** Blütenständen vereinigt

Perigon (= einfache Blütenhülle) meist grünlich, im unteren Teil verwachsen, mit 4–5 Abschnitten; Perigonzipfel **weiss** bewimpert

Staubblätter meist 5 (3–6)

Fruchtknoten oberständig mit 2 Griffelästen

Abb. 489 ▶
Links oben: Zweigausschnitt mit 2 büscheligen Blütenständen (9 mm)
Rechts oben und links unten: Blütenstände (mit Knospenschuppen/Längsschnitt) (9 mm/8 mm)
Rechte untere Hälfte: Junge und ältere Blüten mit deutlich weisser Bewimperung der Perigonzipfeln (Blüten 4–6 mm)

F	R	N	H	D	L	T	K	W	A	B	C	E	G
3w	4	3	3	4	3	5	3	p	3–4	I	–	–	+

Úlmus glábra Huds. emend. Moss.
U. scábra Mill.
Berg-Ulme

Orme de montagne
Olmo di montagna
Scots elm, wych elm

Ulmáceae
Ulmengewächse
Seite 75

Verbreitung: Europäische Pflanze
Standort: Kollin und montan; auf sickerfeuchten, im Untergrund kiesigen, sandigen bis lehmigen, kalkhaltigen, nährstoffreichen Böden; am Rande von Auenwäldern, in Schluchten, an Schattenhängen, Waldrändern und Hochstaudenfluren; Tiefwurzler; Alleebaum; frostharte Halbschattholzart
Baumhöhe: Bis 30 m hoher Baum

▲ Abb. 490
Einjähriger Seitentrieb mit drei geöffneten Blütenständen; Endknospe geschlossen

Blüten vor den Blättern erscheinend, kurz gestielt, zwittrig, 3–6 mm lang, in kugeligen **Büscheln** vereinigt

Perigon (einfache Blütenhülle) grünlich bis rötlich, im unteren Teil verwachsen, mit 4–5 Abschnitten; Perigonzipfel mit **rostfarbenen** Wimpern

Staubblätter meist 5 (6)

Fruchtknoten oberständig, mit 2 weisslichen oder rötlichen Griffelästen

Abb. 491 ▶
Links oben:
2 Zweigausschnitte mit kugeligen Blütenständen (mit und ohne Endknospe)
Rechts oben und Mitte obere Hälfte:
Junge und ältere Blüten (4 mm)
Mitte, untere Hälfte:
Junges und älteres Blütenbüschel (8 mm)
Links unten:
Schnitt durch Blüten; wachsende Frucht (rechts unten 5 mm)

F	R	N	H	D	L	T	K	W	A	B	C	E	G
4w	3	4	4	5	2	4	3	p	3–4	I	–	–	+

Sambúcus nígra L.	**Sureau noir**	**Caprifoliáceae**
S. vulgáris Lam.	**Sambuco nero**	**Geissblattgewächse**
Schwarzer Holunder	**Common elder**	**Seite 77**

Verbreitung: Europäische Pflanze
Standort: Kollin und montan; auf frischen, tiefgründigen, nährstoffreichen, (stickstoffreichen) sandigen oder reinen Ton- und Lehmböden, auch auf Rohaueböden; verbreitet in feuchten Wäldern, Waldlichtungen, Hecken, an Schuttplätzen, um Siedlungen häufig angepflanzt; Licht-Halbschattpflanze
Baum/Strauchhöhe: Strauch, oder bis 7 m hoher Baum

▲ Abb. 492
Schirmförmige, oben abgeflachte Blütenstände an Zweigen mit unpaarig gefiederten Blättern

Blüten gestielt, stark duftend, in reich- und dichtblütigen, schirmförmigen, oben abgeflachten, endständigen **Trugdolden;** die gabelständigen und seitlichen Blüten ungestielt

Kelch 3–6teilig (meist 5), grün, mit weisslich berandeten Zähnen

Krone 5teilig, gelblichweiss bis weiss, 6–9 mm im Durchmesser, radförmig

Staubblätter 5, mit hellgelben Antheren

Fruchtknoten halbunterständig;

Griffel kurz, dick, mit 3teiliger **Narbe**

Abb. 493 ▶
Oben: Blütenstände (links Aufsicht, rechts Seitenansicht) 10–15 cm
Links Mitte: Aufsicht auf Teilblütenstand (4 cm)
Rechts Mitte obere Hälfte: Gestielte und gabelständig ungestielte Blüten (2 cm)
Links unten: Längsschnitt durch Blüte (11 mm)
Rechte untere Hälfte: Blütenaufsicht (Vorder- und Rückseite) (Durchmesser 7–9 mm)

F	R	N	H	D	L	T	K	W	A	B	C	E	G
3	3	4	3	4	3	4	2	n	6–7	II	–	–	+

Sambúcus racemósa L. | **Sureau rouge** | **Caprifoliáceae**
Roter Holunder | **Sambuco rosso** | **Geissblattgewächse**
Trauben-Holunder | **Red-berried elder** | **Seite 77**

Verbreitung: Europäische Pflanze
Standort: Montan und subalpin, nicht selten auf der kollinen Stufe; auf feuchten, nährstoffreichen, meist kalkarmen, gern steinigen, mittelgründigen Böden; Stickstoffzeiger; häufig in Waldlichtungen, Hecken, auf Blockschutt und Felsen; Halbschatt-Lichtholz
Baum/Strauchhöhe: Bis 4 m hoher Strauch oder kleiner Baum

▲ Abb. 494
8–12 cm lange Trugdolden eines blühenden Strauches am Waldrand

Blüten sehr kurz gestielt oder sitzend, in reichblütigen, ei- bis kegelförmigen **Trugdolden**

Kelch 5teilig, grün

Kronblätter 5, grünlichgelb, meist zurückgeschlagen

Staubblätter 5

Fruchtknoten unterständig, **Griffel** kurz, dick mit 3teiliger **Narbe**

Abb. 495 ▶
Oben und rechts Mitte: Reichblütige Trugdolden (8–12 cm)
Links Mitte, obere Hälfte: Seitenansicht dreier Blüten (8 mm)
Links Mitte, untere Hälfte: Aufsicht auf Einzelblüte Durchmesser 6 mm
Links unten: Längsschnitt Blüte mit unterständigem Fruchtknoten (8 mm)
Rechts unten: Querschnitt durch einen Zweig (rotes Mark!) (5 mm)

F	R	N	H	D	L	T	K	W	A	B	C	E	G
3	3	4	3	×	3	3	3	n	4–5	II	–	–	–

Vibúrnum lantána L. | **Viorne flexible** | **Caprifoliáceae**
Viburno lantana | **Geissblattgewächse**
Wolliger Schneeball | **Wayfaring tree** | **Seite 78**

Verbreitung: Europäisch-westasiatische Pflanze
Standort: Kollin und montan, seltener subalpin; meist auf kalkreichen, trockenen Böden in sonniger Lage; an sonnigen Waldrändern, in Hecken, lichten Eichen- und Kiefernwäldern; Licht-Halbschattholz
Strauchhöhe: Bis 5 m hoher Strauch

▲ Abb. 496
Schirmförmige Blütenstände an beblätterten Zweigen

Blüten gestielt, in endständigen, reich verzweigten, schirmförmigen, meist mit 7 Hauptstrahlen versehenen **Trugdolden;** Blütenstiele mit je 2 Vorblättern

Kelch 5teilig, grün; Kelchzipfel bis 1 mm lang

Krone 5teilig, (seltener 4teilig), weiss, kurz glockig, 6–8 mm im Durchmesser, beim Aufblühen oft rötlich überlaufen

Staubblätter 5, so lang, oder länger als die Kronblätter

Fruchtknoten unterständig; **Griffel** kurz, breit, mit 3teiliger **Narbe**

Abb. 497 ▶
Oben:
Blütenstände Aufsicht (5–12 cm)
Mitte, obere Hälfte:
Teilblütenstände (Durchmesser 2 cm)
Mitte, untere Hälfte:
Aufsicht auf 2 Blüten (5- und 4teilig) (Durchmesser 8 mm)
Unten:
Längsschnitt durch Blüten (8 mm)

F	R	N	H	D	L	T	K	W	A	B	C	E	G
2	4	2	3	3	3	4	3	n	5–6	I/II	+	–	+

e

Vibúrnum ópulus L.	Viorne obier	Caprifoliáceae
	Sambuco acquatico	Geissblattgewächse
Gemeiner Schneeball	Water elder, guelder rose	Seite 78

Verbreitung: Eurasiatische Pflanze
Standort: Kollin, montan; auf sickerfeuchten, nährstoff- und basenreichen, humosen Böden; auch auf Rohauböden; in Auenwäldern, Hecken, an Bachrändern, Waldrändern; Halbschatt-Lichtpflanze; Flachwurzler mit grossem Ausschlagvermögen
Strauchhöhe: Bis 4 m hoher Strauch

▲ Abb. 498
Trugdolden mit deutlich hervortretenden Rand-, und unscheinbaren Innenblüten

Blüten in endständigen, reich verzweigten, ziemlich lockeren **Trugdolden;** Blütenstandsachsen kahl oder kurz-drüsig; randständige Blüten 15–25 mm im Durchmesser, weiss, steril; innere Blüten 4–5 mm lang, weiss oder rötlich-weiss, fertil

Kelch meist 5teilig, Kelchzipfel rötlich gefärbt

Krone der inneren Blüten meist 5teilig (auch 4teilig), weiss oder rötlich-weiss, kurz glockig

Staubblätter 5, viel länger als die Kronblätter

Fruchtknoten unterständig; **Griffel** und **Narbe** weisslich

Abb. 499 ▶
Oben: Aufsicht auf Blütenstände (7–9 cm)
Mitte, obere Hälfte: Seitenansicht Teilblütenstände mit und ohne Strahlenblüten (=Randblüten)
Links Mitte: Aufsicht auf 2 Randblüten (15 mm)
Links Mitte, untere Hälfte: Längsschnitt durch Blüte (5 mm)
Rechts Mitte, untere Hälfte: Aufsicht auf Teilblütenstand
Unten: Seitenansicht Teilblütenstand (Breite: 2 cm)

F	R	N	H	D	L	T	K	W	A	B	C	E	G
3w	3	3	4	4	3	4	2	n	5–6	I/II	+	–	+

Verbreitung: Mittel- und südeuropäische Gebirgspflanze
Standort: Subalpin, seltener montan; auf frischen, mässig nährstoffreichen, mittel- bis tiefgründigen, steinigen oder reinen Ton- und Lehmböden; in krautreichen Bergmischwäldern vor allem mit Fichten und Tannen, Arven-Lärchenwäldern, an buschigen Stellen; Schattpflanze
Strauchhöhe: Bis 1,5 m hoher Strauch

▲ Abb. 500
Zahlreiche, unscheinbare Blüten an beblätterten Zweigen

Blüten zu 2 an einem gemeinsamen Stiel; dieser 3–4 mal länger als die Blüte und in den Blattachseln entspringend
Grüne, unbehaarte **Vorblätter** (siehe Mitte untere Hälfte S. 231) quer elliptisch, kurz, paarweise miteinander verwachsen
Kelch 5teilig, verwachsen, mit unregelmässigen, rötlich berandeten Zipfeln
Krone 5teilig, weiss, rötlich angelaufen, innen behaart, deutlich 2lippig (aus 4teiliger Oberlippe und einem Zipfel für die Unterlippe)
Staubblätter 5
Fruchtknoten (unterständig) zweier Blüten am Grunde miteinander verwachsen;
Griffel lang, fadenförmig mit kopfiger Narbe

Abb. 501 ▶
Oben:
Langgestielte Blüten 25–40 mm mit länglich-elliptischen Laubblättern (4–7,5 cm)
Mitte, obere Hälfte:
Junge und ältere Blüten (8–10 mm)
Mitte, untere Hälfte:
Unterer Bereich zweier Blüten mit verwachsenen Vorblättern
Unten links:
Längsschnitt durch Blüte (8 mm)
Unten rechts:
Aufsicht auf Blüte (Länge 9 mm)

F	R	N	H	D	L	T	K	W	A	B	C	E	G
3	3	3	4	4	2	2	3	n	5–6	II	+	–	–

Lonícera xylósteum L.
Rote Heckenkirsche
Rotes Geissblatt, Beinholz

Camérisier á balais
Caprifoglio peloso
Fly honeysuckle

Caprifoliáceae
Geissblattgewächse
Seite 80

Verbreitung: Eurosibirische Pflanze
Standort: Kollin und montan; auf feuchten bis trockenen, sommerwarmen, nährstoff- und basenreichen, vorzugsweise kalkhaltigen, lockeren, tiefgründigen, humosen, steinigen, sandigen oder reinen Lehm- und Tonböden, Mullböden; in krautreichen Eichenwäldern, Hecken, an Zäunen, Waldrändern; Halbschattpflanze
Strauchhöhe: Bis 2 m hoher Strauch

▲ Abb. 502
Blühender Strauch am Waldrand

Blüten zu 2 an einem gemeinsamen Stiel; dieser 1–2mal länger als die Blüten und in den Blattachseln entspringend

Vorblätter grün, **Tragblätter** grün, länglich, zugespitzt, behaart

Kelch 5teilig, grün; Kelchzipfel 0,5–1 mm lang

Krone 5teilig, 10–15 mm lang, zuerst weiss, später blassgelb, aussen und innen behaart, deutlich 2lippig (aus 4teiliger Oberlippe und einem Zipfel für die Unterlippe)

Staubblätter 5

Fruchtknoten (unterständig) zweier Blüten nicht, oder nur am Grunde miteinander verwachsen; lang, fadenförmig mit kopfiger Narbe

Abb. 503 ▶
Oben:
Langgestielte, aufrechte Blüten (15 mm)
Mitte und links unten:
Blüten (Seitenansicht und Längsschnitt) (15 mm)
Rechts unten:
Nur am Grunde verwachsene Fruchtknoten (3 mm)

F	R	N	H	D	L	T	K	W	A	B	C	E	G
3	3	3	3	4	3	3	3	n	5–6	II	+	–	+

Lonícera alpígena L. | **Camérisier des Alpes** | **Caprifoliáceae**
Alpen-Heckenkirsche | **Madreselva alpina** | **Geissblattgewächse**
Alpen-Geissblatt | **Alpine honeysuckle** | **Seite 80**

Verbreitung: Mittel- und südeuropäische Gebirgspflanze
Standort: Montan und subalpin, seltener kollin; auf meist kalkhaltigen, nährstoffreichen, trockenen bis sickernassen, mittel- bis tiefgründigen Böden; in krautreichen Buchen- und Bergmischwäldern, Schluchtwäldern, Holzschlägen, an buschigen Abhängen, Bächen; Schattpflanze
Strauchhöhe: Bis 2 m hoher Strauch

▲ Abb. 504
Unscheinbare Blüten an beblätterten Zweigen

Blüten zu 2 an einem gemeinsamen Stiel; dieser 3–4 mal länger als die Blüten und in den Blattachseln entspringend

Kelch grün, ein undeutlicher, welliger Saum

Krone 5teilig, am Grunde gelblich-grün, im oberen Teil rot, innen zottig behaart, deutlich 2lippig (mit 4teiliger Oberlippe und einem Zipfel für die Unterlippe)

Staubblätter ungefähr so lang wie die Krone, vor dem Verstäuben mit roten Antheren

Fruchtknoten (unterständig) eines jeden Blütenpaares miteinander deutlich verwachsen; **Griffel** lang, fadenförmig mit kopfiger Narbe

Abb. 505 ▶
Oben:
Immer 2 Blüten an einem gemeinsamen Stiel (3,5–5 cm)
Mitte:
Blüten vor- und nach dem Verstäuben (Vorder- und Rückseite) (18 mm)
Links unten:
Blüte Seitenansicht (mit langem, seitlichen Tragblatt) (9 mm)
Rechts unten:
Längsschnitt durch Blüte (14 mm)

F	R	N	H	D	L	T	K	W	A	B	C	E	G
3	4	3	4	4	2	2	3	n	5	II	+	–	–

Lonícera caerúlea L.	**Camérisier bleu**	**Caprifoliáceae**
Blaue Heckenkirsche	**Caprifoglio turchino**	**Geissblattgewächse**
Blaues Geissblatt	**Blue honeysuckle**	**Seite 81**

Verbreitung: Subalpin, seltener montan und alpin; besonders auf sauren Rohhumusböden, seltener auf kalkhaltigen, steinigen Böden in Bergföhrenwäldern; in Fichten- und Hochmoor-Kiefernwäldern, wasserzügigen Runsen im Alpenerlen- oder Weidengebüsch; Halbschattpflanze
Strauchhöhe: Bis 1,5 m hoher Strauch

▲ Abb. 506
Zahlreiche, in den Blattachseln entspringende, kurz gestielte Blüten

Blüten zu 2 an einem gemeinsamen Stiel; dieser sehr kurz und in den Blattachseln entspringend

Kelch grünlich, als undeutlicher, welliger Saum ausgebildet

Krone 5teilig, fast regelmässig, kaum 2lippig, gelblich-grün bis gelblichweiss; Kronröhre innen und aussen behaart

Staubblätter gleich lang oder länger als die Krone, mit gelben Antheren

Fruchtknoten eines jeden Blütenpaares ganz oder zu ¾ miteinander verwachsen; **Griffel** lang, fadenförmig, mit kopfiger Narbe

Abb. 507 ▶
Oben:
Blüten aufrecht oder abstehend (1–2 cm)
Linke untere Hälfte:
Junge und ältere Blüten; Tragblätter 4–6 mm länger als Fruchtknoten
Rechts Mitte und unten:
Längsschnitte durch Blüten

F	R	N	H	D	L	T	K	W	A	B	C	E	G
3	2	2	4	4	3	2	3	n	4–5	II	+	–	+

Lonícera caprifólium L. | **Chévrefeuille des jardins** | **Caprifoliáceae**
Caprifoglio comune | **Geissblattgewächse**
Jelängerjelieber | **Sweet honeysuckle** | **Seite 81**

Verbreitung: Ursprünglich eine südosteuropäische Pflanze
Standort: Kollin; auf mässig trockenen, basenreichen, meist kalkhaltigen Böden in wärmeren Lagen; häufig in Gärten und Lauben kultiviert, verwildert und eingebürgert in sonnigen Hecken, Eichenmischwäldern; Rechtswinder; Lichtpflanze
Strauchhöhe: Liane, bis 5 m hoch

▲ Abb. 508
Stark gelb und rötlich gefärbte Blüten

Blüten zu 5–8 dem obersten Blattpaar unmittelbar aufsitzend oder in den Blattachseln der unteren Blätter zu mehreren sitzend

Kelch 5zähnig, nach dem Abfallen der Krone bleibend

Krone mit 25–28 mm langer, enger Röhre, gelblichweiss und meist rot überlaufen, mit 2lippigem Saum

Fruchtknoten (unterständig) krugförmig; **Griffel** lang, fadenförmig, mit kopfiger Narbe

Abb. 509 ▶
Links oben:
Blühende Zweige
Rechts oben und rechts unten:
Endabschnitt eines blühenden Zweiges
Mitte:
Blüte (Seitenansicht) (4,5 cm)
Rechts Mitte, untere Hälfte und links unten:
Ansatzstelle Blüten, mit Blütenlängsschnitt (links unten) und unterständigem Fruchtknoten (6–9 mm)

F	R	N	H	D	L	T	K	W	A	B	C	E	G
3	4	3	3	4	3	5	2	n	5–6	II	+	–	+

Verbreitung: Südosteuropäisch-westasiatische Pflanze
Standort: Kollin; auf frischen, nährstoff- und meist kalkreichen Böden in luftfeuchten Lagen mit mildem Klima (besonders in Föhngebieten); im Gebüsch warmer Hänge, an Waldrändern, in krautreichen Buchen-, Ahorn- oder Eichen-Wäldern, Felsen, steinigen Hängen; Licht-Halbschattpflanze
Baum/Strauchhöhe: Bis 5 m hoher Baum oder Strauch

▲ Abb. 510
Blühende Zweige mit unpaarig gefiederten Laubblättern

Blüten lang gestielt, mit 2 Vorblättern, in langgestielten, hängenden, aus **Trugdolden** zusammengesetzten **Rispen**

Kelchblätter 5, länglich-eiförmig, kronblattartig, bis 14 mm lang, gelblich-weiss, auf der Aussenseite meist etwas gerötet

Kronblätter 5, meist verkehrt eiförmig, nur wenig länger als die Kelchblätter, glockig zusammenschliessend, gelblich-weiss, oft etwas gerötet

Staubblätter 5, so lang wie die Kronblätter

Fruchtknoten oberständig; **Griffel** an der Spitze miteinander verwachsen; Narbe kopfig

Abb. 511 ▶
Oben und links Mitte: Aus Trugdolden zusammengesetzte Blütenstände (bis 10 cm)
Rechts Mitte und links unten: Aufsicht auf jüngere und ältere Blüte (Durchmesser 12 mm)
Rechts unten: Längsschnitt durch Blüte (14 mm)

F	R	N	H	D	L	T	K	W	A	B	C	E	G
2	4	3	3	3	3	5	2	n	5–6	I/II	–	–	–

Hédera hélix L.	**Lierre**	**Araliáceae**
	Edera	**Efeugewächse**
Efeu, gemeiner Efeu	**Ivy**	**Seite 83**

Verbreitung: Europäisch-westasiatische Pflanze
Standort: Kollin und montan; auf feuchten bis trockenen, sauren bis kalkreichen, nährstoffreichen Böden; frostempfindlich; in Laubmischwäldern, Parkanlagen, an Bäumen, Felsen, Mauern; Wurzelkletterer; Schatt-Halbschattpflanze
Baum/Strauchhöhe: Bis 20 m hohe, immergrüne Liane

▲ Abb. 512
Halbkugelige bis kugelige Dolden am Ende beblätterter Triebe

Blüten zwittrig (Neigung zur Eingeschlechtigkeit vorhanden), in dichten, halbkugeligen **Dolden;** diese zu Trauben oder Rispen vereinigt

Kelch 5teilig, als unansehnliche, meist kleine, grüne Zähnchen ausgebildet

Kronblätter 5, aussen bräunlich, innen grün, fleischig, eiförmig, zugespitzt, 3–4 mm lang, auf der Innenseite mit einem Längskiel

Staubblätter 5, 2–3 mm lang

Fruchtknoten halbunterständig, mit breitem Diskus; **Griffel** kurz, 3–5 Fruchtblätter, bis zur Spitze zur Säule verwachsen

Abb. 513 ▶
Links oben: Mehrere Dolden (je 2–3,5 cm) zu einer Traube/Rispe vereinigt
Rechts Mitte und links unten: Dolde (Längsschnitt/Seitenansicht) (2 cm)
Rechts oben und rechts Mitte: Ausgebreitete und zurückgeschlagene Kronblätter (Durchmesser 9 mm)
Rechts unten: Längsschnitt durch Blüte (7 mm)

F	R	N	H	D	L	T	K	W	A	B	C	E	G
3	3	3	3	4	2	4	2	i	8-10	II	+	+	–

Verbreitung: Eurasiatische Pflanze
Standort: Kollin und montan, in den Zentralalpen auch subalpin; auf trockenen bis feuchten, nährstoffreichen, meist kalkhaltigen, humosen Böden; in Hecken, Auen, Gebüschen, lichten Wäldern, an Waldsäumen und Waldwegen, bei alten Burgen, an Ackerrändern; Schattpflanze
Strauchhöhe: Bis 1,5 m hoher Strauch

▲ Abb. 514
Einzelblüten an beblätterten Kurztrieben

Blüten einzeln oder zu 2–3 an beblätterten Kurztrieben

Kelchblätter 5, kahl, grünlich oder grünlich-rot, oval, abstehend, behaart, 2–3 mal so lang wie die aufgerichteten oder nach vorn gerichteten, weisslich-grünen **Kronblätter**

Staubblätter 5, mit hellgrünen Antheren

Fruchtknoten unterständig; **Griffel** im unteren Abschnitt deutlich abstehend behaart, etwas kürzer als die Staubblätter

Abb. 515 ▶
Oben und links unten: Blüten einzeln oder zu 2 an beblätterten Kurztrieben (5 mm/6 mm)
Mitte: Aufsicht auf 2 verschieden-gefärbte Blüten (Durchmesser 8 mm)
Rechts unten: Längsschnitt durch Blüte (7 mm)

F	R	N	H	D	L	T	K	W	A	B	C	E	G
3	3	4	3	4	2	3	4	n	4–5	II	+	–	+

Verbreitung: Europäisch-westasiatische Pflanze
Standort: Montan und subalpin, seltener kollin; auf sickerfrischen bis mässig trockenen, nährstoff- und basenreichen, meist kalkhaltigen Böden; zerstreut in krautreichen Bergmischwäldern, Schluchtwäldern, Gebirgsauen, Kiefernsteppen-Wäldern; Halbschattpflanze
Strauchhöhe: Bis 1,5 m hoher Strauch

▲ Abb. 516
Reichblütiger, „männlicher" Blütenstand

Pflanzen unvollkommen zweihäusig; zu Beginn der Blütenzeit das andere Geschlecht rudimentär vorhanden

Blüten in aufrechten oder abstehenden, vielblütigen **Trauben;** männliche Blütenstände 10–30blütig, weibliche Blütenstände 2–5blütig

Kelchblätter beckenförmig, kahl, mit ausgebreiteten, stumpfen Zipfeln

Kronblätter gelblich, viel kürzer als die Kelchblätter

Staubblätter 5, mit kurzem Filament und hellgelben Antheren

Fruchtknoten unterständig; **Griffel** kahl, im oberen Abschnitt geteilt, mit 2 Narbenköpfchen

Abb. 517 ▶
Oben: Aufrechte Blütenstände (5 cm/3 cm)
Mitte: Vorder- und Rückseite der Blüten; kleine Kronblätter verschiedenfarbig (Durchmesser 6 mm)
Links unten: Längsschnitt durch Blüte (4 mm)
Rechts unten: Abstehender Blütenstand (2,5 cm)

F	R	N	H	D	L	T	K	W	A	B	C	E	G
3	4	3	3	1	3	2	4	n	4–5	II	+	–	–

Ríbes rúbrum L.	**Groseillier rouge**	**Saxifragáceae**
	Ribes rosso	**Steinbrechgewächse**
Rote Johannisbeere	**Northern red currant**	**Seite 85**

Verbreitung: Wahrscheinlich eine westeuropäische Pflanze; Sammelart
Standort: Kollin und montan, seltener subalpin; bevorzugt fette, basenreiche Böden; in Gärten, Gebüschen, feuchten Wäldern; seit dem 15. Jahrhundert in vielen Sorten kultiviert
Strauchhöhe: 1–2 m hoher Strauch

▲ Abb. 518
An beblätterten Zweigen zahlreiche abstehende oder hängende Trauben

Blüten in vielblütigen, abstehenden, später hängenden **Trauben**

Kelchblätter kahl, grünlich oder bräunlich, oft rot punktiert, doppelt so lang und breit wie die spateligen, meist gelblichen bis gelbgrünen **Kronblätter**

Staubblätter 5 mit hellgelben Antheren

Fruchtknoten unterständig; **Griffel** 2spaltig mit 2kopfiger **Narbe**

Abb. 519 ▶
Links oben und Mitte: Abstehende und hängende Trauben (3–5 cm)
Rechts oben: Längsschnitt durch Blüte (4 mm)
Unten: Aufsicht auf 2 Einzelblüten (links mit rotpunktierten-, rechts mit grünen Kelchblättern) (5 mm/4 mm)

F	R	N	H	D	L	T	K	W	A	B	C	E	G
4	3	4	3	4	2	3	2	n	4–5	II	+	–	+

Bérberis vulgáris L.	**Épine-vinette**	**Berberidáceae**
	Crespino comune, berberi	**Sauerdorngewächse**
Sauerdorn, Berberitze	**Barberry**	**Seite 85**

Verbreitung: Südeuropäisch-westasiatische Pflanze
Standort: Kollin, montan und subalpin; auf trockenen, nährstoff- und basenreichen (kalkreich), meist steinigen Böden in sonnigen Lagen; in lichten Eichen- oder Kiefern-Wäldern, Hecken, Trockenbuschgesellschaften, an Waldrändern; Licht-Halbschattpflanze
Strauchhöhe: Bis 3 m hoher Strauch

▲ Abb. 520
Zahlreiche, 4–6 cm lange, abstehende Trauben an beblätterten Zweigen

Blüten in 4–6 cm langen, vielblütigen, abstehenden oder hängenden (auch aufgerichteten) Trauben; seitliche Blüten der Trauben mit je 6-, Endblüte mit je 5 Kelch- und Kronblättern

Kelchblätter goldgelb, so lang wie die Kronblätter, in 2 Kreisen angeordnet

Kronblätter goldgelb, 5–7 mm lang, eiförmig, zusammenneigend, am Grunde mit je 2 dunkelgelben Drüsenhöckern

Staubblätter 5, bei Reizung zusammenneigend

Fruchtknoten oberständig; **Griffel** fehlend; **Narbe** plattenförmig

Abb. 521 ▶
Links oben: Ausschnitt aus einem reichblütigen Strauch (2 m hoch)
Rechts oben, linke Hälfte Mitte und unten: Blütenstände an beblätterten Kurztrieben mit geschlossenen und geöffneten Blüten (4 cm / 6 cm)
Rechts Mitte: Längsschnitt durch Blüte (5 mm)
Rechts unten: Aufsicht auf 2 Blüten mit gereizten und ungereizten Staubblättern

F	R	N	H	D	L	T	K	W	A	B	C	E	G
2	4	2	3	3	3	3	4	n	5	II	+	–	–

Aesculus hippocástanum L.	**Marronnier d'Inde**	**Hippocastanáceae**
	Ippocastano	**Rosskastaniengewächse**
Rosskastanie	**Horse chestnut**	**Seite 86**

Verbreitung: Ursprünglich eine südeuropäisch-westasiatische Pflanze
Standort: Kollin und montan; liebt frische, nährstoffreiche und tiefgründige Böden; als Zierbaum in Gärten, Parks und Alleen häufig angepflanzt
Baumhöhe: Bis 30 m hoher Baum

▲ Abb. 522
Oberer Teil eines 25 m hohen, reichblütigen Baumes; Rispen aufgerichtet

Blüten in reichblütigen, steif aufrechten, 20–30 cm langen **Rispen;** durch Reduktion des einen Geschlechtes oft eingeschlechtig

Kelch ungleich 5lappig

Kronblätter 5 (auch 4 möglich), 10–15 mm lang, am Rande bewimpert und zurückgebogen, weiss, am Grunde mit gelbem, später rotem Saftmal; **Nagel** weiss

Staubblätter 7, viel grösser als Kronblätter, mit rötlichen Antheren

Fruchtknoten oberständig, fein behaart und mit Stieldrüsen

Abb. 523 ▶
Oben: Aufrechte Blütenstände (20–30 cm)
Links, oberhalb Mitte: Aufsicht auf 2 Blüten mit verschiedenfarbigem Saftmal (2 cm/3 cm)
Links unten: Längsschnitt durch Blüten (2 cm)
Rechts, unterhalb Mitte: Seitenansicht Blüte (2 cm)
Rechts unten: 2 oberständige Fruchtknoten mit gut sichtbaren Stieldrüsen (8 mm)

F	R	N	H	D	L	T	K	W	A	B	C	E	G
3	3	3	3	4	2	4	2	p	5	II	+	–	–

Ácer pseudoplátanus L.	Érable de montagne, E. sycomore	Aceráceae
	Acero di Monte	Ahorngewächse
Berg-Ahorn	Sycamore maple, Scots plane	Seite 87

Verbreitung: Europäisch-westasiatische Pflanze
Standort: Kollin, montan und subalpin; bis zur Waldgrenze reichend; auf frischen bis sickerfeuchten, nährstoffreichen, basenreichen, gern steinigen, mittel- bis tiefgründigen Böden in kühl-luftfeuchten Lagen; an Bachufern, Schutthalden, in Schluchtwäldern, Buchen-Mischwäldern; Schatt-Halbschattpflanze
Baumhöhe: Bis 30 m hoher Baum

▲ Abb. 524
Langgestielte, hängende, 6–15 cm lange, dichtblütige, grünliche Rispen

Blüten gestielt, in 6–15 cm langen, hängenden, dichtblütigen, gelbgrünen **Rispen;** zwittrige, männliche und weibliche Blüten im gleichen Blütenstand

Blütenstandsachse behaart

Kelchblätter 5, frei, aussen kahl, innen spärlich behaart, gelbgrün, 2–5 mm lang

Kronblätter 5, frei, aussen kahl, innen behaart, gelbgrün, 4–5 mm lang

Staubblätter 8 (die 2 medianen fehlen), behaart, am Innenrand des Diskus eingefügt, in den männlichen Blüten 2–3 mal so lang wie die Kronblätter

Fruchtknoten oberständig, zottig behaart, aus 2 Fruchtblättern

Abb. 525 ▶
Oben und Mitte: Reichblütige Rispen (8–14 cm)
Links unten: Zwittrige Blüten mit noch vorhandenem und bereits abgefallenem Griffel (8 mm)
Unten, Mitte: Aufsicht auf „männliche" und zwittrige (Flügel einen meist spitzen Winkel bildend) Blüte (7 mm)
Rechts unten: Seitenansicht „männliche" Blüte (8 mm)

F	R	N	H	D	L	T	K	W	A	B	C	E	G
3w	3	3	3	4	2	3	2	p	5	II	+	–	+

Ácer platanoídes L.	Érable plane	Aceráceae
	Acero riccio	Ahorngewächse
Spitz-Ahorn	Norway maple	Seite 87

Verbreitung: Europäisch-westasiatische Pflanze
Standort: Kollin und montan; auf frischen bis feuchten, nährstoff- und basenreichen, humosen, lockeren, häufig kalkhaltigen Böden in luftfeuchten Lagen; vor allem in Schlucht-, Auen-, Eichen-, Hagebuche-, Bergahorn-, Eschen- und Lindenmischwäldern; Halbschattpflanze
Baumhöhe: Bis 30 m hoher Baum

▲ Abb. 526
Unbeblätterter Zweig mit zahlreichen, abstehenden und aufgerichteten Blütenständen

Blüten 1–2 cm lang gestielt, in meist aufrechten, reichblütigen **Doldentrauben;** zwittrige, männliche und weibliche Blüten im gleichen Blütenstand

Kelch- und Kronblätter je 5, gelbgrün, 4–6 mm lang, frei, auf Vorder- und Rückseite kahl

Staubblätter 8, etwas kürzer als die Kronblätter, am Rande oder in der Mitte des Diskus eingefügt

Fruchtknoten oberständig, aus 2 Fruchtblättern bestehend

Abb. 527 ▶
Oben:
Blütenstände (6–8 cm) am Grunde von hellgelben und dichtschwarz behaarten Knospenschuppen umgeben
Mitte:
Aufsicht auf zwittrige und funktionell männliche Blüte (12 mm/16 mm)
Unten:
Längsschnitt durch eine zwittrige (Flügel später einen stumpfen Winkel bildend) und eine männliche Blüte (13 mm/16 mm)

F	R	N	H	D	L	T	K	W	A	B	C	E	G
3	4	3	3	4	2	4	2	p	4–5	II	+	–	–

Ácer campéstre L.	Érable champêtre	Aceráceae
	Acero capestre, A. oppio	Ahorngewächse
Feld-Ahorn, Massholder	Field maple, hedge maple	Seite 88

Verbreitung: Europäisch-westasiatische Pflanze
Standort: Kollin und montan; auf frischen, nährstoff- und basenreichen, steinigen, sandigen bis lehmigen Böden; häufig in krautreichen Eichen-Hainbuchen-Wäldern, Auenwäldern, strauchreichen Buchenwäldern, Hecken, an Waldrändern; Halbschattpflanze
Baum/Strauchhöhe: Strauch oder 10–20 m hoher Baum

▲ Abb. 528
Wenigblütige, aufrechte oder abstehende Blütenstände mit letztjährigen Spaltfrüchten

Blüten gestielt, in 5–20 blütigen, meist aufrechten Doldentrauben; zwittrige, männliche und weibliche Blüten im gleichen Blütenstand

Kelch- und Kronblätter je 5, gelbgrün; Kronblätter etwas länger (3–4 mm)

Staubblätter 8, kleiner als die Kelch- und Kronblätter, am Rande des Diskus eingefügt

Fruchtknoten oberständig, aus 2 Fruchtblättern bestehend

Abb. 529 ►
Oben und rechts unten: Aufrechte, wenigblütige Blütenstände
Links Mitte: Längsschnitt durch Blüte; Flügel der beiden Teilfrüchte einen Winkel von ca. 180° bildend
Links unten: Aufsicht auf zwittrige Blüte

F	R	N	H	D	L	T	K	W	A	B	C	E	G
3	4	3	3	4	3	4	2	p	4–5	II	+	–	+

Ácer monspessulánum L.	Érable de Montpellier	Aceráceae
	Acero minore, A. spino	Ahorngewächse
Französischer Ahorn	Montpellier maple	Seite 88

Verbreitung: Mediterrane Pflanze
Standort: Kollin; auf warmen, etwas frischen, meist kalkreichen, lockeren, meist steinigen, mittel- bis flachgründigen Böden in heissen Lagen; an sonnigen Felshängen, in sonnigen Eichenbusch-Hängen, Flaumeichenwäldern; im Kaukasus bis 1700 m; Licht-Halbschattpflanze
Baum/Strauchhöhe: Bis 5 m hoher Baum oder Strauch

▲ Abb. 530
An unbeblätterten Zweigen zahlreiche, wenigblütige, nickende Blütenstände

Blüten lang gestielt, in wenigblütigen, meist nickenden, kahlen Doldentrauben; an den Enden beblätterter Kurztriebe

Kronblätter 4–5 mm lang, gelbgrün, kahl von den **Kelchblättern** wenig verschieden

Staubblätter 8, am Innenrand des Diskus eingefügt, in den männlichen Blüten länger-, in den weiblichen Blüten kürzer als die Kronblätter

Fruchtknoten oberständig, mit tief gespaltenem **Griffel**

Abb. 531 ▶
Oben und links Mitte: An beblätterten Kurztrieben nickende Blütenstände (5–7 cm)
Rechts Mitte und links unten: Seitenansicht einer männlichen Blüte (8 mm)
Mitte und rechts unten: Längsschnitte durch männliche Blüten (7–9 mm)

F	R	N	H	D	L	T	K	W	A	B	C	E	G
2	4	2	3	3	3	5	3	p	4	II	+	–	+

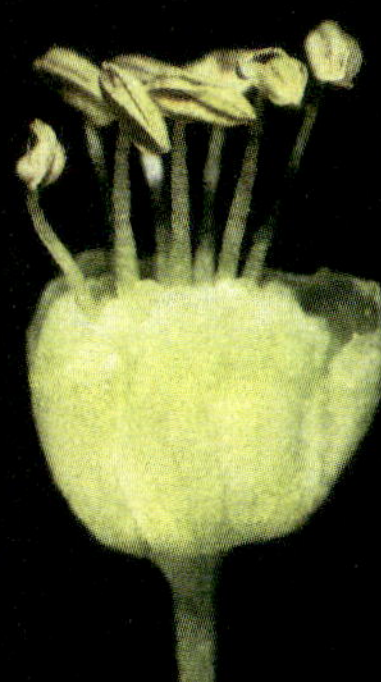

Verbreitung: Europäisch-westasiatische Pflanze
Standort: Kollin, montan, subalpin, seltener alpin; auf ziemlich feuchten, nährstoffreichen, meist kalkhaltigen, humosen, oft steinigen Böden; in Hochstaudenfluren, krautreichen Buchen-, Eichen-Hainbuchenwäldern, Lichtungen, auf Felsschutt, an Wasserzügen; Schatt-Halbschattpflanze
Strauchhöhe: Bis 1,5 m hoher Strauch

▲ Abb. 532
Noch unbeblätterte, reichblütige Zweige

Blüten sitzend, meist zu 3 (1–3) in den Winkeln der vorjährigen, abgefallenen Blätter, 4–10 mm lang, mit zylindrischer und angedrückt behaarter Röhre, an den Zweigspitzen oft gehäuft

Kelchzipfel 4, rosa; **Kelchröhre** 4–10 mm lang, anliegend behaart

Kronzipfel nicht vorhanden

Staubblätter 8, kurz gestielt, in 2 Reihen angeordnet, nicht aus der Kronröhre herausragend

Fruchtknoten kahl, oberständig; **Griffel** kurz; **Narbe** schildförmig

Abb. 533 ▶
Oben:
Reichblütige, oberste Zweigabschnitte
Links, Mitte:
Aufsicht auf Blüte; Kelchzipfel flach ausgebreitet
Rechts Mitte und unten:
Längsschnitte durch Blüten

F	R	N	H	D	L	T	K	W	A	B	C	E	G
3	4	3	3	×	2	3	3	n	3–4	II	+	–	–

Dáphne alpína L.
Thymeláea candida Scop.
Alpen-Seidelbast

Daphné des Alpes
Dafne alpina
Alpine mezereon

Thymelaeáceae
Seidelbastgewächse
Seite 90

Verbreitung: Mittel- und südeuropäische Gebirgspflanze
Standort: Kollin, montan und subalpin; auf steinigen, kalkreichen Böden in wärmeren Lagen; auf Felsen, Felsblöcken, Mauern, Halbschattpflanze
Strauchhöhe: Bis 1 m hoher Strauch

▲ Abb. 534
Ausschnitt aus einem 70 cm hohen, reich blühenden Strauch

Blüten zu 4–10 **doldenartig** am Ende der Zweige, in den Achseln der obersten Blätter stehend, 8–10 mm lang, nach Vanille duftend

Kelchzipfel 4, weiss; **Kelchröhre** 6–10 mm lang, anliegend behaart **Kronzipfel** nicht vorhanden

Staubblätter 8, kurz gestielt, in 2 Reihen angeordnet; oberste Reihe oft aus der Röhre herausragend

Fruchtknoten oberständig, dicht anliegend behaart; Griffel kurz oder fehlend; Narbe schildförmig

Abb. 535 ▶
Links oben: Ausschnitt aus einem 80 cm hohen, blühenden Strauch
Rechts oben und Links Mitte: Am Ende der Zweige doldenartige Blütenstände (3 cm)
Rechts, Mitte: Aufsicht auf jüngere und ältere Blüte (Durchmesser 1 cm)
Unten: Längsschnitt durch 2 Blüten (1 cm)

F	R	N	H	D	L	T	K	W	A	B	C	E	G
2	4	2	3	1	4	3	4	n	5–6	II	–	–	–

Dáphne cneórum L. | **Daphné camélée** | **Thymelaeáceae**
Rosmarinseidelbast | **Dafne odorosa** | **Seidelbastgewächse**
Fluhröschen, Flaumiger Seidelbast | **Garland flower** | **Seite 90**

Verbreitung: Mittel- und südeuropäische Pflanze
Standort: Kollin und montan, seltener subalpin; auf trockenen bis mässig trockenen, mageren, steinigen, oft feinerdearmen Böden in wärmeren, halbschattigen Lagen; an Waldrändern, steinigen Hängen, in lichten Kiefern-Trockenwäldern, waldnahen Halbtrocken-Rasen; Halbschatt-Lichtpflanze
Strauchhöhe: Bis 30 cm hoher Strauch

▲ Abb. 536
An beblätterten Trieben wenigblütige, herunterhängende Dolden

Blüten wohlriechend, zu 5–10, sitzend, in endständigen, gedrungenen **Dolden**

Kelchzipfel meist stumpfeiförmig, rosa bis hochrot; **Kelchröhre** 6–12 mm lang, dicht anliegend behaart, grün bis rosa

Kronblätter nicht vorhanden

Staubblätter 8, in 2 Kreisen angeordnet, nicht aus der Kelchröhre herausragend

Fruchtknoten oberständig, behaart, **Griffel** klein oder fehlend, mit napfförmiger **Narbe**

Abb. 537 ▶
Oben:
Beblätterte Zweige mit endständigen Blütenständen
Mitte und links unten:
Vielblütige Dolden
(Breite 3 cm)
Rechts unten:
Längsschnitt durch Blüte
(7 mm)

F	R	N	H	D	L	T	K	W	A	B	C	E	G
1	5	2	3	3	4	5	5	z	5–6	I/II	–	–	–

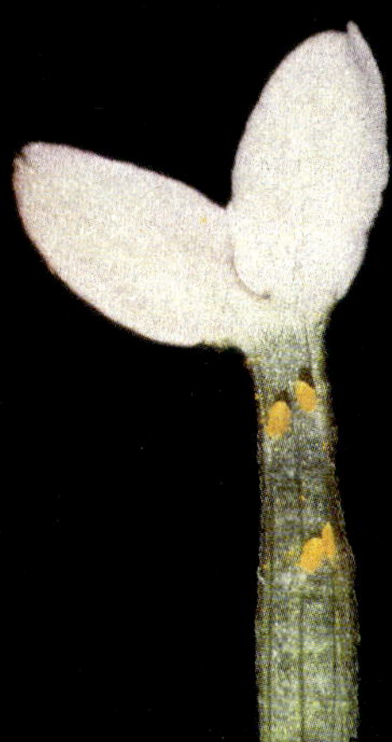

Dáphne lauréola L.	**Daphné lauréole**	**Thymelaeáceae**
	Dafne laurella	**Seidelbastgewächse**
Lorbeer-Seidelbast	**Spurge laurel**	**Seite 91**

Verbreitung: West- und südeuropäische Pflanze
Standort: Kollin und montan; auf ziemlich trockenen, nährstoffreichen, meist kalkhaltigen, mittel- bis flachgründigen, meist steinigen Böden in wärmeren, wintermilden und nicht zu trockenen Lagen; in warmen Buchenwäldern, im sonnigen Eichen-Gebüsch; Halbschatt-Lichtpflanze
Strauchhöhe: Bis 1,2 m hoher Strauch

▲ Abb. 538
In den Achseln mehrjähriger Blätter vielblütige, überhängende Trauben

Blüten kaum duftend, kurz gestielt, zu 3–8 in blattachselständigen, mehr oder weniger überhängenden, 6–8 cm langen **Trauben**

Kelchzipfel stumpf-eiförmig bis dreieckig, gelbgrün bis grün

Kronblätter nicht vorhanden

Staubblätter 8, in 2 Kreisen angeordnet, aus der Kelchröhre herausragend

Fruchtknoten oberständig, kahl; **Griffel** kurz, mit napfförmiger **Narbe**

Abb. 539 ▶
Oben:
In den Achseln mehrjähriger Blätter reichblütige Trauben (7 cm)
Mitte:
Aufsicht auf Blüten (5 mm)
Links unten:
Längsschnitt durch Blüte (11 mm)
Rechts unten:
Seitenansicht:
Teil einer Traube

F	R	N	H	D	L	T	K	W	A	B	C	E	G
2	4	2	3	3	2	4	2	i	3–5	II	–	–	–

Loiseleúria procúmbens (L.) Desv. | **Azalée des Alpes** | **Ericáceae**
Azálea procúmbens L. | **Bosso alpino** | **Heidekrautgewächse**
Alpen-Azalee, Gems-Heide | **Trailing Azalea** | **Seite 76**

Verbreitung: Eurosibirisch-nordamerikanische Pflanze
Standort: Alpin und subalpin; auf frischen, stets sauren, nährstoffarmen, meist flachgründigen Steinböden; auf Moränen, Blockschutt, Felsen, an windexponierten Gratlagen, in Zwergstrauchgesellschaften; Rohhumus-Bildner; Lichtpflanze
Strauchhöhe: Niederliegender, teppichbildender Zwergstrauch (Spalierstrauch 15–40 cm lang)

▲ Abb. 540
Am Ende beblätterter Triebe wenigblütige Doldentrauben

Blüten lang gestielt, zu 2–5 (–7) in endständigen, **doldentraubigen** Blütenständen; Blütenstiele am Grunde mit 2 Vorblättern

Kelchblätter tief 5spaltig, eilanzettlich, stumpf oder zugespitzt, an der Basis gelbgrün, im oberen Teil intensiv dunkelrot

Kronblätter tief 5 (4–6)spaltig, rosa, auf der Rückseite im oberen Teil dunkelrosa gefleckt

Staubblätter 5, etwas kleiner als die Kronblätter; Antheren dunkelpurpurn, später weisslich bis hellgelb

Fruchtknoten oberständig; Griffel lang, mit kopfiger Narbe

Abb. 541 ▶
Oben und links, oberhalb Mitte: An belätterten Trieben aufrechte oder abstehende Blütenstände (1–2 cm)
Rechts, oberhalb Mitte: 4teiliger Blütenstand (1,5 cm)
Links, unterhalb Mitte: Längsschnitt durch 2 Blüten (7 mm)
Rechts, unterhalb Mitte: Rückseite: Blüten mit 5/6 Kronblättern
Unten: Aufsicht auf Blüten mit verschiedener Kronblattzahl

F	R	N	H	D	L	T	K	W	A	B	C	E	G
2	2	1	4	3	5	1	4	z	6–7	I/II	–	–	–

Vaccínium myrtíllus L. | **Myrtille** | **Ericáceae**
Mirtillo nero | **Heidekrautgewächse**
Heidelbeere | **Whortleberry, blue berry** | **Seite 91**

Verbreitung: Eurosibirische Pflanze
Standort: Kollin, montan und subalpin; auf nährstoffarmen, frischen bis feuchten, lockeren, sauer-humosen Böden in humiden Lagen; Bestände bildend in artenarmen Laub- und Nadelwäldern, auf mageren Weiden; in der kollinen Stufe in Mooren und auf versauerten Waldböden; Halbschattpflanze
Strauchhöhe: Bis 50 cm hoher Strauch; Triebe kriechend, Äste aufgerichtet

▲ Abb. 542
Blühende V. myrtíllus zusammen mit Juníperus nana

Blüten einzeln, in den Blattachseln, mit kurzem, meist nach unten gekrümmten Stiel

Kelchblätter grün, mit dem Fruchtknoten verwachsen, einen kurzen und breiten Saum bildend oder undeutlich 5lappig

Kronblätter kugelig-krugförmig, meist 5 (seltener 4 oder 6)zipflig, grün bis rötlich gefärbt; Zipfel 0,5–1,5 mm lang, nach aussen eingerollt

Staubblätter 8 (seltener 10), in der Krone eingeschlossen, kürzer als der Griffel, mit verbreiteter Basis; Antheren gelbbraun, mit aufwärts gerichteten und gespornten Anhängseln

Fruchtknoten unterständig; Griffel säulenförmig, länger als die Staubblätter

Abb. 543 ▶
Oben und links und rechts Mitte: Seitenansicht verschiedenfarbiger Blüten (4–5 mm)
Mitte: Aufsicht auf 2 Blüten (6/5teilig) und Querschnitt (Durchmesser 5 mm)
Unten: Längsschnitte durch 3 verschieden geformte und gefärbte Blüten (6 mm)

F	R	N	H	D	L	T	K	W	A	B	C	E	G
3	1	2	5	4	2	3	3	z	6	I/II	–	–	–

Verbreitung: Eurosibirisch-nordamerikanische Pflanze
Standort: Kollin, montan, seltener subalpin; auf frischen bis nassen, nährstoff- und basenarmen, sauer-humosen Stein- und Torfböden; in moorigen Wäldern und Gebüschen, Kiefern- und Birkenmooren, im Legföhren- und subalpinen Zwergstrauch-Gebüsch; Halbschatt-Lichtpflanze
Strauchhöhe: Bis 50 cm hohes Sträuchlein

▲ Abb. 544
An seitenständigen Zweigen einzeln oder zu 2–4traubig angeordnete und hängende Blüten

Blüten 3–10 mm lang gestielt, einzeln oder zu 2–4-traubig angeordnet, an den Enden kurzer, seitenständiger Zweige
Kelchblätter mit dem Fruchtknoten verwachsen; **Kelchzipfel** 4–6, stumpf-dreieckig, etwa einen Drittel der Kronblätter erreichend, im unteren Teil grünlich, im oberen Abschnitt rötlich
Kronblätter eikrugförmig, mit 4–6 (meist 5) kurzen, rundlichen, zurückgekrümmten, weissen und meist rötlich überlaufenen Zipfeln
Staubblätter 8 (–10), in der Krone eingeschlossen, kürzer als der Griffel, mit verbreiterter Basis; Antheren dunkelgelb, mit seitlich abstehenden oder aufgerichteten und gespornten Anhängseln
Fruchtknoten mehr oder weniger unterständig; Griffel länger als die Staubblätter, stabförmig

Abb. 545 ▶
Oben:
Blüten zu 2–4 am Ende seitenständiger Triebe (4–6 mm)
Mitte:
Aufsicht auf Blüten mit 4–6 Kronzipfeln (Durchmesser 4/5 mm)
Links und rechts unten:
Längsschnitt
Unten, Mitte: Querschnitt

F	R	N	H	D	L	T	K	W	A	B	C	E	G
5	1	2	5	5	3	3	2	z	5–6	I/II	–	–	–

Vaccínium vítis-idaéa L.

Preiselbeere

Airelle rouge
Mirtillo rosso
Cow berry, mountain cranberry

Ericáceae
Heidekrautgewächse
Seite 92

Verbreitung: Eurosibirisch-nordamerikanische Pflanze
Standort: Montan, subalpin und alpin; seltener kollin; auf trockenen bis frischen, nährstoff- und basenarmen, sauer-humosen, sändigen bis steinigen, lange mit Schnee bedeckten Böden; meist auf Rohhumus in lichten Fichten-, Arven-Lärchenwäldern, Wacholdergebüschen und Zwergstrauchgesellschaften; Halbschattpflanze
Strauchhöhe: Bis 30 cm hohes Sträuchlein

▲ Abb. 546
Reichblütige, stark überhängende Trauben

Blüten gestielt, in wenig- bis vielblütigen, hängenden **Trauben**

Kelchblätter 5, im unteren Bereich miteinander verwachsen; **Kelchzipfel** spitz-dreieckig, bräunlich, im oberen Teil rötlich

Kronblätter 5, bis zur Hälfte 5 (4)spaltig, 8–10 mm lang, weisslich, meist rötlich überlaufen, oben offen, mit 4–5 zurückgekrümmten Lappen

Staubblätter 10 (8), kürzer als der Griffel, am Grunde behaart und mit etwas verbreiteter Basis; Antheren dunkelgelb, zweispitzig, ohne besondere Anhängsel

Fruchtknoten mehr oder weniger unterständig; Griffel länger als die Staubblätter, stabförmig

Abb. 547 ▶
Oben:
Blütenstände, Seitenansicht (2–4 cm)
Mitte:
Aufsicht auf geschlossene und weit geöffnete (Durchmesser 3–5 mm) Blüten
Unten:
Einzelblüte: Seitenansicht (7 mm) Querschnitt, Längsschnitt

F	R	N	H	D	L	T	K	W	A	B	C	E	G
3w	2	2	4	4	3	2	3	z	5–6	II	–	–	–

Callúna vulgáris (L.) Hull	**Callune, Fausse bruyère**	**Ericáceae**
Eríca vulgáris L.	**Brughiera**	**Heidekrautgewächse**
Besenheide	**Common heather**	**Seite 93**

Verbreitung: Europäische Pflanze
Standort: Kollin, montan, subalpin und alpin; in Zwergstrauchgesellschaften, mageren Weiden, lichten und trockenen Wäldern, Sanddünen und Mooren; Halbschatt-Lichtpflanze; Bestände bildend
Strauchhöhe: Bis 80 cm (1 m) hoher Zwergstrauch

▲ Abb. 548
Reichblütige, aufrechte Trauben

Blüten abstehend oder nickend, kurz gestielt, in dicht- und reichblütigen, meist einseitswendigen, 5–20 cm langen, aufrechten oder abstehenden **Trauben;** am Rande mit häutigen und gefransten, ca. 1,5 mm langen Hochblättern, die einen Aussenkelch bilden

Kelchblätter 4, oval, 4–6 mm lang, violettrosa, länger als die Kronblätter

Krone tief 4lappig, 2–3 mm lang, rosa, mit zugespitzten Lappen

Staubblätter 8; am Grunde mit je 2 gezähnten Anhängseln

Fruchtknoten oberständig; **Griffel** die Staubblätter überragend, mit 4höckeriger **Nabe**

Abb. 549 ▶
Oben: Ausschnitt aus einem reichblütigen Zwergstrauch
Mitte und links unten: Teile traubiger Blütenstände mit meist abstehenden Blüten (3/2 cm)
Rechts unten: Längsschnitt durch 2 Blüten (4 mm)

F	R	N	H	D	L	T	K	W	A	B	C	E	G
3	1	1	5	4	3	3	3	z	6-10	II	+	+	–

Eríca herbácea L. E. cárnea L. Schnee-Heide, Frühlings-Heide	Bruyère des neiges Erica carnicina Spring heath	Ericáceae Heidekrautgewächse Seite 94

Verbreitung: Mittel- und südeuropäische Gebirgspflanze
Standort: Montan und subalpin, seltener kollin und alpin; auf trockenen, kalkhaltigen, sandigen bis steinigen Böden; in Kiefern- und Bergföhrenwäldern, auf sonnigen und warmen Hügeln, Heidewiesen; Halbschatt-Lichtpflanze
Strauchhöhe: Bis 30 cm (seltener 80 cm) hoher Strauch mit bogig aufsteigenden Zweigen

▲ Abb. 550
Über Kalkfelsen hinunterwachsende reichblütige Zweige

Blüten gestielt, in vielblütigen, meist einseitswendigen, 2–5 cm langen Trauben

Kelchblätter 4, hellrosa 2–3 mm lang, trockenhäutig

Kronblätter miteinander verwachsen, purpurn, 4–6 mm lang, an der Spitze mit 4 aufgerichteten oder leicht abstehenden Zipfeln

Staubblätter 8, kurz zweispitzig, mit den dunkelbraunen Antheren aus der Röhre hervortretend

Fruchtknoten oberständig, rotbraun, **Griffel** rötlich bis weiss

Abb. 551 ▶
Oben und links Mitte: Einseitswendige Blütenstände/Teilblütenstand (links, Mitte)
Rechts, Mitte: Verschiedenaltrige Blüten (4/6 mm)
Unten: Längsschnitt durch junge/ältere Blüte (5/6 mm)

F	R	N	H	D	L	T	K	W	A	B	C	E	G
2	4	2	4	3	3	3	4	z	12-4	II	+	+	–

Eríca vágans L. | **Bruyère vagabonde** | **Ericáceae**
Scopa | **Heidekrautgewächse**
Wander-Heide, Wander-Erika | **Cornish heath** | **Seite 94**

Verbreitung: Westeuropäische Pflanze
Standort: Kollin, auf kalkfreien Böden in milden Regionen; an Waldrändern und an buschigen Hängen; Lichtpflanze
Strauchhöhe: Niederliegender und stark verzweigter Zwergstrauch (0,4–0,8 m hoch)

▲ Abb. 552
Ausschnitt aus einem stark verzweigten und reichblütigen Zwergstrauch

Blüten in bis 16 cm langen, vielblütigen, allseitswendigen **Trauben;** Blütenstiele 2–3mal so lang wie die Krone

Kelchblätter 4, grünlich bis rötlich, spitz-eiförmig

Krone eiförmig bis kugelig, 3–4 mm im Durchmesser, 2–3mal so lang wie die Kelchblätter, rosa, mit 4 aufgerichteten Zipfeln

Staubblätter 8, weit aus der Krone herausragend; keine Anhängsel vorhanden; Antheren dunkelpurpurn

Fruchtknoten oberständig, dunkelrot; Griffel stabförmig, rot, die Staubblätter überragend

Abb. 553 ▶
Oben:
Ausschnitte aus vielblütigen Trauben (4/5 cm)
Mitte:
Aufsicht auf Einzelblüte (Durchmesser 4 mm)
Links unten:
Verschiedenaltrige Blüten (4/2 mm)
Rechts unten:
Längsschnitt durch Blüte (4 mm)

F	R	N	H	D	L	T	K	W	A	B	C	E	G
3	2	2	5	4	3	5	2	i	7–9	II	+	+	–

Eríca tetrálix L.	**Bruyère des marais**	**Ericáceae**
E. botulifórmis Salisb.	**Erica**	**Heidekrautgewächse**
Moor-Heide, Glocken-Heide	**Cross-leaved heath**	**Seite 95**

Verbreitung: Westeuropäische Pflanze
Standort: Montan; auf nassen, sauren und humosen Böden in Torfmooren, moorigen Wäldern und Heiden; Lichtpflanze
Strauchhöhe: Niederliegender Zwergstrauch; die dünnen Zweige bis 40 cm (seltener 70 cm) hoch

▲ Abb. 554
Einzelner Zwergstrauch mit 2 wenigblütigen Doldentrauben

Blüten in endständigen, 6–20blütigen **Doldentrauben;** Blütenstiele kürzer als die Krone, weiss behaart
Kelchblätter 4, etwa ein Drittel so lang wie die Kronblätter, behaart, grün; behaarte Vorblätter den Kelchblättern anliegend
Krone 6–7 mm lang, weiss und hellviolett, an der Spitze mit 4 breiten, kurzen und meist stumpfen Lappen
Staubblätter 8, in der Krone eingeschlossen; Antheren dunkelrot, mit geschwänzten Anhängseln
Fruchtknoten oberständig, breit zylindrisch, behaart; **Griffel** stabförmig, weiss oder rosa, länger als die Staubblätter

Abb. 555 ▶
Links oben: Doldentrauben mit hängenden Blüten (12 mm)
Oben Mitte: Quirlig angeordnete, lang behaarte Laubblätter (6 mm)
Rechts oben und links Mitte: Rück- und Vorderseite eines Blütenstandes
Rechte unter Hälfte und unten Mitte: Blütenaufsicht- und Querschnitt (Durchmesser 4 mm)
Links unten: Längsschnitt durch Blüte (8 mm)

F	R	N	H	D	L	T	K	W	A	B	C	E	G
4	1	2	5	5	4	3	1	z	6–9	II	+	+	–

Rhododéndron ferrugíneum L.	**Rhododendron ferrugineux**	**Ericáceae**
	Rododendro rosso	**Heidekrautgewächse**
Rostblättrige Alpenrose	**Rusty-leaved Alpenrose**	**Seite 96**

Verbreitung: Mittel- und südeuropäische Gebirgspflanze
Standort: Subalpin, seltener montan und alpin; auf frischen bis feuchten Böden mit mächtiger, saurer Rohhumusauflage; Licht-Halbschattpflanze
Strauchhöhe: Bis 1 m hoher Strauch mit dicht stehenden, aufrechten Ästen

▲Abb. 556
Ausschnitt aus einem reichverzweigten und stark blühenden Strauch

Blüten gestielt, in endständigen, 6–12 (20)blütigen **Doldentauben**

Kelch grünlich, undeutlich und unregelmäßig 5zipflig; Zipfel breiteiförmig, fein zugespitzt, bewimpert

Krone 10–15 mm lang, bis auf ½ 5teilig, meist dunkelrot, aussen mit gelblichen Kugeldrüsen, innen kurz und fein weiss behaart

Staubblätter 8 (–10), ungleich lang, im unteren Teil dicht weissfilzig, oben kahl

Fruchtknoten oberständig, breit-zylindrisch, grün; **Griffel** weiss oder rosa mit grünlicher Narbe

Abb. 557 ▶
Oben und links oberhalb Mitte: Doldentraubige Blütenstände (3–5 cm)
Mitte: Laubblatt Rück- und Vorderseite (2,5 cm)
Rechts, Mitte: Aufsicht auf 2 Blüten mit verschiedenartiger Kronzipfelzahl (8 mm)
Links, unterhalb Mitte: Blüte, Seitenansicht
Rechts, unterhalb Mitte: Querschnitt durch Blüte
Unten: Längsschnitte (1,5 cm)

F	R	N	H	D	L	T	K	W	A	B	C	E	G
3	2	2	5	4	3	2	2	i	5–6	II	+	–	+

Rhododéndron hirsútum L.	Rhododendron cilié	Ericáceae
	Rododendro irsuto	Heidekrautgewächse
Behaarte Alpenrose	Hairy Alpenrose	Seite 96

Verbreitung: Mittel- und Ostalpenpflanze
Standort: Subalpin, seltener montan und kollin; auf stets kalkhaltiger Unterlage im Geröll, auf Rohschutt, in Felsspalten in schattigen, lange schneebedeckten Lagen; Licht-Halbschattpflanze
Strauchhöhe: Bis 1 m hoher Strauch

▲ Abb. 558
Reichblütige Doldentrauben mit abstehenden oder nickenden Blüten

Blüten lang gestielt, in 3–10blütigen **Doldentrauben,** 10–15 mm lang

Kelch unregelmäßig 5zipflig; Zipfel lanzettlich bis breit-dreieckig, im oberen Bereich rötlich, lang behaart, 2–3 mm lang

Krone bis auf ½ 5teilig, 10–15 mm lang, hellrosa, aussen mit gelblichen Drüsenschuppen, innen kurz weiss behaart

Staubblätter 8 (–10), ungleich lang, im unteren Teil dicht weissfilzig, oben kahl

Fruchtknoten zylindrisch- bis eiförmig, grün, beschuppt; **Griffel** weiss oder rosa; **Narbe** grünlich, breit

Abb. 559 ▶
Links oben: Doldentraubiger Blütenstand (5 cm)
Rechts oben: Unregelmässige Kelchblätter und Seitenansicht
Unterhalb Mitte: Aufsicht auf Blüten mit verschiedenartiger Kronzipfelzahl (Durchmesser 1 cm)
Unten: Querschnitt durch Blüten mit 8/10 Staubblättern (Durchmesser 6 mm)

F	R	N	H	D	L	T	K	W	A	B	C	E	G
3w	4	2	5	4	3	2	2	i	5–6	II	+	–	+

Andrómeda polifólia L.	**Andromède**	**Ericáceae**
	Andromeda	**Heidekrautgewächse**
Rosmarinheide	**Wild rosemary**	**Seite 97**

Verbreitung: Eurosibirisch-nordamerikanische Pflanze
Standort: Kollin, montan und subalpin; auf nährstoffarmen, nassen, sauren Böden; Charakterpflanze in den Sphagnum-Mooren besonders auf Bülten; Lichtpflanze
Strauchhöhe: Bis 30 cm hoher Strauch, mit weit in Hochmoorbülten kriechenden Trieben und wenig verzweigten Ästen

▲ Abb. 560
An kurzen, aufgerichteten und beblätterten Trieben wenigblütige Doldentrauben

Blüten lang gestielt, zu 2–10 (15) in endständigen **Doldentrauben**

Kelchblätter 5, miteinander verwachsen aber tief 5spaltig; Kelchzipfel eilanzettlich, zugespitzt, weiss und oft rötlich überlaufen

Krone 5teilig, eiförmig oder kugelig, 4–7 mm lang, blassrosa, mit 5 kurzen, auswärts gekrümmten Zipfeln

Staubblätter 10, behaart, in der Krone eingeschlossen, gegen unten verbreitert; Antheren an der Spitze mit fadenförmigen, aufwärts gerichteten Anhängseln

Fruchtknoten oberständig, zylindrisch; **Griffel** breit, stabförmig, mit braungrüner **Narbe,** die Staubblätter überragend

Abb. 561 ▶
Links oben: Seitenansicht Blütenstand (3 cm)
Rechts oben: Aufsicht auf reichblütige Doldentraube (Durchmesser 5 cm)
Mitte: Längsschnitt (7 mm)
Links unten: Querschnitt durch die Mitte der Blüte (8 mm)
Rechts unten: 2 Blüten mit weissem Kelch (3–4 mm); Kronblätter abgefallen

F	R	N	H	D	L	T	K	W	A	B	C	E	G
4	1	1	5	5	4	3	2	z	5–8	I/II	–	–	–

Arctostáphylos alpínus (L.) Spreng. **Busserole des Alpes** **Ericáceae**
Arctóus alpína (L.) Niedenzu. **Corbezzolo alpino** **Heidekrautgewächse**
Alpen-Bärentraube **Alpine bearberry** **Seite 97**

Verbreitung: Arktisch-alpine Pflanze
Standort: Subalpin und alpin; auf frischen bis feuchten, kalkhaltigen bis schwach sauren, steinigen bis humosen Böden; in Zwergstrauchheiden, Bergföhrenwäldern, im Gesteinsschutt, auf Felsen; Licht-Halbschattpflanze
Strauchhöhe: Bis 10 cm hoher, weit kriechender, teppichbildender Spalierstrauch

▲ Abb. 562
Zwischen Blättern hervorschauende, wenigblütige Traube

Blüten lang gestielt, in aufrechten oder nickenden, endständigen, 4–7blütigen **Trauben**
Kelch 5zipflig, grün mit weissem Saum, breit-dreieckig, zugespitzt, ¼–⅓ der Krone erreichend
Krone 5teilig, glockig, grünlichweiss, mit oft rosa, zurückgebogenen und weiss behaarten Zipfeln; **Kronröhre** mit enger Öffnung, im Innern reich behaart
Staubblätter 10, eingeschlossen, am Grunde verbreitert; Antheren mit Hörnern
Fruchtknoten oberständig, kugelig, grün; **Griffel** stabförmig mit rötlicher **Narbe**

Abb. 563 ▶
Oben: An beblätterten Trieben endständig angeordnete, mehrblütige Trauben (3–4 cm)
Links, oberhalb Mitte: Aufsicht auf Kronzipfel (Durchmesser 4 mm)
Rechts, oberhalb Mitte: Grüne und weiss gesäumte Kelchblätter (Durchmesser 5 mm)
Unterhalb Mitte: Längsschnitte (8 mm)
Links unten: Querschnitt durch glockige Blüte
Rechts unten: Laubblätter: Vorder- und Rückseite (2,5 cm)

F	R	N	H	D	L	T	K	W	A	B	C	E	G
3	3	2	5	3	3	2	2	z	5–6	Meist I	–	–	–

Arctostáphylos úva-úrsi (L.) Spreng. | **Busserole, Raisin d'ours com.** | **Ericác.**
Úva-úrsi procumbens Moench | **Uva d'orso, U. ursina** | **Heidekrautgew.**
Immergrüne Bärentraube | **Bearberry** | **Seite 98**

Verbreitung: Eurosibirisch-nordamerikanische Pflanze
Standort: Montan, subalpin und alpin, selten kollin; Pionierpflanze auf trockenen, sandigen, steinigen oder felsigen, kalkhaltigen bis sauren Rohböden in sonnigen Lagen; vorzugsweise in lichten Föhrenwäldern (ausgedehnte Teppiche bildend), über der Waldgrenze in Zwergstrauchbeständen; Halbschatt-Lichtpflanze
Strauchhöhe: Sparriger Spalierstrauch von höchstens 40 cm Höhe

▲ Abb. 564
Wenigblütige, hängende Trauben am Ende reich beblätterter Zweige

Blüten gestielt, zu 4–7 (3–12) in endständigen, aufrechten oder nickenden **Trauben; Blütenstiele** mit je einem kurz behaarten Tragblatt und 2 bewimperten Vorblättern

Kelch 5zipflig, weiss und oft rötlich überlaufen, dreieckig, meist abgerundet, etwa ¼–⅓ der Krone erreichend

Krone 5teilig, glockig, weiss, mit 5 sich stark überlappenden, rosa Zipfeln; **Kronröhre** mit enger Öffnung, im Innern reich behaart

Staubblätter 10, eingeschlossen, im unteren Drittel stark verdickt, am Grunde wieder verschmälert; **Antheren** mit langen Anhängseln

Fruchtknoten oberständig, kugelig bis eiförmig, grün; **Griffel** stabförmig mit grünlicher **Narbe**

Abb. 565 ▶
Oben:
Blütenstand: Aufsicht und Seitenansicht (3 cm)
Links Mitte:
Weisse und rötlich überlaufene Kelchblätter (Durchmesser 5 mm)
Links unten:
Längsschnitt (8 mm)
Rechte unter Hälfte:
Querschnitt durch glockige Blüte

F	R	N	H	D	L	T	K	W	A	B	C	E	G
2	3	2	3	3	3	2	4	z	4–5	II	–	+	–

Verbreitung: Nordeuropäische Pflanze
Standort: Kollin; besonders in Nordeuropa in Hoch- und Übergangsmooren; Halbschattpflanze
Strauchhöhe: Bis 1,5 m hoher Strauch mit aufrecht-abstehenden Zweigen

▲ Abb. 566
Aufrechte Doldentrauben am Ende beblätterter Triebe

Blüten sehr lang gestielt, meist aufrecht, in reichblütigen **Doldentrauben**

Kelch undeutlich 5zähnig, gelbgrün, mit weissem Saum, drüsig-klebrig

Kronblätter 5 (seltener 4–7), weiss, 6–8 (8–15) mm lang, verkehrteiförmig, stumpf, sternförmig ausgebreitet

Staubblätter 10 oder durch Verkümmern weniger länger als die Kronblätter, mit hellgelben **Antheren**

Fruchtknoten oberständig, eiförmig, grün, drüsig; **Griffel** schmal stabförmig mit hellgelber **Narbe**

Abb. 567 ▶
Oben:
Reichblütige, aufgerichtete Doldentrauben (4 cm)
Mitte und rechte untere Hälfte:
Blüten mit verschiedenartiger Kronblattzahl (Vorder- und Rückseite) (Durchmesser 10–15 mm)
Links unten:
Längsschnitt durch Blüte (8 mm)

F	R	N	H	D	L	T	K	W	A	B	C	E	G
4	1	1	5	5	4	3	2	i	5–6	I/II	–	–	–

Verbreitung: Südeuropäische-westasiatische Pflanze
Standort: Kollin; an felsigen (Kalk), südexponierten Hängen in lichten Wäldern und Gebüschen; häufig in Gärten angepflanzt; Lichtpflanze
Baum/Strauchhöhe: 2–8 m hoher Strauch oder kleiner Baum

▲ Abb. 568
Seitenständige Trauben an unbeblätterten Zweigen

Blüten vor den Blättern erscheinend, mit 1–2 cm langen, roten Stielen, zu 6–8 in seitenständigen **Trauben**

Kelch rötlich, unregelmäßig 5teilig

Krone rosa bis hellviolett, 1–2 cm lang, aus einem 2teiligen Schiffchen (miteinander nicht verwachsen) und 3 rundlichen Kronblättern bestehend

Staubblätter 10, miteinander nicht verwachsen, rosa, mit roten Antheren

Fruchtknoten oberständig, mit dem rötlichen **Griffel** und der rundlichen **Narbe** so lang wie die Staubblätter

Abb. 569 ▶
Links oben: An unbeblätterten Zweigen mehrblütige Trauben
Rechts oben: 7blütige Traube
Mitte, obere Hälfte: Aufsicht, Seitenansicht
Mitte, untere Hälfte und links unten: Längsschnitte
Rechts unten: Querschnitt (im Schiffchen 10 geschnittene Staubblätter und 1 Fruchtknoten)

F	R	N	H	D	L	T	K	W	A	B	C	E	G
2	4	2	3	2	3	5	2	p	4–5	II	+	–	–

Úlex europaéus L.	Ajonc d'Europe	Leguminósae
	Ginestrone	Hülsenfruchtgewächse
Europäischer Stechginster	Common gorse	Seite 100

Verbreitung: Westeuropäische Pflanze
Standort: Kollin, seltener montan; auf kalkarmen, sandigen, eher etwas sauren Böden in milden Lagen; an buschigen Hängen, in lichten Eichen- und Föhrenwäldern, auf Heiden; Lichtpflanze
Strauchhöhe: Bis 2 m hoher, stark verzweigter und sehr dorniger Strauch

▲ Abb. 570
Blüten besonders zahlreich am Ende aufrechter oder leicht abstehender Zweige

Blüten einzeln oder zu 2–3 an seitenständigen, reduzierten Kurztrieben; **Blütenstiele** 6–9 mm lang, dicht behaart

Kelch dicht abstehend behaart, etwa ½ so lang wie die goldgelbe Krone

Krone bis 2 cm lang; Schiffchen an der Naht behaart, Fahne und Flügel kahl

Fruchtknoten oberständig, behaart,mit langem, gekrümmtem Griffel und kugeliger **Narbe**

Abb. 571 ▶
Oben:
Reichblütige Zweige
Mitte:
Kurzgestielte Blüten mit stark behaarten Kelchblättern und behaarter Fruchtknoten
Unten:
Längsschnitt durch 2 Blüten

F	R	N	H	D	L	T	K	W	A	B	C	E	G
2	2	2	3	3	3	4	2	n	5–7	II	–	–	+

Genísta pilósa L. | **Genêt poilu** | **Leguminósae**
Ginestra tubercolosa | **Hülsenfruchtgewächse**
Sandginster, Behaarter Ginster | **Hairy greenweed** | **Seite 100**

Verbreitung: Westeuropäische Pflanze
Standort: Kollin, seltener montan; auf mageren, meist kalkarmen, sandigen und steinigen Böden in sonnigen Lagen; in Heiden, lichten Wäldern, auf Weiden, Felsen, an Waldrändern; Lichtpflanze
Strauchhöhe: Bis 40 cm hoher, dornenloser Strauch mit niederliegenden oder aufsteigenden Zweigen

▲ Abb. 572
Am Ende aufgerichteter Zweige Blüten gehäuft

Blüten gestielt, einzeln oder zu 2–3 in den Achseln von Blättern; an Zweigenden oft traubenförmig gehäuft

Kelch und Blütenstiele seidenhaarig; mit 2teiliger Oberlippe und 3spaltiger Unterlippe, grün

Krone goldgelb, bis 1,7 cm lang; Schiffchen fast gerade, vorn meist stumpf; Flügel und Fahne so lang oder kürzer als das Schiffchen

Staubblätter 10, miteinander verwachsen

Fruchtknoten oberständig, mit gegen die Fahne gerichtete Narbe

Abb. 573 ▶
Obere Hälfte: Ausschnitte aus reichblütigen Zweigen
Mitte, untere Hälfte: Gestielte Blüten einzeln und zu 2 in den Achseln von Blättern (Seitenansicht)
Links unten: Blüte seitlich (1 Teil des Schiffchens und 1 Flügel entfernt); Narbe deutlich gegen die Fahne gerichtet
Rechts unten: Aufsicht: Fahne, 2 Flügel, Schiffchen

F	R	N	H	D	L	T	K	W	A	B	C	E	G
2	2	2	3	3	4	4	2	z	5–7	II	–	+	–

Cýtisus purpúreus Scop. | **Cytise pourpré** | **Leguminósae**
Chamaecýtisus purpúreus (Scop.) Link. | **Citiso purpureo** | **Hülsenfruchtgew.**
Purpur-Geissklee, Purpurginster | **Purple broom** | **Seite 101**

Verbreitung: Südostalpen-Pflanze
Standort: Kollin und montan; auf trockenen, meist kalkhaltigen Böden in warmen Lagen; besonders in Buschweiden, an felsigen Hängen, lichten Wäldern; Lichtpflanze
Strauchhöhe: 10–30 cm hoher Strauch

▲ Abb. 574
Ausschnitt aus einem 30 cm hohen Strauch

Blüten sitzend oder kurz gestielt, einzeln oder zu 2–4 an seitenständigen Kurztrieben in den Blattachseln

Kelch 6–10 mm lang, röhrig, oben braunrot, unten grün, zerstreut behaart

Krone hell-karminrot bis rosa, 1–2 cm lang; Schiffchen, Fahne und Flügel im unteren Teil am Rande bewimpert

Staubblätter 10, miteinander verwachsen; Staubfadenröhre im unteren Teil behaart

Fruchtknoten oberständig, kahl

Abb. 575 ▶
Oben und Mitte:
Blüten einzeln oder zu mehreren an Kurztrieben
Links unten:
Einzelblüte mit ½ verdecktem Schiffchen, 2 sich überlappenden Flügeln und der grossen Fahne (Blüte 2 cm lang)
Rechts unten:
Längsschnitt: Staubblätter und Griffel am Ende gegen oben gebogen

F	R	N	H	D	L	T	K	W	A	B	C	E	G
2	3	2	3	3	3	4	3	n	6–7	II	–	–	–

Labúrnum alpínum Bercht. et J.S. Presl	**Cytise des Alpes**	**Leguminósae**
Cýtisus alpínus Mill.	**Maggiociondolo di montagna**	**Hülsfr.**
Alpen-Goldregen	**Scotch Laburnum**	**Seite 101**

Verbreitung: Mittel- und südeuropäische Gebirgspflanze
Standort: Kollin, montan, selten subalpin; auf steinigen, nicht zu trockenen Böden in warmen Lagen; in lichten Wäldern, an buschigen Hängen und Felsen, aber auch in stark schattenden Buchen- und Nadelwäldern der Südalpen; Halbschatt-Lichtpflanze; als Zierbaum gepflanzt
Baum/Strauchhöhe: Strauch, oder bis 4 m hoher Baum

▲ Abb. 576
Reichblütige, 20–30 cm lange und hängende Trauben

Blüten lang gestielt, zu 20–40 in bis 30 cm langen, hängenden **Trauben;** Blütenstandsstiele **deutlich abstehend behaart**

Kelch abstehend behaart, grünlich-gelb, mit 2 mehr oder weniger gleich langen Lippen

Krone bis 1,7 cm lang; Fahne ohne ausgeprägt braune Zeichnung am Grunde

Staubblätter 10, gegen das Ende zu nach oben gebogen

Fruchtknoten oberständig

Abb. 577 ▶
Oben:
Reichblütige Trauben
Links, oberhalb Mitte:
1 Schiffchen, 2 Flügel, 1 Fahne
Rechts, oberhalb Mitte:
Teil eines abstehend behaarten Blütenstandsstieles
Links, unterhalb Mitte und rechts unten:
Schiffchen mit schwach gewellter Oberkante
Rechts, unterhalb Mitte und links unten:
Längsschnitt durch 2 Blüten

F	R	N	H	D	L	T	K	W	A	B	C	E	G
3	3	3	3	2	3	3	3	p	6	II	+	–	–

Labúrnum anagyroídes Medik. **Cytise faux Ébénier** **Leguminósae**
Cýtisus labúrnum L. **Maggiociond. com.** **Hülsenfruchtgewächse**
Echter Goldregen **Golden chain, common Laburnum** **Seite 102**

Verbreitung: Mittel- und südeuropäische Gebirgspflanze
Standort: Kollin, montan, selten subalpin; auf steinigen, kalkreichen Böden an warmen Hängen, in lichten Wäldern, an Felsen; Zierpflanze seit ungefähr dem 16. Jahrhundert; Lichtpflanze; in allen Teilen sehr giftig!
Baum/Strauchhöhe: Strauch, oder bis 7 m hoher Baum

▲ Abb. 578
Ausschnitt aus einem 3 m hohen Strauch mit zahlreichen reichblütigen Trauben

Blüten lang gestielt, zu 10–40 in bis 30 cm langen, schlanken, zuerst aufrechten, später hängenden **Trauben;** Blütenstandsstiele **angedrückt behaart**

Kelch anliegend behaart, grünlichgelb, mit 2 Lippen (Oberlippe meist kürzer als die Unterlippe)

Krone bis 2 cm lang; Fahne meist mit ausgeprägter brauner Zeichnung am Grunde

Staubblätter 10, gegen das Ende zu nach oben gebogen

Fruchtknoten oberständig

Abb. 579 ▶
Oben:
Reichblütige Trauben
Links, oberhalb Mitte:
1 Schiffchen, 2 Flügel, 1 Fahne
Rechts, oberhalb Mitte:
Teil eines anliegend behaarten Blütenstandsstieles
Links, unterhalb Mitte und rechts unten:
Schiffchen mit am Ende deutlich nach oben gebogener Oberkante
Rechts, unterhalb Mitte und links unten:
Längsschnitt durch 2 Blüten

F	R	N	H	D	L	T	K	W	A	B	C	E	G
3	3	3	3	2	3	4	3	p	5–6	II	+	–	+

Verbreitung: Südeuropäische Pflanze
Standort: Kollin und montan; auf mehrheitlich trockenen Böden, in warmen, halbschattiigen Lagen; in Gebüschen, lichten Wäldern, an trockenen Kalkhängen; Lichtpflanze
Strauchhöhe: 5–50 cm hoher Strauch

▲Abb. 580
Überhängende, reichblütige Zweige eines 40 cm hohen Strauches

Blüten zu 2–3 (seltener einzeln) in 2–5 cm lang gestielten, blattachselständigen, meist nickenden Dolden

Kelch schief glockenförmig, olivgrün und oft etwas gerötet, mit kurzen, dreieckigen, freien Zähnen

Krone gelb, bis 2 cm lang; Schiffchen an seinem Ende stark aufwärts gekrümmt, mit langem und stumpfem Schnabel

Staubblätter 10

Fruchtknoten oberständig

Abb. 581 ▶
Obere Hälfte und links, unterhalb Mitte: Blüten einzeln oder zu 2–3 in langgestielten Dolden (2–5 cm)
Rechts, unterhalb Mitte: Blüte ohne vorderen Flügel (1,5 cm)
Unten: Längsschnitte: deutlich gebogene Staubblätter und Fruchtknoten im vorderen Abschnitt (2 cm)

F	R	N	H	D	L	T	K	W	A	B	C	E	G
2	4	2	3	3	3	4	4	n	5–7	II	–	–	–

Verbreitung: Ursprünglich eine nordamerikanische Pflanze; heute auf der ganzen Erde eingeführt
Standort: Kollin, seltener montan; auf trockenen, sandigen Böden in mehrheitlich milden Lagen; in lichten Wäldern, an Dämmen und auf Schuttplätzen
Baumhöhe: Bis 25 m hoher Baum

▲ Abb. 582
Reichblütige und hängende Trauben zusammen mit den unpaarig gefiederten Blättern

Blüten lang gestielt, zu 15–30 in bis 20 cm langen, meist hängenden **Trauben**

Kelch glockig, hellgrün, schwach behaart, mit kurzen, spitzen Zähnen

Krone weiss, bis 2 cm lang, stark duftend, mit gelber Zeichnung auf der Fahne

Staubblätter 10

Fruchtknoten oberständig

Abb. 583 ▶
Oben:
Reichblütige Trauben (15 cm)
Mitte, obere Hälfte:
1 Schiffchen mit Kelch, 2 Flügel, Fahne
Mitte, untere Hälfte:
Aufsicht und Seitenansicht (1,8 cm)
Unten:
Längsschnitt: Blüte mit kompletter und z. T. geschnittener Staubblattröhre (Fruchtknoten sichtbar)

F	R	N	H	D	L	T	K	W	A	B	C	E	G
2	3	4	3	3	3	4	2	p	5	II	+	–	+

Clématis alpína (L.) Mill. | **Clématite des alpes** | **Ranunculáceae**
Atrágene alpína L. | **Clematide alpina** | **Hahnenfussgewächse**
Alpenrebe | **Alpine Clematis** | **Seite 103**

Verbreitung: Mittel- und südeuropäische Gebirgspflanze
Standort: Subalpin, seltener montan und alpin; auf trockenen bis feuchteren, basischen bis sauren Böden mit Rohhumusauflage; in Schutthalden, Gebüschen (zusammen mit Alpenrosen), lichten, strauchreichen Nadelwäldern, schattigen Schluchten und auf Felsen; Halbschatt-Lichtpflanze
Strauchhöhe: Bis 2 m (seltener 3 m) langer und kletternder Schlingstrauch

▲ Abb. 584
Ausschnitt aus einem reichblütigen, 1,5 m hohen Schlingstrauch

Blüten lang gestielt, einzeln in den Blattachseln, nickend, 3–5 cm lang

Perianth (= Blütenhülle) aus 4 (–8) lanzettlichen bis spatelförmigen, meist zugespitzten, 3–4,5 cm langen, etwas abstehenden, am Rande oft etwas filzigen, violetten bis hellblauen Perigonblättern

Honigblätter 10–12 (–20), spatelförmig, höchstens ½ so lang wie die Perigonblätter, weiss

Staubblätter zahlreich; Staubfäden zerstreut behaart oder kahl

Fruchtknoten oberständig, in grosser Zahl vorhanden, mit abstehend behaarten **Griffeln**

Abb. 585 ▶
Mitte und oben: Seitenansicht langgestielter und nickender Blüten (3–6 cm)
Unten: Längs- und Querschnitt durch Blüten: violette Perigonblätter, weissliche Honigblätter und zahlreiche Staub- und Fruchtblätter (Durchmesser der Blüte: Bis 6 cm)

F	R	N	H	D	L	T	K	W	A	B	C	E	G
3	3	2	4	3	3	2	3	p	5–7	II	–	–	–

Verbreitung: Europäische Pflanze
Standort: Kollin, montan, seltener subalpin; auf frischen, nährstoffreichen Böden; in Auenwäldern, Waldschlägen, Gebüschen, Hecken, an Waldrändern; Stickstoffzeiger; Linkswinder; Halbschatt-Lichtpflanze
Strauchhöhe: Bis 8 m hoch windender und kletternder Strauch

▲ Abb. 586
Am Haselstrauch kletternder, reichblütiger Zweig

Blüten langgestielt, in reichblütigen, seiten- und endständigen **Rispen**

Perianth (= Blütenhülle) aus 4 (5) ovalen, bis 1,5 cm langen, abstehenden oder zurückgebogenen, weisslichen und unterseits grünlichen, dicht flaumig behaarten Perigonblättern

Honigblätter keine

Staubblätter zahlreich; Staubfäden kahl

Fruchtknoten oberständig, in grosser Zahl vorhanden, mit abstehend behaarten **Griffeln**

Abb. 587 ▶
Oben und links oberhalb Mitte: Blüten mit abstehenden Perigonblättern in abstehenden Rispen
Rechts, oberhalb Mitte: Aufsicht auf Zentrum der Blüte
Links, unterhalb Mitte und rechts unten: Längsschnitt durch Blüte
Links unten: Blüten mit 4 und 5 Perigonblättern (Rückseite)

F	R	N	H	D	L	T	K	W	A	B	C	E	G
3	4	3	3	4	3	3	2	p	6–8	II	–	–	+

Liriodéndron tulipífera L. | **Tulipier** | **Magnoliáceae**
Liriodendro | **Magnoliengewächse**
Tulpenbaum | **Tulip tree** | **Seite 104**

Verbreitung: Nordamerikanische Pflanze; aus den östlichen und südlichen Staaten der USA
Standort: Kollin; als Waldbaum selten –, als Parkbaum häufiger angepflanzt; seit 1933 in Europa; Lichtpflanze
Baumhöhe: Bis 40 m hoher Baum

▲ Abb. 588
Grosse, endständige, tulpenförmige Blüten mit abstehenden oder zurückgeschlagenen Kelchblättern

Blüten einzeln, endständig, 4–7 cm lang, tulpenähnlich, aufrecht

Perianth (= Blütenhülle) aus 3 grünlichen, zurückgebogenen **Kelchblättern** und 6 (3 + 3) gelbgrünen oder schwefelgelben und orangerot gefleckten, aufgerichteten **Kronblättern**

Staubblätter zahlreich (etwa 30), so gross wie die Kronblätter, weisslich-gelb

Fruchtknoten zahlreich, zusammen einen bis 7,5 cm hohen Kegel bildend; Narben klein, hakig gebogen

Abb. 589 ▶
Oben und links Mitte: Seitenansicht und Aufsicht auf endständige Blüten (5–7 cm)
Rechts, oberhalb Mitte: 3 noch nicht zurückgekrümmte (5 cm) Kelchblätter
Rechts, unterhalb Mitte: Querschnitt durch Blüte mit Kronblätter, weisslich-gelben Staubblätter und Kegel (4 cm)
Unten: Längsschnitte durch Blüten (5 cm)

F	R	N	H	D	L	T	K	W	A	B	C	E	G
3	3	3	3	4	2	5	2	p	6–7	II	–	–	+

Magnólia × soulangiána Soul.-Bod.	**Magnolier**	**Magnoliáceae**
Tulpen-Magnolie	**Magnolia**	**Magnoliengewächse**
Garten-Magnolie	**Magnolia**	**Seite 105**

Verbreitung: Nordamerikanische Pflanze
Standort: Kollin; in Gärten und Parkanlagen angepflanzt
Baum/Strauchhöhe: Strauch, oder bis 15 m hoher Baum

▲ Abb. 590
10 m hoher Baum mit zahlreichen, aufrechten und tulpenähnlichen Blüten

Blüten einzeln, seiten- und endständig, 5–12 cm lang, tulpenähnlich, aufrecht

Perianth (= Blütenhülle) aus 9 (in 3 Kreisen) zuerst aufgerichteten, später abstehenden, bis 12 cm langen, weissen und aussen rosa gefärbten Perigonblättern

Staubblätter zahlreich (30 und mehr); kleiner als die Perigonblätter, weiss und rosa gefärbt

Fruchtknoten zahlreich, zusammen einen bis 5 cm hohen Kegel bildend; **Griffel** länger als beim Tulpenbaum, mit der Narbe hakig nach aussen gebogen

Abb. 591 ▶
Oben:
Oben und links Mitte:
Seiten- und endständige, aussen stark rosa gefärbte Blüten (5–12 cm)
Rechts, Mitte:
Aufsicht auf Zentrum der Blüte: Kegel doppelt so gross wie die Staubblätter
Unten:
Längsschnitte durch Blüten (Kegel: 4 cm)

F	R	N	H	D	L	T	K	W	A	B	C	E	G
3	3	3	3	3	2	5	2	p	4–5	II	–	–	+

Verbreitung: Europäische Pflanze
Standort: Kollin, seltener montan; auf meist kalkhaltigen, flach- und tiefgründigen Böden in milden, sommerwarmen Lagen; an steilen Hängen, unter Felsen, in Laubmischwäldern, Gebüschen, Schluchten; Halbschatt-Schattpflanze; Tiefwurzler
Baumhöhe: Bis 30 m hoher Baum

▲ Abb. 592
An geneigten Zweigen wenigblütige, hängende Trugdolden

Blüten gestielt, zu 3–5 (–10) in einer **Trugdolde;** am Blütenstandstiel bis 8 cm langes und 1,5 cm breites, grünlichgelbes, häutiges, flügelartiges Hochblatt **(nie bis zum Grunde des Blütenstandstiels reichend)**

Kelchblätter 5, eiförmig; nach oben verschmälert, zugespitzt oder stumpf, 3 mm lang, am Rande und gegen die Spitze zu sammetig behart, im unteren Teil grün, nach oben gelblich-grün

Kronblätter 5, verkehrteilänglich, 3–8 mm lang, kahl, gelblichweiss, meist nach oben gewölbt

Staubblätter bis 30; Staminodien oft vorhanden

Fruchtknoten oberständig, kugelig, behart; **Griffel** stabförmig mit schwach gespreizten, gelblichen Narbenlappen

Abb. 593 ▶
Oben:
Obere Hälfte:
Langgestielte Trugdolden mit Hochblättern (Flügelblätter), (8–10 cm)
Mitte, untere Hälfte:
Blütenaufsicht- und Rückseite (1,5 cm)
Links unten:
Unterseite Laubblatt mit Büscheln rotbrauner Haare
Rechts unten:
Längsschnitt durch Blüte

F	R	N	H	D	L	T	K	W	A	B	C	E	G
2	3	2	3	2	2	4	3	p	7	II	+	–	–

Tília platyphýllos Scop.
T. grandifólia Ehrh. ex W.D.J. Koch
Sommer-Linde

Tilleul à grandes feuilles
Tiglio nostrano
Broad-leaved lime

Tiliáceae
Lindengewächse
Seite 106

Verbreitung: Mittel- und südeuropäische Pflanze
Standort: Kollin, seltener montan; auf meist kalkhaltigen, flach- und tiefgründigen Böden in milden, sommerwarmen Lagen; an steilen Hängen, unter Felsen, in Laubmischwäldern, Gebüschen, Schluchten, auf schattigen Geröllhalden; Schattpflanze; Tiefwurzler (Bodenfestiger)
Baumhöhe: Bis 40 m hoher Baum

▲ Abb. 594
An waagrecht abstehenden Zweigen wenigblütige, hängende Trugdolden

Blüten gestielt, zu 2–5 in einer **Trugdolde;** am Blütenstandstiel, bis 8 cm langes und 1,5 cm breites, grünlichgelbes, häutiges, flügelartiges Hochblatt

Kelchblätter 5, länglich-eiförmig, zugspitzt oder stumpf, 3–4 mm lang

Kronblätter 5, bis 8 mm lang, kahl, gelblichweiss,

Staubblätter 30–40, keine Staminodien vorhanden

Fruchtknoten oberständig, kugelig, dicht behaart

Abb. 595 ▶
Oben:
Hängende Blütenstände (6–10 cm)
Rechts oben und links, oberhalb Mitte:
Blütenstände mit Hochblättern, die bis an den Grund des Blütenstandstiels reichen (7 cm)
Rechts, oberhalb Mitte:
In den Innenwinkeln der Blattnerven Büschel weisser Haare; Nerven weich behaart
Unterhalb Mitte:
Blütenaufsicht- und Rückseite (Durchmesser 1,5 cm)
Unten:
Längsschnitt durch Blüte; Fruchtknoten dicht behaart (8 mm)

F	R	N	H	D	L	T	K	W	A	B	C	E	G
3	4	3	3	3	2	4	2	p	6	II	+	–	–

Prúnus tenélla Batsch
Amýgdalus nána L.
Zwerg-Mandel

Amandier nain de Géorgie
–
Russian almond

Rosáceae
Rosengewächse
Seite 107

Verbreitung: Südosteuropäische Pflanze
Standort: Kolline Stufe; auf flach- bis tiefgründigen Böden in sonnigen Lagen; in Trockenwiesen, besonders in eigentlichen Steppenwiesen, trockenen Laubgebüschen, an Hängen; durch Ausläufer sich ausbreitend; Lichtpflanze; heimisch in Südosteuropa; nördlich der Alpen hin und wieder in Gartenanlagen
Strauchhöhe: Bis 1,5 m hoher Strauch

▲ Abb. 596
Am beblätterten Zweigende gehäufte Blüten

Blüten mit den Blättern erscheinend, einzeln oder zu 2–3, sitzend, am Ende der Zweige gehäuft; Blütenbecher mit meist schmaler Mündung

Kelchblätter 5, miteinander verwachsen, grünlich bis bräunlich, mit 5 meist halbrunden Zipfeln

Kronblätter meist 5 (seltener 6), verkehrt-eiförmig, dunkelrosa, zur Blütezeit flach ausgebreitet

Staubblätter 20–30, 4–8 mm lang, weisslich bis rosa gefärbt, Antheren dunkelgelb

Fruchtknoten und **Griffel** (bis zur Hälfte) dicht sammethaarig

Abb. 597 ▶
Oben:
Blüten einzeln oder zu 2–3; am Zweigende gehäuft
Mitte:
Aufsicht auf 2 Blüten mit verschiedenartiger Kronblattzahl (6/5)
Unten:
Längsschnitte durch Blüten: Fruchtknoten und Griffel dicht, weiss und abstehend behaart

F	R	N	H	D	L	T	K	W	A	B	C	E	G
3	3	3	3	4	4	5	2	n	4–5	II	+	–	–

Prúnus pérsica (L.) Batsch	**Pêcher**	**Rosáceae**
Amýgdalus pérsica L.	**Pesco**	**Rosengewächse**
Pfirsichbaum	**Peach**	**Seite 107**

Verbreitung: Ursprünglich aus China, seit dem 5. Jahrhundert n. Chr. in Mitteleuropa angepflanzt und kultiviert
Standort: Kultiviert in vielen Sorten in Weinbaugebieten, kaum verwildert; liebt warme, trockene, nährstoff- und basenreiche, lockere, sandige Böden in sonnigen, kältegeschützten Lagen; Lichtpflanze
Baum/Strauchhöhe: Strauch, oder bis 8 m hoher Baum

▲ Abb. 598
Kurz vor der Blattentfaltung blühender Zweig (Blüten an Kurztrieben)

Blüten vor den Blättern erscheinend, meist einzeln; seltener zu Paaren, von Knospenschuppen umgeben, sitzend oder seltener kurz gestielt; Blütenbecher mit weiter Mündung

Kelchblätter 5, verkehrt-eiförmig, 6–8 mm lang, grünlich braun, ganzrandig, auf der Aussenseite weisslich behaart

Kronblätter 5, eiförmig, am Grunde keilförmig bis 2 cm lang, hellrosa, ganzrandig, mit gewelltem Rand

Staubblätter 20–30, weiss; junge Antheren rötlich

Fruchtknoten und **Griffel** bis zu seiner Hälfte sammethaarig (oft weniger stark behaart als bei der Zwerg-Mandel)

Abb. 599 ▶
Links oben: Dichtblütiger Endabschnitt eines Zweiges
Rechts oben und rechts unten: Blütenober- und Unterseite (Durchmesser 2,5 cm)
Rechts, Mitte: Längsschnitt durch Blüte (2 cm)
Links, untere Hälfte: Junge, noch geschlossene Blüten mit reichlich behaarten Kelchblättern (6–8 mm)

F	R	N	H	D	L	T	K	W	A	B	C	E	G
2	3	3	3	4	4	5	3	p	4	II	+	–	–

Prúnus armeníaca L. | **Abricotier** | **Rosáceae**
Armeníaca vulgáris Lam. | **Armellino** | **Rosengewächse**
Aprikose, Marille | **Common apricot** | **Seite 108**

Verbreitung: Wahrscheinlich eine ostasiatische Pflanze (China); seit der Antike in unseren Gebieten angepflanzt
Standort: Kultiviert in Weinbaugebieten, kaum verwildert; liebt warme, nährstoff- und basenreiche, tiefgründige Böden in sonnigen, kältegeschützten Lagen, Lichtpflanze
Baum/Strauchhöhe: Bis 4 m hoher Strauch oder kleiner Baum

▲ Abb. 600
Zweig mit zahlreichen Einzelblüten (Kronblätter weiss, Kelchblätter rot)

Blüten vor den Blättern erscheinend, meist einzeln, seltener zu Paaren, von Knospenschuppen umgeben, sitzend oder kurz gestielt; Blütenbecher mit weiter Öffnung

Kelchblätter 5, miteinander bis zur Hälfte verwachsen, rotbraun, 7–8 mm lang; Zipfel aufgerichtet, später zurückgeschlagen

Kronblätter 5, rundlich, 1–2 cm lang, weiss, aussen oft rötlich angelaufen, ganzrandig

Staubblätter 15–25, weiss; Antheren dunkel- bis hellgelb

Fruchtknoten und **Griffel** bis zu seiner Hälfte sammethaarig

Abb. 601 ►
Oben:
Blüten einzeln (seltener zu 3) an Kurztrieben
Links Mitte:
Junge, noch geschlossene Blüte mit bis zur Hälfte verwachsene Kelchblätter
Rechts, Mitte:
Aufsicht auf Blüte

F	R	N	H	D	L	T	K	W	A	B	C	E	G
2	3	3	3	4	4	5	2	p	4	II	+	–	–

Prúnus máhaleb L. | **Cerisier de Sainte-Lucie** | **Rosáceae**
Cérasus máhaleb (L.) Mill. | **Ciliegio canino** | **Rosengewächse**
Felsen-Kirsche, Steinweichsel | **Mahaleb cherry, Rockcherry** | **Seite 108**

Verbreitung: Südeuropäisch-südwestasiatische Pflanze
Standort: Kollin und montan; auf trockenen, meist kalkhaltigen, humosen Böden in warmen Lagen; an sonnigen, trockenen Felshängen, auf Buschweiden, in Hecken, Flaumeichen- und Föhrenwäldern; Licht- Halbschattholz
Baum/Strauchhöhe: Strauch, oder bis 12 m hoher Baum

▲ Abb. 602
Gegen den Boden zu geneigter Zweig mit zahlreichen, wenigblütigen Trauben

Blüten gestielt, mit den Blättern erscheinend, in kurzen, 4–10 blütigen, aufrechten oder abstehenden doldenförmigen **Trauben**

Kelchblätter 5, bis zur Hälfte verwachsen, grün; Zipfel eiförmig, stumpf oder spitzlich, ganzrandig, waagrecht abstehend oder zurückgeschlagen

Kronblätter 5, oval bis verkehrt-eiförmig, gegen den Grund zu keilig verschmälert, 5–8 mm lang, weiss, ganzrandig

Staubblätter, etwa 20, weiss; Atheren dunkelgelb

Fruchtknoten und **Griffel** kahl

Abb. 603 ▶
Oben und links oberhalb Mitte: 5–10blütige Trauben (3–5 cm)
Rechts, Mitte: Aufsicht auf Einzelblüte Durchmesser: 15 mm und Teil eines Blütenstandes
Links, Mitte und unten: Längsschnitt durch Blüten (10 mm)

F	R	N	H	D	L	T	K	W	A	B	C	E	G
1	4	2	3	4	4	5	3	p	4–5	II	+	–	–

Prúnus laurocérasus L. | **Laurier cerise** | **Rosáceae**
Cérasus laurocérasus (L.) Loisel. | **Lauroceraso** | **Rosengewächse**
Kirsch-Lorbeer | **Laurel** | **Seite 109**

Verbreitung: Ursprünglich eine südeuropäisch-südwestasiatische Pflanze
Standort: Kollin; in Gärten, Parkanlagen und auf Friedhöfen; liebt luftfeuchte, schattige, humose Standorte; Blätter giftig; Schattpflanze
Strauchhöhe: Bis 6 m hoher Strauch; Pflanze immergrün

▲ Abb. 604
Ausschnitt aus einem immergrünen Strauch mit aufrechten, 10–20 cm langen Trauben

Blüten sitzend oder kurz gestielt (2–4 mm); in aufrechten, 10–20 cm langen, reichblütigen **Trauben**

Kelch mit kreisförmigem und oben weit offenem Becher, gelblichgrün; Zipfel kurz, stumpf, aussen mit oftmals kleinen Höckern

Kronblätter 5, verkehrt-eiförmig bis rundlich, gegen den Grund zu verschmälert, 3–5 (–10) mm lang, weiss, ganzrandig oder in der oberen Hälfte ausgebissen gezähnelt

Staubblätter 15–20, weiss; Antheren hellgelb

Fruchtknoten und **Griffel** kahl

Abb. 605 ▶
Oben: Aufrechte Blütenstände (12–18 cm)
Mitte: Ausschnitte aus Blütenständen (Seitenansicht/Längsschnitt)
Links unten: Aufsicht auf Einzelblüte (Durchmesser 13 mm)
Rechts unten: Längsschnitt durch Blüte (11 mm)

F	R	N	H	D	L	T	K	W	A	B	C	E	G
3	3	3	3	4	3	5	2	i	4–5	II	+	–	+

Prúnus pádus L.	**Cerisier à grappes**	**Rosáceae**
Cérasus pádus (L.) Delarbre	**Pado**	**Rosengewächse**
Trauben-Kirsche	**Bird cherry**	**Seite 109**

Verbreitung: Eurasiatische Pflanze
Standort: Kollin und montan; auf tiefgründigen, nährstoffreichen, tonigen, humosen, vom Grundwasser beeinflusste Böden; in Auenwäldern, feuchten Gebüschen, Schluchten, Hecken, entlang von Flüssen, auf Flachmooren
Baum/Strauchhöhe: Strauch, oder bis 10 m hoher Baum

▲ Abb. 606
Reichblütige, meist abstehende Trauben

Blüten 10–15 mm lang gestielt, in abstehenden, meist aber hängenden, 8–15 cm langen, reichblütigen **Trauben**

Kelchblätter 5, bis über die Hälfte verwachsen, gelbgrün; Zipfel aussen kahl, innen etwas behaart, meist zurückgeschlagen

Kronblätter 5, verkehrt-eiförmig, gegen den Grund zu verschmälert, kurz genagelt, 5–10 mm lang, ganzrandig oder in der oberen Hälfte ausgebissen gezähnelt

Staubblätter etwa 20, weiss, Antheren hellgelb

Fruchtknoten und **Griffel** kahl

Abb. 607 ▶
Oben:
Abstehende und hängende Blütenstände (8–15 cm)
Mitte, obere Hälfte und linke untere Hälfte:
Aufsicht auf Teilblütenstand/Einzelblüten
Rechte untere Hälfte:
Längsschnitt durch 2 Blüten (16 mm)

F	R	N	H	D	L	T	K	W	A	B	C	E	G
4w	4	3	3	5	2	4	2	p	5	II	+	–	–

Prúnus ávium L.	**Cerisier, mérisier**	**Rosáceae**
Cérasus ávium (L.) Moench	**Ciliegio**	**Rosengewächse**
Kirschbaum	**Gean, Sweet cherry**	**Seite 110**

Verbreitung: Europäisch-westasiatische Pflanze; in zahlreichen Sorten kultiviert
Standort: Kollin; seltener montan; auf mittel- bis tiefgründigen, kalkhaltigen, lehmigen Böden; an Waldrändern, in Hecken, krautreichen Laub- und Nadel-Mischwäldern; Halbschattpflanze
Baumhöhe: Bis 25 m hoher Baum

▲ Abb. 608
Ausschnitt aus einem reichblütigen Baum

Blüten 3–5 cm lang gestielt, abstehend oder nikkend, einzeln, oder in **doldenförmigen Büscheln;** Blütenstiele kahl, am Grunde von Knospenschuppen umgeben **(ohne kleine Blätter)**

Kelchblätter 5, kahl, meist ganzrandig, stumpflich, zurückgeschlagen

Kronblätter 5, verkehrt-eiförmig bis fast kreisrund, kurz genagelt, meist ausgerandet, 1–1,5 cm lang, weiss

Staubblätter 15–25, so lang oder kürzer als die Kronblätter, weiss; Antheren hell- bis dunkelgelb

Fruchtknoten und **Griffel** kahl

Abb. 609 ▶
Obere Hälfte:
Aufgerichtete, abstehende oder nickende Blütenstände (4–6 cm)
Links, unterhalb Mitte:
Blüten mit zuerst aufgerichteten, später zurückgeschlagenen Kelchblättern (3–5 mm)
Rechts, unterhalb Mitte:
Aufsicht auf Blüte mit ausgebreiteten Kronblättern Durchmesser: 1–1,5 cm
Unten:
Längsschnitte durch junge und ältere Blüte (1,8 cm)

F	R	N	H	D	L	T	K	W	A	B	C	E	G
3	3	3	3	4	3	4	3	p	4–5	II	+	–	–

Prúnus cérasus L.
Cérasus vulgáris Mill.
Sauer-Kirsche, Weichsel-Kirsche

Cerisier aigre
Ciliegio canino
Sour cherry

Rosáceae
Rosengewächse
Seite 110

Verbreitung: Ursprünglich eine südwestasiatische Pflanze
Standort: Kollin und montan; liebt nährstoff- und basenreiche, lockere, sandige, Lehmböden; in wärmeren Gegenden als Hochstamm, Strauch oder Spalier angepflanzt; verwildert (nicht häufig) an sonnigen, oft felsigen Hängen, in Hecken, Weinbergen, lichten Eichenwäldern; schon durch die Römer angepflanzt
Baum/Strauchhöhe: Strauch, oder bis 10 m hoher Baum

▲ Abb. 610
Langgestielte, abstehende und nickende Blüten in doldenförmigem Büschel

Blüten 2–4 cm lang gestielt, abstehend oder nickend, einzeln oder in **doldenförmigen Büscheln;** Blütenstiele kahl, am Grunde von Kospenschuppen und **kleinen Blättern** umgeben (aus gleicher Knospe hervorbrechend)

Kelchblätter 5, kahl, zugespitzt oder stumpflich, besonders im oberen Teil gesägt, zurückgeschlagen

Kronblätter 5, breit, verkehrt-eiförmig bis fast kreisrund, kurz genagelt, kaum ausgerandet, 8–12 mm lang, weiss

Staubblätter 15–25, so lang oder kürzer als die Kronblätter, weiss; Antheren dunkelgelb

Fruchtknoten und **Griffel** kahl

Abb. 611 ▶
Oben und links Mitte: Langgestielte Blüten mit deutlich sichtbaren Blättchen am Grunde der Stiele
Rechts Mitte und links unten: Vorder- und Rückseite (Durchmesser der Blüten je 18 mm)
Rechts unten: Längsschnitt durch Blüte (14 mm)

F	R	N	H	D	L	T	K	W	A	B.	C	E	G
3	3	3	3	4	3	4	4	p	4–5	II	+	–	–

Prúnus spinósa L. | **Prunellier** | **Rosáceae**

Pruno selvatico | **Rosengewächse**

Schlehdorn, Schlehe | **Blackthorn, sloe** | **Seite 111**

Verbreitung: Europäisch-westasiatische Pflanze
Standort: Kollin und montan; auf ziemlich trockenen, oft flachgründigen, meist kalkhaltigen, nährstoffreichen Böden; als Strauchpionier auf verlassenen Äckern und Weiden, an sonnigen Fels- und Schutthängen, Waldrändern, Zäunen, zwischen Weinbergen, in Wiesen, Hecken, im Berberitzen- und Flaumeichengebüsch; Licht-Halbschattpflanze
Strauchhöhe: Bis 3 m hoher, dicht verzweigter, sparriger Strauch

▲ Abb. 612
Ausschnitt aus einem reichblütigen, noch unbeblätterten Strauch

Blüten vor den Blättern erscheinend, auf 4–10 mm langen und kahlen Stielen, in den dicht gedrängten Kurztrieben meist einzeln, aber auch zu 2–3

Kelchblätter 5, gelbgrün; Kelchzipfel schmal-eiförmig, stumpf oder zugespitzt, 2–4 mm lang, unregelmässig und fein gezähnt, auf der Aussenseite kahl, oben abgerundet

Kronblätter 5, verkehrt-eiförmig, kurz genagelt, 5–8 mm lang, weiss

Staubblätter etwa 20, weiss; Antheren gelb oder rot

Fruchtknoten und **Griffel** kahl

Abb. 613 ▶
Oben und Mitte: Blüten einzeln oder zu 2–3 an dicht gedrängten Kurztrieben; Antheren gelb oder rot
Unten: Aufsicht (Durchmesser 12 mm) und Längsschnitt (14 mm)

F	R	N	H	D	L	T	K	W	A	B	C	E	G
2	4	3	3	3	4	4	3	n	4–5	II	+	–	+

Prúnus doméstica L. ssp. doméstica
P. d. ssp. oeconómica (Borkh.) Schneid.
Zwetschgenbaum

Prunier domestique **Rosáceae**
Pruno **Rosengewächse**
Plum **Seite 111**

Verbreitung: Ursprünglich eine südwestasiatische Pflanze
Standort: Kollin, seltener montan; in vielen Sorten seit der Römerzeit kultiviert; verwildert; auf sickernassen, tiefgründigen und tonigen Böden; in Hecken, an Waldrändern
Baum/Strauchhöhe: Strauch oder bis 6 m hoher Baum

▲ Abb. 614
An Kurztrieben langgestielte Einzelblüten

Blüten lang gestielt, mit 5–20 mm langen Stielen, einzeln oder zu 2–3 an Kurztrieben

Kelchblätter 5, schmal-eiförmig, blaugrün bis grün, meist etwas behaart, mit vereinzelten Zähnchen an den Rändern, meist flach ausgebreitet

Kronblätter 5, länglich-eiförmig, 7–12 mm (–15 mm) lang, rein weiss oder grünlich-weiss

Staubblätter 15–20, weiss, so lang oder länger als die Kronblätter; Antheren dunkelgelb

Fruchtknoten und **Griffel** kahl

Abb. 615 ▶
Oben:
An beblätterten Kurztrieben langgestielte Blüten
Mitte:
Ober- und Unterseite zweier Blüten (Durchmesser: 18 mm)
Unten:
Längsschnitt durch jüngere und alte Blüten (15 mm)

F	R	N	H	D	L	T	K	W	A	B	C	E	G
4	3	3	3	5	3	4	3	p	4–5	II	+	–	–

Prúnus doméstica ssp. itálica (Borkh.) Gams
Reineclaude, Edelpflaume

Reine Claude
Regina claudia
Greengage

Rosáceae
Rosengewächse
Seite 112

Verbreitung: Wahrscheinlich erst im späteren Mittelalter gezüchtet
Standort: Kollin; in mehreren Sorten kultiviert und angepflanzt
Baum/Strauchhöhe: Strauch, oder bis 5 m hoher Baum

▲ Abb. 616
Aufrechter Zweig mit einzelnen oder zu zweit angeordneten Blüten an beblätterten Kurztrieben

Blüten lang gestielt, meist einzeln, seltener zu 2–3 an Kurztrieben

Kelchblätter 5, schmal-eiförmig, dunkelgrün, schwach gezähnelt, abgerundet, zurückgeschlagen

Kronblätter 5, eiförmig bis rundlich, 8–10 (–15) mm lang, weiss

Staubblätter 15–25, weiss, so lang oder kürzer als die Kronblätter; Antheren hell- bis dunkelgelb

Fruchtknoten und **Griffel** kahl

Abb. 617 ▶
Oben: Aufsicht und Seitenansicht auf langgestielte Blüten (20 mm)
Oberhalb Mitte: Aufsicht auf jüngere und ältere Blüte (Durchmesser: 20 mm)
Links, unterhalb Mitte: Deutlich gezähnelte Kelchblätter (5 mm)
Unten: Längsschnitt durch zwei Blüten: Kelch zurückgeschlagen und Griffel die Staubblätter überragend (8 mm)

F	R	N	H	D	L	T	K	W	A	B	C	E	G
4	3	3	3	5	3	4	3	p	4–5	II	+	–	–

Prúnus doméstica ssp. insitítia (L.) Schneid.
Pflaumenbaum

Cerisier à greffer
Prugnolo da siepe
Bullace plum

Rosáceae
Rosengewächse
Seite 112

Verbreitung: Ursprünglich eine südwestasiatische Pflanze
Standort: Kollin und montan; in mehreren Sorten kultiviert und angepflanzt; wenn verwildert, dann nur in wärmeren Gegenden
Baum/Strauchhöhe: Strauch, oder bis 6 m hoher Baum

▲ Abb. 618
An Kurztrieben Blüten einzeln oder zu 2–3 angeordnet

Blüten 10–25 mm lang gestielt, einzeln oder zu 2–3 an Kurztrieben; Blütenstiele abstehend behaart

Kelchblätter 5, eiförmig, oder dick-eiförmig, gelb- bis blaugrün, gezähnelt, abgerundet, abstehend oder zurückgeschlagen

Kronblätter 5, schmal- bis breit-eiförmig oder rundlich, 10–15 mm lang, weiss

Staubblätter 15–20, kürzer als die Kronblätter; Antheren hell- bis dunkelgelb

Fruchtknoten und **Griffel** kahl

Abb. 619 ▶
Links oben: Blüten an Kurztrieben einzeln
Rechts oben und rechts unten: Einzelblüte an Kurztrieb und deutlich behaarter Blütenstiel (12 mm)
Mitte: Blüten Vorder- und Rückseite (Durchmesser 25 mm)
Links unten: Längsschnitt durch Blüte: Kelchblätter (6 mm) zurückgeschlagen

F	R	N	H	D	L	T	K	W	A	B	C	E	G
3	3	3	3	4	4	4	3	p	4–5	II	+	–	–

Amelánchier ovális Medik. | **Néflier des rochers** | **Rosáceae**
Amelánchier vulgáris Moench | **Pero corvino** | **Rosengewächse**
Felsenmispel, Gemeine Felsenbirne | **Service-berry** | **Seite 113**

Verbreitung: Europäisch-südwestasiatische Gebirgspflanze
Standort: Kollin, montan und subalpin; auf flachgründigen, trockenen, meist kalkhaltigen Böden; an warmen, steilen Hängen, in Felsspalten, in felsigen Eichen-, Fichten- oder Kiefernwäldern, lichten Gebüschen, an Felssäumen, Pionierstrauch; Licht-Halbschattpflanze
Strauchhöhe: Bis 3 m hoher Strauch

▲ Abb. 620
Am Ende kurzer Seitentriebe mehrblütige, traubig-rispige Blütenstände

An der Spitze kurzer Seitentriebe gestielte **Blüten** zu 3–6 (2–10) in **traubig-rispigen** Blütenständen

Kelchblätter 5, bis 3 mm lang, weissfilzig behaart; Kelchzipfel rötlich angelaufen

Kronblätter 5, schmal-linear lanzettlich, 15–20 mm lang, vorn abgerundet, besonders am Grunde zottig behaart, weiss

Staubblätter 20, weiss; Antheren gelb

Fruchtknoten mit 5 **Griffeln**

Abb. 621 ►
Oben:
An der Spitze kurzer Seitentriebe mehrblütige und am Grund beblätterte Blütenstände (5 cm/4 cm)
Mitte und rechts unten: Aufsicht (Gesamte Blüte und Zentrum)
Durchmesser: 4 cm
Links unten:
Längsschnitt: Deutlich behaarter Blütenstiel und Kelch

F	R	N	H	D	L	T	K	W	A	B	C	E	G
2	4	2	2	×	4	3	3	n	4–5	II	+	–	+

Crataégus laevigáta (Poir.) DC. **Aubépine épineuse** **Rosáceae**
C. oxyacántha L. p. p. et auct. **Biancospino selvatico** **Rosengewächse**
Gemeiner Weissdorn, Zweigriffl. W. **English hawthorn** **Seite 113**

Verbreitung: Europäische Pflanze
Standort: Kollin und montan; auf feuchten bis trockenen, nährstoffreichen und basenreichen (auch kalkarmen), humosen Böden; an Waldrändern, Zäunen, in krautreichen Eichen- und Buchenwäldern, Waldlichtungen, Hecken, Gärten; Pionierpflanze; Tiefwurzler; Halbschatt-Lichtpflanze
Strauchhöhe: Bis 4 m hoher Strauch

▲Abb. 622
Blätter höchstens bis zur Blattmitte eingeschnitten; Kelch an der späteren Frucht bleibend

Blüten mit langen und kahlen Stielen, in meist aufrechten und vielblütigen **Trugdolden**

Kelchblätter 5, dreieckig, zugespitzt oder stumpf, kahl oder auf der Innenseite leicht behaart, an der Frucht erhalten bleibend, zurückgeschlagen

Kronblätter 5, rundlich, 5–8 mm lang, sehr kurz genagelt, kahl, weiss oder rosa

Staubblätter meist über 20, grünlich-weiss bis weiss; Antheren dunkelrosa, nach dem Stäuben gelbbraun

Fruchtknoten mit meist **2** (3) **Griffeln;** Narben tellerförmig

Abb. 623 ▶
Oben:
Teil einer vielblütigen Trugdolde
Mitte:
Aufsicht auf 2 Blüten (Durchmesser 14 mm)
Unten:
Längsschnitt durch 2 Blüten (12 mm); Zahl der Griffel 2

F	R	N	H	D	L	T	K	W	A	B	C	E	G
3	3	3	3	4	3	3	3	p	5	II	–	–	+

Crataégus monógyna Jacq.	Aubépine monogyne	Rosáceae
Méspilus monógyna All.	Biancospino comune	Rosengewächse
Eingriffliger Weissdorn	Single-seed hawthorn	Seite 114

Verbreitung: Europäisch-westasiatische Pflanze
Standort: Kollin und montan; auf meist trockenen (seltener frischen), basenreichen, lockeren Böden in wärmeren Lagen; an Waldrändern, Zäunen, in Hecken, Waldlichtungen, Gärten und Anlagen, Laubwäldern; Tiefwurzler, Licht-Halbschattpflanze
Strauchhöhe: Bis 5 m hoher Strauch

▲ Abb. 624
An reich beblätterten Zweigen aufrechte und vielblütige Trugdolden

Blüten lang gestielt, in meist aufrechten, reichblütigen **Trugdolden**

Kelchblätter 5, dreieckig und vorn meist abgerundet oder lanzettlich und zugespitzt, zurückgeschlagen

Kronblätter 5, rundlich, 5–6 mm lang, sehr kurz genagelt, kahl, weiss

Staubblätter meist 20; weiss; Antheren dunkelrosa, nach dem Stäuben gelbbraun

Fruchtknoten mit meist **1** (seltener 2) **Griffel;** Narben tellerförmig

Abb. 625 ▶
Obere Hälfte:
Vielblütige Trugdolden (Aufsicht/Seitenansicht)
Untere Hälfte:
Aufsicht auf eine jüngere und ältere Blüte (12 mm/9 mm)
Unten:
Längsschnitt durch 2 Blüten (10 mm);
Zahl der Griffel 1

F	R	N	H	D	L	T	K	W	A	B	C	E	G
3w	4	2	3	4	4	4	4	p	5–6	II	–	–	+

Cotoneáster integérrimus Medik. | **Cotonéaster commun** | **Rosáceae**
Echte Zwergmispel | **Cotognastro minore** | **Rosengewächse**
Gewöhnliche Zwergmispel | **Common Cotoneaster** | **Seite 114**

Verbreitung: Europäisch-südwestasiatische Pflanze
Standort: Montan, subalpin, seltener alpin; auf meist trockenen, flachgründigen, basenreichen (meist kalkhaltig), humus- und feinerdearmen Stein- und Felsböden in wärmeren Lagen; in Felsspalten, Wäldern, Gebüschen, Zwergstrauch-Beständen, an sonnigen Felshängen; Pionierstrauch; Lichtpflanze
Strauchhöhe: Bis 2 m hoher Strauch

▲Abb. 626
Beblätterte Zweige mit unscheinbaren, wenigblütigen Trugdolden

Blüten glockig, gestielt, einzeln oder zu 2–5 in hängenden **Trugdolden;** Blütenstiele grünlich bis braunrot, locker behaart

Kelchblätter 5, 3eckig, 1,5 –3 mm lang; grünlich bis braunrot, kahl; Kelchbecher kahl

Kronblätter rundlich, kurz genagelt, 3–6 mm lang, weiss oder rosa, die Kelchblätter meist überragend

Staubblätter 20, weiss; Antheren hell- bis dunkelgelb

Fruchtknoten mit 2 (seltener 4–5) **Griffeln**

Abb. 627 ▶
Oben und links Mitte: An beblätterten Zweigen mehrblütige Trugdolden (2–3 cm)
Rechts, Mitte: Aufsicht auf geschlossene, ½ geöffnete und geöffnete Blüten (Durchmesser: 6 mm)
Unten: Längsschnitte (8 mm)

F	R	N	H	D	L	T	K	W	A	B	C	E	G
1	4	2	2	2	4	3	3	n	5	I/II	+	+	+

Málus sylvéstris Mill.
Wilder Apfelbaum
Holzapfel

Pommier sauvage
Melo selvatico
Wild apple, crab apple

Rosáceae
Rosengewächse
Seite 115

Verbreitung: Europäisch-westasiatische Pflanze
Standort: Kollin und montan; nur zerstreut anzutreffen in lichten Laub- und Kiefernwäldern, Gebüschen, an Waldrändern, sonnigen, felsigen Abhängen, auf Felsschutt
Baum/Strauchhöhe: Strauch, oder bis 10 m hoher Baum

▲ Abb. 628
Aus mehrblütiger Doldentraube, Blüte (Aufsicht) mit deutlich in den Nagel verschmälerten Kronblättern

Blüten 1–25 cm lang gestielt, an den Enden von Kurztrieben in aufrechten **Doldentrauben**

Kelchblätter 5, dreieckig zugespitzt, 5–6 mm lang, grün, an der Spitze oft etwas bräunlich, auf der Innenseite filzig, abstehend oder zurückgeschlagen

Kronblätter 5, verkehrt-eiförmig, in den deutlichen Nagel verschmälert, 10–15 mm (2 cm) lang, innen weiss und oft etwas rosa überlaufen, aussen rosa bis dunkelrot

Staubblätter 10–20, weiss; Antheren gelb

Fruchtknoten mit meist 5 **Griffeln**

Abb. 629 ▶
Oben:
Seitenansicht auf aufrechte Doldentrauben mit mehrheitlich geschlossenen Blüten
Mitte und rechts unten:
Längsschitte durch ältere und jüngere Blüte (3 cm/2,5 cm)
Links unten:
Aufsicht auf Einzelblüte (Durchmesser: 4,5 cm)

F	R	N	H	D	L	T	K	W	A	B	C	E	G
3	4	3	3	3	3	4	3	p	5	II	+	–	–

Málus sylvéstris ssp. doméstica (Borkh.) Mansf. Apfelbaum	**Pommier Melo Apple-tree**	**Rosáceae Rosengewächse** **Seite 116**

Verbreitung: Europäisch-westasiatische Pflanze
Standort: Kollin und montan; in vielen Sorten kultiviert und angepflanzt
Baumhöhe: 5–10 m hoher Baum (als Spalierbaum auch kleiner)

▲ Abb. 630
An waagrecht abstehenden Zweigen reichblütige Doldentrauben

Blüten 1–3 cm lang gestielt, an den Enden von Kurztrieben, zu mehreren in aufrechten **Doldentrauben;** Blütenstiele filzig

Kelchblätter 5; Kelchbecher und Kelchzipfel grünlich bis bräunlich, filzig

Kronblätter verkehrt-eiförmig bis rundlich, deutlich genagelt, bis 25 mm lang, innen weiss, aussen rosa überlaufen

Staubblätter 10–20, weiss; Antheren gelb

Fruchtknoten mit 5 am Grunde oder bis zur Mitte miteinander verwachsenen **Griffeln**

Abb. 631 ▶
Oben:
Reichblütige Zweige
Links, Mitte:
Seitenansicht: Doldentraube mit geschlossenen Blüten (2 cm ohne Stiel)
Rechts, Mitte:
Aufsicht
(Durchmesser 4,5 cm)
Unten:
Längsschnitt: 5 Griffel miteinander bis zur Hälfte verwachsen

F	R	N	H	D	L	T	K	W	A	B	C	E	G
3	4	3	3	4	3	4	3	p	5	II	+	–	+

Pýrus commúnis var. satíva L. | Poirier | Rosáceae
P. doméstica Medik. non (L.) Ehrh. | Pero | Rosengewächse
Birnbaum | Pear-tree | Seite 116

Verbreitung: Europäisch-westasiatische Pflanze
Standort: Kollin und montan; auf frischen, nährstoff- und basenreichen, lockeren, tiefgründigen Böden in wintermilden Lagen; Tiefwurzler; Lichtholzart; seit der Antike in vielen Sorten gezüchtet; Lichtpflanze
Baum/Strauchhöhe: Strauch (besonders Spalierstrauch) oder bis 20 m hoher Baum

▲ Abb. 632
3–9blütige Doldentrauben an belaubten Kurztrieben; junge Staubbeutel intensiv rot

Blüten bis 3 cm lang gestielt, in 3–9blütigen **Doldentrauben** am Ende belaubter Kurztriebe

Kelchblätter 5, dreieckig, gelbgrün, abstehend, seltener leicht zurückgebogen

Kronblätter 5, breit-eiförmig bis rundlich, gegen den Grund zu in kurzen Nagel verschmälert, beiderseits weiss, bis 15 mm lang

Staubblätter 20–30, weiss; Antheren hell- bis dunkelrot

Fruchtknoten unterständig mit 5 freien, am Grunde oft behaarten **Griffeln;** diese so lang wie die Staubblätter

Abb. 633 ▶
Oben:
Am Ende beblätterter Kurztriebe Blüten zu 3–9 in Doldentrauben (10–15 cm)
Mitte:
Aufsicht: Jüngere Blüten mit roten Antheren (links); diese nach dem Verstäuben dunkelbraun bis schwärzlich (rechts) (Durchmesser: 30 mm)
Unten:
Längsschnitt durch 2 jüngere Blüten (14 mm, ohne Blütenstiel)

F	R	N	H	D	L	T	K	W	A	B	C	E	G
3	3	3	3	4	3	4	3	p	4–5	II	+	–	+

Pýrus nivális Jacq. | **Poirier de neige** | **Rosáceae**
Pero alpino | **Rosengewächse**
Schnee-Birne, Leder-Birne | **Snow pear** | **Seite 117**

Verbreitung: Europäisch-westasiatische Pflanze
Standort: Kollin und montan; selten; bevorzugt sonnige, ziemlich trockene Standorte; Lichtpflanze
Baumhöhe: Bis 10 (17) m hoher Baum

▲ Abb. 634
3–7blütige Doldentrauben an belaubten Kurztrieben; junge Staubbeutel intensiv rot

Blüten gestielt, zu 3–7 in **Doldentrauben,** am Ende belaubter Kurztriebe

Kelchblätter 5, dreieckig, gelbgrün, wie Kelchbecher dicht filzig behaart

Kronblätter 5, verkehrt eiförmig bis eiförmig, gegen den Grund zu in kurzen Nagel verschmälert, beiderseits weiss, 10–15 mm lang

Staubblätter 20–30, weiss; Antheren junger Blüten intensiv dunkelrot

Fruchtknoten unterständig, mit 5 freien **Griffeln,** diese so lang wie die Staubblätter

Abb. 635 ▶
Oben:
Aufsicht auf Teilblütenstand; junge Blüten mit intensiv rot gefärbten Antheren (8–15 cm)
Mitte:
Ältere Blüten; Vorder- und Rückseite (Durchmesser: 20 mm)
Unten:
Längsschnitt: Blüten mit zurückgeschlagenem Kelch (12 mm, ohne Blütenstiel)

F	R	N	H	D	L	T	K	W	A	B	C	E	G
2	3	3	3	3	4	4	3	p	4–5	II	+	–	–

Sórbus aucupária L.	**Sorbier des oiseleurs**	**Rosáceae**
Méspilus aucupária All.	**Sorbo degli uccellatori**	**Rosengewächse**
Gemeine Eberesche, Vogelbeerb.	**Mountain ash, rowan**	**Seite 117**

Verbreitung: Eurosibirische Pflanze
Standort: Montan und subalpin; in der kollinen Stufe oft angepflanzt; auf ziemlich trockenen bis feuchten, humosen, meist sauren Böden; in lichten Laub-, Fichten- und Arvenwäldern, Waldschlägen, im Grünerlen- und Legföhrengebüsch, auf Schutt, Hochmooren, an felsigen Hängen, Waldrändern; Licht-Halbschattpflanze
Baum/Strauchhöhe: Strauch, oder bis 16 m hoher Baum

▲ Abb. 636
Reichblütige Trugdolden; Laubblätter unpaarig gefiedert

Blüten gestielt, unangenehm riechend, in aufrechten, gewölbten, sehr grossen, endständigen, reichblütigen **Trugdolden**

Kelchblätter 5, dreieckig, grünlich, 1,5–2 mm lang, behaart oder kahl; Kelchbecher und Blütenstiel lokker filzig behaart

Kronblätter 5, rundlich oder breit-eiförmig, sehr kurz genagelt, weiss, 3–5 mm lang, oberseits über dem Nagel oft etwas behaart

Staubblätter etwa 20, weiss, so lang wie die Kronblätter; Antheren meist hellgelb

Fruchknoten unterständig, mit meist 3 (2–5) freien Griffeln; diese in der unteren Hälfte etwas behaart

Abb. 637 ▶
Oben:
Reichblütige Trugdolde und unpaarig gefiederte Laubblätter
Links, Mitte:
Teilblütenstand: Längsschnitt (4 cm)
Rechts, Mitte:
Längsschnitt: Blüte mit 5 Griffeln
Unten:
Vorder- und Rückseite (Durchmesser: 12 mm)

F	R	N	H	D	L	T	K	W	A	B	C	E	G
3	2	2	3	4	3	3	3	p	5	II	+	–	–

Sórbus chamaeméspilus (L.) Crantz | **Alisier nain** | **Rosáceae**
Sorbo alpino | **Rosengewächse**
Zwerg-Eberesche, Zwerg-Mehlbeere | **Dwarf medlar** | **Seite 118**

Verbreitung: Mittel- und südeuropäische Gebirgspflanze
Standort: Subalpin; auf mässig trockenen, sommerwarmen, basenreichen (kalkhaltig) Böden; in Bergföhren-, Arven- und Lärchenwäldern, Legföhren-, Alpenrosen und Grünerlengebüschen, an Felsen, auf Schutt, Weiden, in Schluchten; Pionierstrauch; Lichtpflanze
Strauchhöhe: 1–3 m hoher Strauch

▲ Abb. 638
An beblätterten Kurztrieben leicht gewölbte, aufrechte Trugdolden

Blüten gestielt, in dichten, gewölbten, aufrechten, schirmförmigen, dicht weissfilzig behaarten **Trugdolden;** Blütenstiele wie Kelchbecher weissfilzig behaart

Kelchblätter 5, schmal dreieckig, grünlich mit roten Rändern, 1–1,5 mm lang, meist aussen kahl, innen weissfilzig behaart, lang zugespitzt

Kronblätter 5, verkehrt-eilänglich bis rundlich, **rot,** keilförmig in den Grund verschmälert, 4–5 mm lang

Staubblätter etwa 20, rosa; Antheren hell- bis dunkelgelb

Fruchtknoten unterständig mit 2, im unteren Teil behaarten **Griffeln**

Abb. 639 ▶
Oben und links Mitte: Blütenstände: Seitenansicht und Aufsicht (Durchmesser 10/12 cm)
Rechts Mitte: Zwei geschlossene und eine geöffnete Blüte (10 mm/14 mm)
Links unten: Längsschnitt: rosa gefärbte Staubfäden gut sichtbar
Rechts unten: Aus Teilblütenstand Aufsicht auf Einzelblüte

F	R	N	H	D	L	T	K	W	A	B	C	E	G
2	4	2	4	4	3	2	2	n	6–7	II	+	–	–

Sórbus torminális (L.) Crantz

Elsbeerbaum

Alisier torminal
Sorbo torminale
Chequer tree

Rosáceae
Rosengewächse
Seite 119

Verbreitung: Europäische Pflanze
Standort: Kollin, seltener montan; auf trockenen, tiefgründigen, basenreichen (meist kalkhaltig), lehmigen, lockeren Böden in warmen Lagen; in Hainbuchen-, Eichen und Buchenwäldern, Gebüschen, auf Felsen und Felsschutt; Tiefwurzler; Halbschattpflanze
Baumhöhe: Bis 20 (22) m hoher Baum

▲ Abb. 640
Reichblütige, abstehende Trugdolde am Ende beblätterter Seitentriebe

Blüten lang gestielt, in ziemlich grossen, meist aufrechten, reichblütigen **Trugdolden**

Kelchblätter 5, dreieckig, grünlich, 1–3 mm lang, innen wollig behaart, aussen kahl oder verkahlend, an der späteren Scheinfrucht abfallend

Kronblätter 5, rundlich, meist ohne Nagel, weiss, 4–5 mm lang, kahl

Staubblätter etwa 20, weisslich; Antheren hell- bis dunkelgelb

Fruchtknoten unterständig, mit meist 2 **Griffeln**

Abb. 641 ▶
Links oben: Reichblütige Trugdolde (Aufsicht) (Breite: 12 cm)
Rechts oben: Teil eines Blütenstandes: Blüten lang (1,5–2 cm) gestielt
Mitte, obere Hälfte: Einzelblüte: Aufsicht und Rückseite (Durchmesser: 12 mm)
Mitte, untere Hälfte: Längsschnitt: Blüte mit 2 Griffeln
Unten: Laubblätter: Rückseite (links) und Vorderseite (rechts) (7 cm)

F	R	N	H	D	L	T	K	W	A	B	C	E	G
2	4	2	3	3	3	5	2	p	5	II	+	–	–

Sórbus ária (L.) Crantz

Mehlbeere, Mehlbeerbaum

Alisier blanc
Sorbo montano
White beam

Rosáceae
Rosengewächse
Seite 119

Verbreitung: Europäische Gebirgspflanze
Standort: Kollin, montan und subalpin, auf flachgründigen, lockeren, trockenen, kalkreichen, wie auch kalkarmen Böden in wärmeren Lagen (besonders Südexposition); an sonnigen, ziemlich trockenen Hängen, auf Felsen, Felsschutt, in lichten Laub- und Laubmischwäldern, Gebüschen; Tiefwurzler; Licht-Halbschattpflanze
Baum/Strauchhöhe: Strauch, oder bis 15 m hoher Baum

▲ Abb. 642
Ausschnitt aus einem hohen, reichblütigen Baum

Blüten gestielt, in großen, aufrechten, weissfilzigen **Trugdolden;** Blütenstiele, Kelchbecher und Kelchblätter weiss filzig behaart

Kelchblätter 5, spitz-dreieckig, hellgrün, 1–2 mm lang

Kronblätter 5, rundlich, weiss, 3 (–4) mm lang, oberseits an der Basis wollig behaart

Staubblätter 20–25, weiss, weit aus der Blüte herausragend; Antheren hellgelb

Fruchtknoten unterständig, mit 2, in der unteren Hälfte dicht behaarten Griffeln

Abb. 643 ▶
Obere Hälfte: Blütenstände (Aufsicht, Seitenansicht) und Teilblütenstand
Mitte, untere Hälfte: Blüten (Aufsicht) mit 12 mm/10 mm Durchmesser
Unten: Längsschnitt (5 mm, ohne Stiel): Kelchzipfel und Kronblätter vielfach zurückgebogen

F	R	N	H	D	L	T	K	W	A	B	C	E	G
2	3	2	3	3	3	4	3	p	5	II	+	–	–

Sórbus intermédia (Ehrh.) Pers. | **Sorbier intermédiaire** | **Rosáceae**
Oxelbeere | **Sorbo** | **Rosengewächse**
Schwedische Mehlbeere | **Swedish mountain ash** | **Seite 120**

Verbreitung: Europäische Pflanze
Standort: Kollin; bei uns selten; in Parkanlagen; häufiger in Nordeuropa
Baum/Strauchhöhe: Strauch, oder bis 10 m (17 m) hoher Baum

▲ Abb. 644
Teilblütenstand

Blüten gestiel, in aufrechten, grossen, leicht gewölbten **Trugdolden**

Kelchblätter 5, schmal- bis breit-dreieckig, hellgrün, wie Kelchbecher und Blütenstiele flaumig behaart

Kronblätter 5, rundlich oder breit-eiförmig, in einen breiten Nagel verschmälert, weiss, 3–4 mm lang, oberseits am Grunde oft wollig behaart

Staubblätter etwa 20, weiss; Antheren hell- bis dunkelgelb

Fruchtknoten unterständig, mit 2, in der unteren Hälfte dicht behaarten Griffeln

Abb. 645 ▶
Oben:
Seitenansicht und Aufsicht auf Teil- und Gesamtblütenstand
Oberhalb Mitte:
Aufsicht: Blüten mit hell- und dunkelgelben Antheren (Durchmesser: 10 mm)
Links, unterhalb Mitte:
Blütenrückseite: Kelchblätter breit-dreieckig
Rechts, unterhalb Mitte:
Längsschnitt (6 mm, ohne Stiel)
Unten, Mitte:
Schmal-dreieckige Kelchblätter (2–3 mm)
Links und rechts unten:
Laubblätter: Vorder (links)- und Rückseite (rechts)

F	R	N	H	D	L	T	K	W	A	B	C	E	G
3	2	2	3	4	3	3	3	p	5	II	+	–	–

Sórbus latifólia (Lam.) Pers.
(Bastard aus S. ária × S. torminális)
Breitblättrige Mehlbeere

Alisier á larges feuilles
Sorbo
Ash

Rosáceae
Rosengewächse
Seite 120

Verbreitung: Europäische Pflanze
Standort: Kollin, seltener montan; relativ häufiger Bastard (in zahlreichen Übergangsformen zwischen den Eltern vorkommend); in wärmeren Lagen im Eichen-Hagebuchenwald
Baumhöhe: Bis 28 m hoher Baum

▲ Abb. 646
Teilblütenstand

Blüten lang gestielt, in aufrechten, grossen, dichtblütigen **Trugdolden**

Kelchblätter 5, dreieckig grünlich bis grünlich-braun, 1–2 mm lang, wie die Blütenstiele und der Kelchbecher weiss filzig behaart

Kronblätter 5, rundlich bis breit-eiförmig, weiss, 3–4 mm lang

Staubblätter etwa 20, weiss, oft so lang oder länger als die Kronblätter; Antheren hell- bis dunkelgelb

Fruchtknoten unterständig, mit 2–3 oft bis hoch hinauf miteinander verwachsenen und behaarten **Griffeln**

Abb. 647 ▶
Oben:
Teilblütenstände: Seitenansicht/Aufsicht
Oberhalb Mitte:
Aufsicht auf Einzelblüte (Durchmesser 8 mm) und Rückseite Kelchblätter
Unterhalb Mitte:
Längsschnitt: Griffel bis weit hinauf miteinander verwachsen (8 mm)
Unten:
Laubblätter: Vorder (links)- und Rückseite (rechts) (10 cm)

F	R	N	H	D	L	T	K	W	A	B	C	E	G
2	4	2	3	3	3	5	2	p	5	II	+	–	–

Sórbus mougeótii Soy.-Willem. et Godr.	**Alisier de Mougeot**	**Rosáceae**
Mougeot's Mehlbeere	**Sorbo di Mougeot**	**Rosengewächse**
	Edible mountain ash	**Seite 121**

Verbreitung: Mittel- und südeuropäische Gebirgspflanze
Standort: Montan, seltener subalpin und kollin; auf ziemlich trockenen, kalkhaltigen (seltener auf Silikatgestein), steinigen Böden in warmen und schattigen Lagen; in Laubmischwäldern, Gebüschen; nur zerstreut anzutreffen; Pionierstrauch
Baum/Strauchhöhe: Strauch, oder bis 20 m hoher Baum

▲ Abb. 648
Aufrechte und dichtblütige Trugdolden am Ende beblätterter Seitentriebe

Blüten gestielt, in grossen, aufrechten, dichtfilzigen **Trugdolden**

Kelchblätter 5, dreieckig, grünlich, wie der Kelchbecher und die Blütenstiele filzig behaart, später im Jahr oft verkahlend

Kronblätter eiförmig bis rundlich, weiss, 5–6 mm lang

Staubblätter etwa 20, weiss, so lang, oder länger wie die Kronblätter; Antheren hellgelb

Fruchtknoten unterständig, mit 2–3 Griffeln, die im unteren Bereich behaart sind

Abb. 649 ▶
Oben:
Trugdolde am Ende eines Kurztriebes
Mitte:
Teilblütenstand (Aufsicht)
Links unten:
Längsschnitt (9 mm) Blüte mit 2 Griffeln
Rechts unten:
Blüte mit 3 Griffeln (Durchmesser 14 mm)

F	R	N	H	D	L	T	K	W	A	B	C	E	G
2	4	2	3	3	3	4	3	p	5	II	+	–	–

Cydónia oblónga Mill.
C. vulgáris Delarbre
Quitte

Cognassier
Cotogno, Mela cotogna
Quince

Rosáceae
Rosengewächse
Seite 121

Verbreitung: Ursprünglich eine südwestasiatische Pflanze
Standort: Kollin und montan; als Fruchtbaum häufig kultiviert; seit der Antike bekannte Obst- und Heilpflanze; liebt warme, frische, basenreiche und tiefgründige, lockere Böden in wintermilden Lagen; gelegentlich verwildert an sonnigen Hängen, Waldrändern, in Hecken und Gebüschen
Baum/Strauchhöhe: Strauch, oder bis 8 m hoher Baum

▲ Abb. 650
Stark rosa gefärbte Einzelblüten am Ende von Seitensprossen

Blüten einzeln, gross, an den Seitensprossen endständig

Kelchblätter 5, länglich, 8–15 mm lang, zusammen mit Kelchbecher und Blütenstielen filzig behaart, zurückgeschlagen; Kelchzipfel stumpf, deutlich gezähnt

Kronblätter 5, verkehrt-eiförmig, 15–30 mm lang, weiss und rot angehaucht mit dunkelrosa Adern, am Grunde oberseits behaart

Staubblätter 15–20, hellrosa, kürzer als die Kronblätter; Antheren gelb

Fruchtknoten unterständig, mit 5, in der unteren Hälfte dicht behaarten Griffeln

Abb. 651 ▶
Oben:
Bis 6 cm grosse Einzelblüten am Ende von Seitentrieben
Mitte und links unten:
Aufsicht auf 5–7 cm breite Einzelblüten
Links unten:
Längsschnitt (2 cm):
Staubfäden deutlich rosa gefärbt

F	R	N	H	D	L	T	K	W	A	B	C	E	G
3	3	3	3	4	3	5	2	p	5–6	II	–	–	–

Méspilus germánica L. | **Néflier** | **Rosáceae**
Nespolo volgare | **Rosengewächse**
Mispel | **Medlar** | **Seite 122**

Verbreitung: Ursprünglich eine südosteuropäisch-südwestasiatische Pflanze
Standort: Kollin; auf mässig trockenen bis trockenen, lockeren, mehr oder weniger tiefgründigen, meist kalkarmen Böden; in zahlreichen Sorten über die ganze Erde kultiviert; verwildert besonders in Büschen, Hecken, lichten Wäldern, an Böschungen, Wegen; Licht- und Halbschattpflanze
Baum/Strauchhöhe: Strauch, oder bis 8 m hoher Baum

▲ Abb. 652
Am Ende der Kurztriebe aufrechte Einzelblüten

Blüten einzeln, gross, an den Kurztrieben endständig

Kelchblätter 5, spitz-dreieckig bis lineallanzettlich, oft auffallend lang, zusammen mit Kelchbecher und Blütenstiel dicht behaart

Kronblätter meist 5, breit herzförmig bis rundlich, grünlich-weiss bis weiss, 12–20 mm lang, kurz genagelt

Staubblätter 30–40, weiss; Antheren vor dem Stäuben hell-braunrot

Fruchtknoten unterständig, mit 5 freien, oder bis zur Mitte verwachsenen **Griffeln**

Abb. 653 ▶
Oben:
An beblätterten Kurztrieben Einzelblüten endständig
Links, untere Hälfte:
Längsschnitte (3 cm):
die 5 Griffel bis weit hinauf miteinander verwachsen
Rechts, Mitte:
Aufsicht
(Durchmesser: 5 cm)
Rechts unten:
Dicht behaarte Kelchzipfel

F	R	N	H	D	L	T	K	W	A	B	C	E	G
2	3	3	3	4	3	5	2	p	5–6	I/II	–	–	+

Rúbus fruticósus L.	**Mûres**	**Rosáceae**
(Formenreiche Sippe)	**Rovo**	**Rosengewächse**
Echte Brombeere	**Blackberry**	**Seite 122**

Verbreitung: Europäische Pflanze
Standort: Kollin und montan; formenreiche Sippe; in Gärten (kultiviert in vielen Sorten), Lichtungen, Heiden, Hecken, an Waldrändern, auf Schlägen; Licht-Schattpflanze; Waldboden bereitende Pionierpflanze
Strauchhöhe: Schösslinge aufrecht, flachbogig oder niederliegend

▲ Abb. 654
Ausschnitt aus einem reichblütigen Strauch am Waldrand

Blüten gestielt, in lockeren **Trugdolden**

Kelchblätter 5, breit-dreieckig, zugespitzt, grün und oft weiss berandet, meist zurückgeschlagen

Kronblätter 5, rundlich mit oft gewelltem Rand, 8–13 mm (bei Kultursorten bis 25 mm), weiss oder rötlich

Staubblätter über 20, weiss; Antheren hellgelb bis bräunlich

Fruchtknoten zahlreich, an einer lang gewölbten Blütenachse angeordnet; Griffel lang, grünlich, stabförmig

Abb. 655 ▶
Oben und links Mitte: Lockerblütige Trugdolden (Aufsicht, Seitenansicht)
Rechte Hälfte, Mitte: Längsschnitte (1,5 cm): An kegelförmigem Blütenboden zahlreiche Fruchtknoten
Unten: Einzelblüte: Vorder (links)- und Rückseite (rechts)

F	R	N	H	D	L	T	K	W	A	B	C	E	G
3	3	4	3	4	3	4	3	n	5–8	II	–	–	+

Rúbus idaéus L. | **Framboisier** | **Rosáceae**
Rovo ideo, Frambos | **Rosengewächse**
Himbeere | **Raspberry** | **Seite 123**

Verbreitung: Eurosibirische Pflanze
Standort: Kollin, montan, subalpin, seltener alpin; auf nährstoffreichen, nicht zu trokkenen Böden; in Waldschlägen, Gärten (mit zahlreichen Sorten), Steinschutthalden, Gebüschen, Hochstaudenfluren, an Bahndämmen, Mauern, Steinhaufen; Nitrifizierungs-Zeiger; mit Kriechwurzeln und Wurzelbrut bodenlockernd; Waldpionier; Lichtpflanze
Strauchhöhe: Bis 1 m hoher Strauch

▲ Abb. 656
An einjährigen Trieben wenigblütige Trugdolden

Blüten gestielt, meist nickend, in wenigblütigen Trugdolden (oder Rispen)

Kelchblätter 5, breit-dreieckig, zugespitzt, filzig, meist weiss berandet, zuerst aufgerichtet, später abstehend oder zurückgeschlagen

Kronblätter 5, weiss, schmal oval bis länglich, etwa 0,5 cm lang, zuerst aufrecht, später auch abstehend

Staubblätter zahlreich, kürzer oder gleich lang wie die Griffel, aufrecht

Fruchtknoten zahlreich, grünlich-grau, filzig; Griffel sehr lang

Abb. 657 ►
Oben: Wenigblütige, beblätterte Triebe
Oberhalb Mitte: Einzelner Blütenstand (links) und Rückseite Kelchblätter (rechts: Durchmesser 13 mm)
Unterhalb Mitte: Verschiedenaltrige Blüten
Unten: Längsschnitte (7 mm) Fruchtknoten und Griffel so lang wie Staubblätter

F	R	N	H	D	L	T	K	W	A	B	C	E	G
3	3	4	3	2	3	3	3	n	5–8	II	+	–	+

Rósa canína L. (Formenreiche Art) Hunds-Rose	Rosier des chiens Rosa selvatica comune Dog rose	Rosáceae Rosengewächse Seite 123

Verbreitung: Euroasiatische Pflanze
Standort: Kollin, montan, seltener subalpin; auf lockeren lehmigen bis steinigen, mässig trockenen bis frischen, nährstoff- und basenreichen Böden; in Hecken, lichten Laub- und Nadelwäldern, Buschwäldern, Wiesen, an Wald- und Wegrändern, im Weidengebüsch; Licht-Halbschattpflanze; Pionierstrauch
Strauchhöhe: Bis 3 m hoher Strauch

▲ Abb. 658
Ausschnitt aus einem reichblütigen Strauch mit weissen bis rosa Blüten

Blüten lang gestielt (1,5–2,5 cm), meist einzeln oder in Doldenrispen; Blütenstiele kahl

Kelchblätter 5, fiederteilig, am Rande gewimpert, gegen das Ende der Blütezeit zu zurückgeschlagen.

Kronblätter 5, bis 2,5 cm lang, weiss oder hellrosa

Staubblätter zahlreich

Fruchtknoten zahlreich, frei am Grunde des Kelchbechers

Abb. 659 ►
Links oben und links: oberhalb Mitte: Einzelblüten mit weissen Kronblättern (Durchmesser 2,5 cm)
Rechte Hälfte, oben: Junge Blüten mit aufgerichteten Kelchblättern
Rechte Hälfte, oberhalb Mitte: Aufsicht und Seitenansicht: Narbenköpfchen kahl (links), zurückgeschlagene Kelchblätter (rechts)
Unterhalb Mitte im Zentrum: Fiederteilige Kelchblätter
Rechts, unterhalb Mitte: Längsschnitt durch Blüte
Links und rechts unten: Junge und ältere Stacheln (4 mm/5 mm)
Unten, Mitte: Ausschnitt aus Laubblättern: Vorder- und Rückseite, Blattansatz

F	R	N	H	D	L	T	K	W	A	B	C	E	G
2	3	2	3	3	3	3	3	n	6–8	II	+	–	–

Rósa tomentósa Sm. | **Rosier tomenteux** | **Rosáceae**
Rosa tomentosa | **Rosengewächse**
Filzrose, Waldrose | **Tomentose rose** | **Seite 124**

Verbreitung: Europäische Pflanze
Standort: Kollin und montan; auf tiefgründigen, kalkhaltigen, sandig bis lehmigen, mässig trockenen Böden; an buschigen Hängen, Waldrändern, in Hecken, lichten Gebüschen, trockenen Laubmischwäldern; Licht-Halbschattpflanze
Strauchhöhe: Bis 2 m hoher Strauch

▲ Abb. 660
Reichblütige Zweige; Kelchblätter auch nach der Blütezeit abstehend

Blüten lang gestielt, einzeln oder zu 2–4**doldig** gehäuft
Kelchblätter 5, fiederteilig, nach dem Verblühen ausgebreitet, später oft auch etwas aufgerichtet, wie Kelchblecher und Blütenstiele reichlich mit Stieldrüsen besetzt
Kronblätter 5, verkehrt-eiförmig bis rundlich, oben vielfach eingebuchtet, hellviolett bis blassrosa
Staubblätter zahlreich
Fruchtknoten zahlreich, frei am Grunde des Kelchbechers; **Griffel** ein die Mündung des Kelchbechers verschliessendes, wenig erhabenes Narbenköpfchen bildend

Abb. 661 ►
Oben:
Aufsicht: Junge Blüte mit eingebuchteten Kronblättern; 3 Blüten doldenförmig gehäuft
Oberhalb Mitte:
Längsschnitte:
Griffelkanal eng
Links, unterhalb Mitte:
Fiederteiliges und mit Stieldrüsen besetztes Kelchblatt (1,5 cm)
Rechts, unterhalb Mitte:
Wenig erhabenes Narbenköpfchen
Links und rechts unten:
Teile der Vorder- und Rückseite von Laubblättern
Unten, Mitte:
Stacheln an älterem und jüngerem Trieb

F	R	N	H	D	L	T	K	W	A	B	C	E	G
3	3	3	3	3	3	4	3	n	6–7	II	+	–	–

Rósa majális J. Herrm. emend. Mansf. Zimt-Rose, Mairose	Rosier de mai Rosa cannella Cinnamon rose	Rosáceae Rosengewächse Seite 124

Seite 124

Verbreitung: Eurosibirische Pflanze
Standort: Kollin, montan, seltener, subalpin; auf feuchten, tiefgründigen, lehmigen, mehr oder weniger basenreichen Lehmböden in Auenwäldern (besonders im Grauerlenwald); auch auf trockenen, flachgründigen, kalkhaltigen oder kalkfreien Böden an Felsrändern, sonnigen Hecken, Weg- und Waldrändern; Licht-Halbschattpflanze
Strauchhöhe: Bis 2 m hoher Strauch

▲ Abb. 662
Ausschnitt aus einem im Auenwald wachsenden, wenigblütigen Strauch

Blüten kurz gestielt (1–2 cm), einzeln oder seltener zu 2–5; Hochblätter die kahlen Blütenstiele einhüllend

Kelchblätter 5, so lang oder länger als die Kronblätter, einfach, ganzrandig, nach der Blütezeit aufrecht, nicht vor der Fruchtreife abfallend; Kelchblätter und Kelchzipfel ausserseits auch schwach behaart

Kronblätter verkehrt-eiförmig, rosa bis purpurn, 2–3 cm lang

Staubblätter zahlreich

Fruchtknoten zahlreich, frei am Grunde des Kelchbechers; **Griffel** ein weisswolliges Köpfchen bildend

Abb. 663 ►
Oben und rechts unterhalb Mitte: Einzelblüten: Seitenansicht und Aufsicht (Durchmesser: 5 cm)
Oberhalb Mitte links und rechts: Junge und ältere Stacheln (3 mm/5 mm)
Mitte: Kelchblätter einfach und ganzrandig (3,5 cm)
Links, unterhalb Mitte: Zentrum einer Einzelblüte
Unten: Längsschnitte: Griffel ein grosses, grünlich-weissliches Köpfchen bildend

F	R	N	H	D	L	T	K	W	A	B	C	E	G
2	3	3	3	4	3	3	4	n	5–6	II	+	–	–

Rósa pendulína L.
R. alpína L.
Alpen-Rose

Rosier des Alpes
Rosa alpina
Alpine rose

Rosáceae
Rosengewächse
Seite 125

Verbreitung: Mittel- und südeuropäische Gebirgspflanze
Standort: Montan, subalpin, seltener kollin und alpin; auf frischen bis trockenen, mehr oder weniger nährstoffreichen, flachgründigen, steinigen Böden; in lichten Buchen- und Nadelwäldern, Hochstaudenfluren, an Wald- und Felsrändern; Licht-Halbschattpflanze
Strauchhöhe: Bis 3 m hoher Strauch

▲ Abb. 664
Ausschnitt aus einem 2 m hohen Strauch mit einer intensiv gefärbten Einzelblüte

Blüten lang gestielt (1–3 cm), meist einzeln; Blütenstiele meist mit Stieldrüsen besetzt

Kelchblätter 5, länger als die Kronblätter, einfach, ganzrandig, nach der Blütezeit aufgerichtet, nicht vor der Fruchtreife abfallend; Kelchbecher meist kahl, nach der Blütezeit **flaschenförmig** verlängert, rötlich

Kronblätter 5, rundlich, rosa oder hell- bis dunkelkarminrot

Staubblätter zahlreich

Fruchtknoten zahlreich, frei am Grunde des Kelchbechers; Griffel ein grosses, weiss wolliges Narbenköpfchen bildend

Abb. 665 ►
Oben:
Unterer Teil eines 2 m hohen, blühenden Strauches
Links, Mitte:
Geschlossene Blüte mit zahlreichen Stieldrüsen an Blütenstiel und den Kelchblättern
Rechts, Mitte:
Kelchblätter nicht fiederteilig, ganzrandig
Links und rechts unten:
Junge, flaschenförmige Frucht mit aufgerichteten Kelchblättern
Unten, Mitte:
Blütenstiel mit zahlreichen Stieldrüsen

F	R	N	H	D	L	T	K	W	A	B	C	E	G
3	3	3	3	4	3	2	3	n	5–7	II	+	–	–

Ficus cárica L. | **Figuier** | **Moráceae**
Fico comune | **Maulbeergewächse**
Echter Feigenbaum | **Fig tree** | **Seite 126**

Verbreitung: Mediterran-südwestasiatische Pflanze; alte Kulturpflanze des Mittelmeergebietes
Standort: Kollin; an trockenen und heissen Felshängen im Weinbaugebiet; als Fruchtbaum im Süden weit verbreitet; grosse Feigenkulturen in Kalifornien, Mittel- und Südamerika, Ostasien, Australien und Neuseeland
Baum/Strauchhöhe: Strauch oder bis 15 m hoher Baum

▲ Abb. 666
In den Blattachseln drei gestielte, grüne, birnenförmige Blütenstände

Während der Vegetationsperiode entwickeln sich verschiedene Blütenstandstypen mit unterschiedlichen weiblichen Blüten:

① **Gallenblüten** mit männlichen und weiblichen (mit kurzen Griffeln und ohne Narben) Blüten; in die Fruchtknoten legt eine Gallwespe ihre Eier; es entwickelt sich eine neue Gallwespengeneration

② **Fruchtblüten** mit männlichen und normalen weiblichen Blüten, die von Gallwespen bestäubt werden; in diese Blüten werden keine Eier gelegt; nur aus diesen Blüten Fruchtbildung

③ Anschließend folgt wiederum ein Blütenstandstyp mit nicht bestäubbaren Blüten,
in welche Eier gelegt werden

Abb. 667 ▶
Oben:
Grüne, birnenförmige und fleischige Blütenstände (3 cm)
Rechts, Mitte:
Querschnitt durch Blütenstand (1,5 cm)
Unten:
Längsschnitte:
Gegen die Öffnung zu männliche, im unteren Teil weibliche Blüten

F	R	N	H	D	L	T	K	W	A	B	C	E	G
2	3	3	4	4	3	5	2	p	6–8	II	–	–	–

Mórus álba L.	**Mûrier blanc**	**Moráceae**
	Gelso comune	**Maulbeergewächse**
Weisser Maulbeerbaum	**White mulberry**	**Seite 126**

Verbreitung: Ursprünglich eine ostasiatische Pflanze (China, Japan); heute in weiten Teilen Europas, Amerikas und Asiens kultiviert (bestes Futter für Seidenraupen)
Standort: Kollin; in Europa besonders in Oberitalien kultiviert; stellenweise in Hecken oder Wäldern verwildert
Baum/Strauchhöhe: Strauch, oder bis 10 m hoher Baum

▲ Abb. 668
Zweige mit zahlreichen, grünlichen, weiblichen Blütenständen

Männliche Blütenstände bis 1 cm lang gestielt, länglich-walzlich, 2–4 cm lang; Blüten mit 4 freien Perigonblättern und 4 Staubblättern

Weibliche Blütenstände länglich-eiförmig bis fast kugelig; Blüten mit 4teiligem Perigon

Fruchtknoten mit 2 langen, feinhöckerigen Narben

Abb. 669 ►
Links oben und unten: An neuen Trieben lang gestielte, weibliche Blütenstände (1,5 cm)
Rechts oben: Längsschnitt durch weiblichen Blütenstand; weibliche Blüten sitzend

F	R	N	H	D	L	T	K	W	A	B	C	E	G
3	3	3	4	4	3	5	2	p	5	I	–	–	+

Búxus sempérvirens L. | **Buis** | **Buxáceae**
Bosso comune | **Buchsgewächse**
Buchsbaum | **Common box** | **Seite 127**

Verbreitung: Südeuropäisch-westasiatische Pflanze
Standort: Kollin und montan; auf trockenen, meist kalkreichen, steinigen, humosen Böden in warmen Lagen; zerstreut vorkommend; wenn vorhanden, dann in grösseren Ansammlungen an warmen, ziemlich trockenen Orten mit milden Wintern; in Laubmischwäldern, Trockenwiesen; Halbschattpflanze
Strauchhöhe: Bis 2 m (im Kaukasus bis 16 m) hoher Strauch; bei uns häufig angepflanzt

▲ Abb. 670
Ausschnitt aus einem reichblütigen Strauch

Blüten in blattachselständigen **Ähren;** Endblüte jeweils weiblich, Seitenblüten männlich

Männliche Blüten mit 4blättrigem, gelbgrünen Perigon, 4 Staubblättern, einem kleinen Fruchtknoten rudiment

Weibliche Blüten mit meist 5 oder 6 (4–8) Perigonblättern, einem 3blättrigen Fruchtknoten, einem kurzen und dicken Griffel

Abb. 671 ▶
Oben und rechts Mitte: End- und seitenständige Blütenstände (Einzelblüte 3–5 mm lang)
Links, Mitte: Zur Hälfte geöffnete und noch geschlossene männliche Blüten (3–5 mm)
Links unten: Neben noch geschlossenen männlichen Blüten endständige weibliche Blüte (5 mm)
Rechts unten: Aufsicht auf Narbenlappen

F	R	N	H	D	L	T	K	W	A	B	C	E	G
2	4	2	3	2	3	5	2	i	4–5	II	–	–	+

Plátanus × acerifólia (Ait.) Willd. (P. occidentális × P. orientális) Ahornblättrige Platane	Platane hybride Platano comune London plane, Plane tree	Platanáceae Platanengewächse Seite 127

Verbreitung: P. occidentális aus Amerika; P. orientális eine südosteuropäische-südwestasiatische Pflanze
Standort: Kollin; nur angepflanzt in Alleen, Gärten, Parks
Baumhöhe: Bis 30 m hoher Baum

▲ Abb. 672
Noch junge, langgestielte, hängende Blütenstände

Blütenstände in langgestielten, hängenden Köpfchen; weibliche Blütenstände am Ende der Zweige, die männlichen etwas tiefer gelegen

Männliche Blüten meist mit zurückgebildeter Blütenhülle, 3–4 **Staubblättern;** Staubfäden kurz, Staubbeutel langgestielt

Weibliche Blüten mit 3–4 Stamminodien; Narben auf Innenseite der langen **Griffel** herablaufend

Abb. 673 ▶
Oben und unten:
Kugelige männliche und weibliche Blütenstände (Durchmesser 8–12 mm)
Links, Mitte:
Längsschnitte: Männlicher (oben)- und weiblicher Blütenstand (unten)
Rechts, Mitte:
Bereits verstäubte männliche Blütenstände
Unten:
Weibliche Blütenstände (Seitenansicht)

F	R	N	H	D	L	T	K	W	A	B	C	E	G
4 w	3	4	3	3	3	5	2	p	5	I	–	–	+

Júglans régia L.	**Noyer**	**Juglandáceae**
Walnussbaum	**Noce comune**	**Walnussgewächse**
Nussbaum, Edelnuss	**Walnut**	**Seite 128**

Verbreitung: Ursprünglich aus Südwestasien (Persien, Armenien, Transkaukasus) und dem östlichen Mittelmeergebiet (Schwarzmeerküste, Griechenland)
Standort: Kollin und montan; auf kalkhaltigen, nährstoffreichen, frischen bis sickernassen, sandigen oder steinigen, tiefgründigen Böden; in den mildesten Lagen in Laubmischwäldern (Eichen-, Ulmen- und Ahorn-Linden-Hangwäldern); Lichtpflanze, Frucht- und Nutzbaum
Baumhöhe: Bis 25 m hoher Baum

▲ Abb. 674
An vorjährigen Zweigabschnitten bis 10 cm lange, herabhängende Kätzchen

Männliche Blüten grün, mit abgeflachtem Blütenboden, aus 6teiliger Perianthhülle (= 4 Perigonblätter sind mit 2 Vorblättern verwachsen)

Staubblätter 6–30, sitzend oder kurz gestielt

Weibliche Blütenstände 1–3 (–5)blütig, endständig; **Griffel** mit auswärts gekrümmten, am Rande gefransten Narbenschenkeln; Vorblätter und Perigon der Blüten mit dem Fruchtknoten verwachsen.

Abb. 675 ▶
Oben:
Weibliche Blüten, aufgerichtete (links) und hängende Kätzchen (rechts) (Kätzchen 4 cm/5 cm)
Links, oberhalb Mitte:
Längsschnitt durch Zweig mit quergefächertem Mark
Rechte Hälfte oberhalb Mitte:
Ausschnitt aus einem Kätzchen (2,5 cm) und Einzelblüte (rechts)
Unterhalb Mitte:
Aufsicht auf Einzelblüte mit 6 Perigonblättern (links) und Rückseite Einzelblüten (rechts)
Links unten:
2 weibliche Blüten mit grossen, federigen Narben (Blütenhöhe: 1 cm)
Rechts unten:
Einzelblüten (6 mm); Vorder- und Rückseite

F	R	N	H	D	L	T	K	W	A	B	C	E	G
3	4	4	4	4	3	5	2	p	4–5	I	–	–	–

Córylus avellána L. | **Noisetier** | **Betuláceae**
C. silvéstris Salisb. | **Nocciolo comune** | **Birkengewächse**
Haselstrauch, Haselnuss | **Hazel, Filbert** | **Seite 129**

Verbreitung: Europäische Pflanze
Standort: Kollin, montan und subalpin; auf sickerfeuchten bis trockenen, kalkhaltigen bis sauren, humosen bis steinigen Böden; in Wäldern als Unterholz, Wiesen und Weiden, in Hecken angepflanzt, an Bachufern, Waldrändern, steilen Halden, Wegen; Pionierpflanze; Licht-Halbschattpflanze
Strauchhöhe: Bis 5 m hoher Strauch

▲ Abb. 676
Ausschnitt aus einem 4 m hohen, reichblütigen Strauch

Männliche Blüten in 3–7 (–10) cm langen, länglich-walzlichen Kätzchen; diese meist zu 2–4 einander genähert, vor Beginn des Blattaustriebes blühend; **Blüten** ohne Blütenhülle, in den Achseln stark behaarter Tragblätter, mit 2 Vorblättern

Staubblätter 4, gespalten aussehend; Staubbeutel 8, mit endständigem Haarschopf

Weibliche Blüten mit je 2 Narben, einem unscheinbaren Perigon, das mit Fruchtknoten verwachsen ist; Blütenknospen mit hervortretenden, dunkelroten Narben

Abb. 677 ▶
Oben:
Bis 10 cm lange Kätzchen zu 2–4 einander genähert
Links, Mitte:
Ausschnitte aus 2 Kätzchen
Rechts, Mitte:
Staubbeutel (2 mm) mit Haarschopf
Rechts, unterhalb Mitte:
Männliche Blüten (5 mm)
Unten:
Blütenknospen (7 mm) mit hervortretenden Narben

F	R	N	H	D	L	T	K	W	A	B	C	E	G
2	4	2	3	2	3	5	2	p	1–3	I	–	–	+

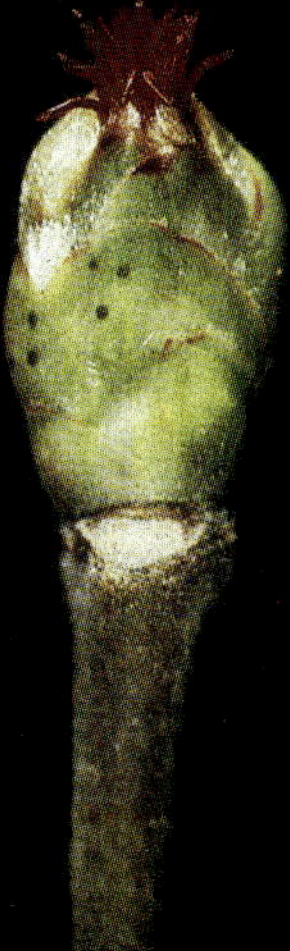

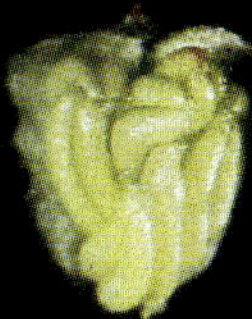

Córylus colúrna L.	Coudrier de Byzance	Betuláceae
	Nocciolo	Birkengewächse
Baum-Hasel	Turkish filbert	Seite 129

Verbreitung: Südosteuropäische Pflanze
Standort: Kollin; bei uns in Gärten angepflanzt; in Niederösterreich verwildert; Licht-Halbschattpflanze
Baumhöhe: Bis über 20 m hoher Baum

▲ Abb. 678
An unbeblätterten Zweigen bis zu 5 nebeneinanderstehende, bis 12 cm lange Kätzchen

Männliche Blüten ohne Blütenhülle, in den Achseln breit-eiförmiger, gelblich-grün-brauner, stark behaarter Tragblätter; Kätzchen zur Blütezeit 6–12 cm lang, länglich-walzlich, zu 2–5 nebeneinander

Staubblätter 4, gespalten, Staubbeutel 8, mit endständigem Haarschopf, vor der Blüte rötlich gefärbt

Weibliche Blüten mit je 2 Narben, einem unscheinbaren Perigon, das mit Fruchtknoten verwachsen ist; Blütenknospen mit hervortretenden, dunkelroten Narben

Abb. 679 ▶
Links oben: An unbeblättertem Kurztrieb 3 Kätzchen (8 cm/11 cm)
Rechts oben und Mitte: Ausschnitt aus Kätzchen: Deutlich behaarte Tragblätter (2 cm/4 cm)
Links, Mitte: Männliche Einzelblüte mit 8 Staubbeuteln
Rechts, Mitte: Längsschnitt durch Teil eines Kätzchens (4 cm)
Unten: Blütenknospen (5 mm) mit roten Narben

F	R	N	H	D	L	T	K	W	A	B	C	E	G
3	3	3	3	3	3	3	3	n	2–3	I	–	–	+

Álnus glutinósa (L.) Gaertn.	**Aune glutineux**	**Betuláceae**
Betula álnus L. var. glutinósa L.	**Ontano comune, O. nero**	**Birkengewächse**
Schwarz-Erle, Rot-Erle	**Common alder, black alder**	**Seite 130**

Verbreitung: Eurosibirische Pflanze
Standort: Kollin, montan, seltener subalpin; auf das ganze Jahr stagnierend durchnässte oder langsam durchsickerte, zeitweise überschwemmte, kalkfreie, nährstoffreiche Böden; Grundwasserzeiger; Torfbildner, Stickstoffsammler; Tiefwurzler; vor allem in quelligen Gebirgseinschnitten, Erlenbruchwäldern, an Bach- und Flussufern, als Pionier in Mooren; Halbschattpflanze
Baumhöhe: Bis 20 m hoher Baum

▲ Abb. 680
Gelbbraune, hängende, 6–8 cm lange, männliche Kätzchen; eiförmige, 1–2 cm lange, weibliche Blütenstände an unbehaarten Stielen

Männliche und weibliche Blütenstände im Herbst angelegt, nicht von Knospenschuppen umgeben (nackt überwinternd)

Männliche Kätzchen im Frühling vor dem Laubausbruch blühend, bräunlich, 3–12 cm lang, zu 3–6 endständig; Tragblätter der Blüten bräunlich bis purpurrot, in der Mitte meist mit einem graublauen Fleck

Staubbeutel zuerst rötlich, dann gelb

Weibliche Blüten in **gestielten, unbehaarten,** seitenständigen, 1–2 cm langen Blütenständen

Abb. 681 ▶
Oben:
Männliche (bis 8 cm) und weibliche (1,5 cm) Blütenstände
Links Mitte:
Seitenansicht männliche Blütenstände; Tragblätter mit graublauem Fleck
Rechts Mitte:
Männliche Blüten (4 mm)
Unten:
Weibliche Blütenstände an unbehaarten Stielen

F	R	N	H	D	L	T	K	W	A	B	C	E	G
5w	3	4	4	5	3	4	3	p	2–3	I	–	–	–

Álnus incána (L.) Moench	Aune blanc	Betuláceae
Bétula álnus L. var. incána L.	Ontano bianco	Birkengewächse
Grau-Erle, Weiss-Erle	Grey alder, European alder	Seite 131

Verbreitung: Europäische Pflanze
Standort: Kollin, montan, seltener subalpin; auf durchsickerten, jedoch nicht staunassen, kiesigen, sandigen bis lehmigen, vielfach kalkhaltigen, oft stickstoffhaltigen, locker durchlüfteten, zeitweise überfluteten Böden; stickstoffsammelnder Intensivwurzler; Pionierpflanze; Bodenfestiger; in Auenwäldern, an Ufern, auf Lawinenzügen; Licht-Halbschattpflanze
Baum/Strauchhöhe: Strauch, oder bis 10(25) m hoher Baum

▲ Abb. 682
Gelbbraune, 6–8 cm lange, hängende, männliche Kätzchen; weibliche Blütenstände 1,5 cm lang, rötlich-braun

Männliche und weibliche Blütenstände im Herbst angelegt, nicht von Knospenschuppen umgeben (nackt überwinternd)

Männliche Kätzchen im Frühling vor dem Laubausbruch blühend, bräunlich, 7–9 cm lang, zu 3–5 endständig; Tragblätter der Blüten dunkelbraun bis schwarz, in der Mitte meist mit einem schwarzen Fleck

Staubbeutel zuerst rötlich, dann gelb

Weibliche Blüten in **ungestielten, dicht behaarten,** seitenständigen, 0,5–1,5 cm langen Blütenständen

Abb. 683 ►
Oben und rechts unten: Männliche und weibliche Blütenstände an behaarten Stielen
Oberhalb Mitte: Jüngere und ältere männliche Blüten (4 mm)
Links Mitte: Ausschnitt aus männlichem Kätzchen: Tragblätter mit dunkelbraunem bis schwarzem Fleck
Links unten: Längsschnitt durch Teil eines männlichen Kätzchens
Unten Mitte: Weibliche Blütenstände an dicht behaarten Stielen

F	R	N	H	D	L	T	K	W	A	B	C	E	G
4w	4	4	3	4	3	3	3	p	2–3	I	–	–	–

Álnus víridis (Chaix) DC.
Bétula víridis Chaix ssp. víridis
Alpen-Erle, Grün-Erle

Aune vert
Ontano verde
Green alder

Betuláceae
Birkengewächse
Seite 131

Verbreitung: Mittel- und südosteuropäische Gebirgspflanze
Standort: Montan, subalpin (bis zur Waldgrenze), seltener kollin; auf feuchten, durchsickerten, steinigen bis lehmigen, meist kalkarmen Böden; an schattigen und feuchten Abhängen, Bächen, Gräben, Runsen, Lawinenzügen, auf Weiden, in Schneerunsen; Pionierpflanze; Bodenfestiger; Flachwurzler mit Wurzelbrut; Halbschattpflanze
Strauchhöhe: Bis 3 m hoher Strauch

▲ Abb. 684
Rötliche, bis 15 mm lange, weibliche Blütenstände; bis 6 cm lange, hängende, männliche Kätzchen

Männliche Kätzchen im Herbst angelegt, nicht von Knospenschuppen umgeben, unter einer weisslichen Harzkruste geschlossen überwinternd, im Frühling mit dem Laub ausbrechend, bis 6 cm lang, einzeln oder zu 2–3; Tragblätter zuerst grün, später violettbraun; Blüten mit 4–5teiliger Blütenhülle

Staubbeutel grünlichgelb oder rötlich, später gelb

Weibliche Blüten an diesjährigen Trieben, zart, erst mit den Laubblättern hervorbrechend, gestielt, 10–15 mm lang, klebrig; Narben meist leuchtend rot, seltener weiss

Abb. 685 ▶
Oben:
Bis 6 cm lange, männliche (einzeln oder zu zweit) und 1–1,5 cm lange weibliche Kätzchen
Oberhalb Mitte:
Männliche Blüten (4 mm)
Linke, untere Hälfte:
Weibliche Blütenstände mit weissen und roten Narben
Rechts unten:
Männlicher Blütenstand (5 cm) mit darunterliegenden Blattknospen

F	R	N	H	D	L	T	K	W	A	B	C	E	G
4w	3	4	3	5	4	2	2	n	4–5	I	–	–	–

Bétula péndula Roth
Bétula verrucósa Ehrh.
Hänge-Birke, Weiss-B.

Bouleau verruqueux
Betulla bianco
Common birch, silver birch

Betuláceae
Birkengewächse
Seite 132

Verbreitung: Eurosibirische Pflanze
Standort: Kollin, montan und subalpin; auf meist nährstoffarmen, trockenen bis feuchten, steinigen, humosen Sand-, Lehm- und Steinböden; in der kollinen Stufe in Eichen- und Birkenwäldern, in höheren Lagen besonders auf extremen Standorten; wertvolle Schutzbaumart; Waldbodenbereiter; Lichtholz
Baumhöhe: Bis 25 m hoher Baum

▲ Abb. 686
Hängende männliche und aufrechte weibliche Blütenstände

Männliche Kätzchen sitzend, bis 10 cm lang, zuerst aufrecht oder abstehend, später hängend, länglich-walzenförmig; als geschlossene Kätzchen überwinternd; Tragblätter hell- bis dunkelbraun
Weibliche Kätzchen gestielt, 2–4 cm lang, zuerst aufrecht oder abstehend, später hängend, zylindrisch, dichtblütig, zuerst gelbgrün, später hellbraun; Mittellappen der Fruchtschuppen klein, kurz dreieckig, **kürzer als die breiten, stets zurückgebogenen Seitenlappen**

Abb. 687 ▶
Links oben: Abstehende männliche Kätzchen und aufrechter weiblicher Blütenstand (3 cm)
Rechts oben: Aufrechter, weiblicher Blütenstand (3 cm)
Links, Mitte: Vorderer Teil eines männlichen Blütenstandes mit dunkelbraunen Tragblättern
Rechts Mitte und unten: Ausschnitt aus weiblichen Blütenständen mit jungen (gelb) und dunkelbraunen (ältere) Narben
Links und Mitte unten: Ausschnitte aus männlichen Blütenständen: Aufsicht auf Tragblätter, Längsschnitt (2 cm)

F	R	N	H	D	L	T	K	W	A	B	C	E	G
×	×	2	×	×	4	3	3	p	4–5	I	–	–	+

Verbreitung: Eurosibirische Pflanze
Standort: Kollin, montan und subalpin; auf staunassen bis feuchten, basenarmen, sauren, humosen Sand- oder modrig humosen Torfböden; zerstreut in Moor- und Bruchwäldern vor allem der Gebirge, in Zwischenmooren, in Brüchen, Gebüschen; frostharte Pionierpflanze; Lichtholz
Baumhöhe: Bis 30 m hoher Baum

▲ Abb. 688
Sitzendes, 6 cm langes, männliches Kätzchen an beblättertem Zweig

Männliche Kätzchen
sitzend, bis 8 cm lang, hängend, länglich walzenförmig; Tragblätter grünlichbraun, an der Spitze braun

Weibliche Kätzchen
2–4 cm lang, zuerst aufrecht, später hängend, zylindrisch, dichtblütig, grünlich bis hellbraun, später bräunlich; Mittellappen der Fruchtschuppen deutlich vorgezogen, die meist deutlich aufwärts gebogenen Seitenlappen überragend

Abb. 689 ►
Links oben: Oberer Abschnitt eines 6 cm langen, männlichen Kätzchens
Rechts oben: Ausschnitt aus einem männlichen Kätzchen; Tragblätter grünlich, an der Spitze bräunlich
Links unten: Ausschnitt aus einem männlichen Kätzchen (2 cm)
Rechts unten: Grün-braun gefärbtes Tragblatt (4 mm)

F	R	N	H	D	L	T	K	W	A	B	C	E	G
4w	×	2	4	5	4	3	3	p	4–5	I	–	–	–

Bétula húmilis Schrank | **Bouleau humble, B. peu élevé** | **Betuláceae**
Betulla umile | **Birkengewächse**
Strauch-Birke, nordische Birke | **Shrubby birch** | **Seite 133**

Verbreitung: Eurosibirische Pflanze
Standort: Montan; auf staunassen, nährstoffarmen, mässig sauren bis sauren Torfböden; auf versauerten Flachmooren, in lichten Birken- und Weidengehölzen, Erlenbrüchen; Licht-Halbschattpflanze
Strauchhöhe: Bis 3 m hoher Strauch

▲ Abb. 690
Abstehende und hängende männliche Kätzchen (gelbbraun); aufrechte weibliche Kätzchen (grün)

Männliche Kätzchen
sitzend, zuerst aufrecht, später abstehend oder hängend, schlank zylinderförmig, 2–5 cm lang; Tragblätter dunkelbraun

Weibliche Kätzchen
10–15 mm lang, meist aufrecht, länglich-lanzettlich, kurzgestielt, grünlich; Narben rötlich; Seitenlappen der Fruchtschuppen fast gleichlang wie der Mittellappen und wenig abstehend

Abb. 691 ►
Links oben:
3,5 cm langes, hängendes Kätzchen
Rechte obere Hälfte:
Aufrechtes und abstehendes, weibliches Kätzchen (2 cm/1 cm)
Links, oberhalb Mitte:
Ausschnitt aus einem männlichen Kätzchen; Tragblätter dunkelbraun
Rechts, oberhalb Mitte:
Weibliches Kätzchen (2,5 cm)
Unterhalb Mitte:
Ausschnitte aus Blütenständen (2cm/2cm/1,5cm)
Links unten:
Einzelblüten (3 mm)

F	R	N	H	D	L	T	K	W	A	B	C	E	G
5	2	1	5	5	4	3	4	n	4–5	I	–	–	–

Bétula nána L.	**Bouleau nain**	**Betuláceae**
	Betulla nana	**Birkengewächse**
Zwerg-Birke	**Dwarf-birch**	**Seite 133**

Verbreitung: Eurosibirisch-nordamerikanische Pflanze
Standort: Montan; auf nährstoffarmen, extrem sauren und staunassen Torfböden; in Hochmooren, Torfbrüchen, Kiefernmooren, Moorwiesen; nicht häufig; Eiszeitrelikt
Strauchhöhe: Reich verzweigter und niederliegender Zwergstrauch (bis 1 m hoch)

▲ Abb. 692
Ausschnitt aus einem 30 cm hohen Strauch mit zahlreichen, aufrechten oder abstehenden Kätzchen

Männliche und weibliche Blütenstände im Winter von Knospenschuppen umgeben

Männliche Kätzchen sitzend, aufrecht, kurz walzlich, 0,5–1,5 cm lang, mit braunen Tragblättern

Weibliche Kätzchen gestielt, aufrecht, eiförmig-länglich, 7–10 mm lang; Fruchtschuppen keilförmig, ungeteilt, oder bis zur Mitte, seltener darüber hinaus gelappt

Abb. 693 ►
Oben:
Aufrechte, abstehende und hängende männliche Blütenstände an beblätterten Zweigen (0,5–1,5 cm)
Links, Mitte:
Aufrechtes männliches Kätzchen mit jungen Laubblättern (3 mm)
Rechts, Mitte:
Aufgerichtete und leicht abstehende männliche und weibliche (9 mm) Kätzchen
Links unten:
Braunes Tragblatt einer männlichen Blüte (Aufsicht)
Rechts unten:
Verstäubte und noch stäubende Blüte (3 mm)

F	R	N	H	D	L	T	K	W	A	B	C	E	G
5	1	1	5	5	4	3	3	n	4–5	I	–	–	–

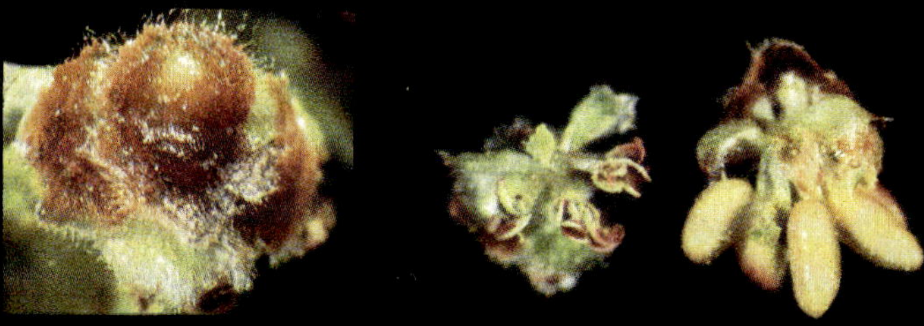

Cárpinus bétulus L.	**Charme, Charmille**	**Betuláceae**
	Carpino comune	**Birkengewächse**
Hagebuche, Hainbuche	**Hornbeam**	**Seite 134**

Verbreitung: Europäisch-südwestasiatische Pflanze
Standort: Kollin, seltener montan; auf frischen bis sickernassen (jedoch nicht stagnierend nass), lockeren, nährstoffreichen Böden; auch auf flachgründigen, trockenen Lehm- und Tonböden; Charakterart der Eichen-Hagebuchewälder, in Hecken, an Waldrändern, Tiefwurzler; bodenaufschliessend, Schatt-Halbschattholz
Baumhöhe: Bis 20 m hoher Baum

▲ Abb. 694
Hängender Zweig mit gelblichen männlichen Kätzchen und jungen Laubblättern

Blütenstände erscheinen gleichzeitig mit den Laubblättern

Männliche Kätzchen 4–6 cm lang, schlaff herabhängend, lockerblütig, meist einzeln; männliche Blüten ohne Vorblatt und Perianth

Staubblätter 4–12, in den Achseln der Tragblätter; Staubbeutel an der Spitze mit Haarschopf

Weibliche Blütenstände zur Blütezeit 1–3 cm lang, zuerst unscheinbar, nur die roten Narben zeigend; jede Blüte mit 3teiligem Vorblatt; **Fruchtknoten** von einem 4–5zähligen Perigon umschlossen

Abb. 695 ▶
Oben: Männliche Kätzchen
Mitte, oberer Teil: Männliche Einzelblüten: Staubblätter in den Achseln des Tragblattes
Links und rechts oberhalb Mitte: Ausschnitte aus männlichen Kätzchen (2 cm) Längsschnitt (links), Aufsicht auf Tragblätter
Links und rechts unterhalb Mitte: Weibliche Blütenstände
Unterhalb Mitte im Zentrum: Staubblatt mit Haarschopf
Unten: Männlicher und weiblicher Blütenstand

F	R	N	H	D	L	T	K	W	A	B	C	E	G
3	3	3	4	4	2	4	3	p	6	I	–	–	+

Óstrya carpinifólia Scop. | **Charme-Houblon** | **Betuláceae**
Carpino nero | **Birkengewächse**
Hopfenbuche | **Hop hornbeam** | **Seite 134**

Verbreitung: Südeuropäische Pflanze
Standort: Kollin und montan; auf trockenen, steinigen bis felsigen, kalkarmen bis kalkreichen Böden; an buschigen, steinigen, sonnigen Abhängen, Felsen, Waldrändern, in der Zone der Flaumeichenwälder; Halbschatt-Lichtpflanze
Baum/Strauchhöhe: Strauch, oder bis 20 m hoher Baum

▲ Abb. 696
An beblättertem (Laubblätter noch klein) Zweig 6–8 cm lange männliche Kätzchen

Männliche Kätzchen im Herbst ausgebildet, nackt überwinternd; im Frühling bis 12 cm lang, dichtblütig, hängend, zu 2–3 an den Langtrieben endständig; Blüten mit grünlichen, im oberen Teil braunen Tragblättern und 6–14 Staubblättern; Staubbeutel an der Spitze mit Haarschopf

Weibliche Kätzchen anfangs aufrecht, später hängend, dicker und dichter als bei Cárpinus bétulus; Narben lang, rötlich

Abb. 697 ►
Oben links:
6–8 cm lange, männliche Kätzchen an einem Langtrieb
Rechts oben:
Ausschnitt aus männlichem Kätzchen: braungrün gefärbte Tragblätter und lang behaarte Staubbeutel
Links Mitte und unten:
Einzelblüten (2–3 mm): Vorder- und Rückseite
Rechts Mitte:
Querschnitt durch männliche Kätzchen (Durchmesser 4 mm)

F	R	N	H	D	L	T	K	W	A	B	C	E	G
2	4	3	4	4	2	5	3	p	4–5	I	–	–	–

Fágus orientális Lipsky	**Hêtre d'Orient**	**Fagáceae**
F. macrophýlla (Hohen. ex. DC.) Koidz.	**Faggio**	**Buchengewächse**
Orient-Buche	**Oriental beech**	**Seite 135**

Verbreitung: Südeuropäisch-westasiatische Pflanze
Standort: Kollin, montan; in Wäldern, Hecken, an Waldrändern; in Parkanlagen angepflanzt
Baumhöhe: Bis 30 m hoher Baum

▲ Abb. 698
Langgestielter, kugeliger männlicher Blütenstand; Staubblätter mit langen Staubfäden

Männliche Blütenstände lang gestielt, stark zottig behaart, bis 2 cm lang; Blüten mit 5–6spaltigem, meist breitem Perigon; Perigonröhre behaart, breit, im oberen Teil hell- bis dunkelbraun

Staubblätter 6–12, sehr weit aus dem Perigon herausragend

Weibliche Blütenstände eiförmig bis kugelig; Blütenhülle meist 6zipflig

Abb. 699 ▶
Links oben: Lang gestielte männliche Blütenstände zusammen mit jungen Laubblättern
Rechts oben und unten: Verschiedenartig geformte, männliche Blütenstände (1,5–2 cm)
Oberhalb Mitte: Männliche Blütenstände: Seitenansicht (links), Längsschnitt (rechts)
Unterhalb Mitte: Männliche Blüten mit breitem Perigon (7 mm)

F	R	N	H	D	L	T	K	W	A	B	C	E	G
3	3	3	3	3	3	5	2	p	4–5	I	–	–	–

Fágus sylvática L.	**Hêtre**	**Fagácea**
	Faggio comune	**Buchengewächse**
Rotbuche, Buche	**European beech**	**Seite 136**

Verbreitung: Europäische Pflanze (nur in Gebieten mit ozeanischem Klimacharakter)
Standort: Kollin, montan, seltener subalpin; auf kalkarmen und kalkreichen, lockeren, sickerfrischen, mittelgründigen, etwas tonigen, im Nährstoff- und Wasserhaushalt ausgeglichenen Böden; in verschiedenen Wäldern bestandbildend; Schattpflanze
Baumhöhe: Bis 40 m hoher Baum

▲ Abb. 700
Herunterhängender Zweig mit zahlreichen gestielten männlichen Blütenständen

Männliche Blütenstände lang gestielt, reichblütig, stark zottig behaart, eiförmig bis kugelig, 1,5–2 cm lang; Blüten mit meist 5–6spaltigem Perigon; Perigonröhre behaart, bis zur Mitte hellbraun gefärbt, meist schmal, seltener breit

Staubblätter 6–15, weit aus dem lang behaarten Perigon herausragend

Weibliche Blütenstände kugelig, gestielt; Blütenhülle meist 6zipfelg, behaart

Abb. 701 ▶
Oben:
An beblätterten Zweigen langgestielte, eiförmig bis kugelige Blütenstände
Oberhalb Mitte:
Männlicher (links, 2 cm) und weiblicher Blütenstand (2,5 cm)
Unterhalb Mitte:
Weibliche Blütenstände:
Aufsicht (links)
Längsschnitt (rechts)
Unten:
Männliche Blüten (4–5 mm)

F	R	N	H	D	L	T	K	W	A	B	C	E	G
3	×	3	3	4	2	3	2	p	4–5	I	–	–	+

Castánea satíva Mill.	**Châtaignier**	**Fagáceae**
C. vésca Gaertn.	**Castagno comune**	**Buchengewächse**
Edelkastanie, Esskastanie	**Spanish chestnut**	**Seite 137**

Verbreitung: Wahrscheinlich eine südwestasiatische Pflanze (Kleinasien und Kaukasus)
Standort: Kollin, seltener montan; im insubrischen Gebiet waldbildend; nördlich der Alpen im Gebiet der Weinrebe und in Föhntälern einzeln oder in Gruppen gepflanzt; auf mässig trockenen, kalkarmen, mittelgründigen, lockeren, auch sauren Böden, in sommerwarmen-humiden, wintermilden Lagen; Halbschattholz; Tiefwurzler
Baumhöhe: Bis 35 m hoher Baum

▲ Abb. 702
Bis 20 cm lange, aufrechte oder abstehende männliche Blütenstände

Männliche Blüten zu mehreren in Knäueln; diese in grosser Zahl an 10–20 cm langen, aufrechten oder abstehenden **Kätzchen;** Blüten mit einem 6(5–8)spaltigen Perigon

Staubblätter 8–12, mit sehr langen Staubfäden

Weibliche Blüten einzeln oder zu 2–3 am Grunde der männlichen Blüten; Perigon meist 6teilig; Narben 4–8, grünlichweiss

Abb. 703 ▶
Oben:
Bis 20 cm lange, vielblütige Kätzchen
Links Mitte und links unten:
An Blütenstandsachsen vielblütige Knäuel (Durchmesser 6 mm)
Rechts Mitte:
Am unteren Ende einer Blütenstandsachse 3 weibliche Blüten (9 mm)
Unten, rechte Hälfte:
Weibliche Blüten (9 mm): Narben lang, weisslich

F	R	N	H	D	L	T	K	W	A	B	C	E	G
3	3	2	4	3	3	5	2	p	6	I/II	+	–	+

Quércus cérris L.
Q. echináta Salisb.
Zerr-Eiche

Chêne chevelu
Quercia cerro
Turkey oak

Fagáceae
Buchengewächse
Seite 138

Verbreitung: Südosteuropäische Pflanze
Standort: Kollin; auf mineralischen Böden über Kalk- und Silikatgestein in heissen Lagen; zerstreut in Wäldern (besonders in Flaumeichenwäldern), an steinigen und buschigen Abhängen; wild nur im Süden der Alpen; in Parkanlagen angepflanzt; Lichtholzart
Baum/Strauchhöhe: Strauch, oder bis 30 m hoher Baum

▲ Abb. 704
Lockerblütige, bis 7 cm lange Kätzchen

Männliche Blüten mit länglichen, meist hellbraunen, stumpflichen, behaarten Perigonblättern; **Kätzchen** bis 8 cm lang, lockerblütig, hängend; **Staubbeutel** weiss **behaart**

Weibliche Blüten an diesjährigen Zweigen einzeln oder zu 2–5, sitzend oder an kurzen, gemeinsamen Stielen

Abb. 705 ▶
Oben:
Am Ende vorjähriger Triebe zahlreiche, bis 8 cm lange, lockerblütige Kätzchen
Mitte und links unten:
Jüngere Kätzchen mit noch geschlossenen Blüten (2–3 mm)
Links und rechts unten:
Unterer Abschnitt zweier Kätzchen mit noch nicht stäubenden Blüten
Unten Mitte:
Aufsicht auf Einzelblüte (2,5 mm): Braune Perigonblätter und behaarte Staubbeutel

F	R	N	H	D	L	T	K	W	A	B	C	E	G
2	3	2	3	4	4	5	3	p	4	I	+	–	–

Quércus ílex L.

Stein-Eiche

Chêne vert
Quercia leccio
Holly-oak

Fagáceae
Buchengewächse
Seite 138

Verbreitung: Mediterrane Pflanze
Standort: Kollin; Charakterart der mediterranen Hartlaubwälder; in heissen Lagen an felsigen Hängen (Im Tessin am Monte di Caslano) seltener in Parkanlagen gepflanzt; Lichtholzart
Baum/Strauchhöhe: Strauch, seltener 20 m hoher Baum

▲ Abb. 706
Lockerblütige, bis 7 cm lange, hängende Kätzchen

Männliche Blüten mit 5–8 bräunlich behaarten, stumpflich bis spitzigen, länglichen Perigonblättern; Kätzchen bis 7 cm lang, lockerblütig, hängend

Staubblätter meist 8, kurz gestielt; Staubbeutel spärlich behaart

Weibliche Blüten einzeln und dann sitzend oder zu 2 auf einem 1 cm langen, dichtfilzigen Stiel; Narben meist 4 (auch 3), grünlich bis gelblich, zungen- bis lappenförmig

Abb. 707 ▶
Links oben: Weibliche Blüten zu zweit an einem 1 cm langen, dicht kurz behaarten Stiel
Rechts oben: Noch junge, 3–4 cm lange Kätzchen
Links Mitte und links unten: Weibliche Blüten (3 mm): Seitenansicht und Aufsicht (3 und 4 Narben)
Rechte Hälfte, Mitte: Kätzchen: Gesamtansicht (4,5 cm), Ausschnitt (2 cm)
Rechts unten: Männliche Einzelblüte (Durchmesser: 4 mm)

F	R	N	H	D	L	T	K	W	A	B	C	E	G
1	3	3	3	4	3	5	2	i	5	I	+	–	–

Quércus pubéscens Willd.
Q. lanuginósa (Lam.) Thuill. non Lam.
Flaum-Eiche

Chêne pubescent
Quercia pubescente
Downy oak

Fagáceae
Buchengew.
Seite 139

Verbreitung: Südeuropäische Pflanze
Standort: Kollin, seltener montan; auf trockenen, kalkhaltigen bis schwach sauren, lockeren, mittelgründigen, humosen, meist steinigen Böden an heissen Hängen; an sonnigen Hügeln, warmen, buschigen, steinigen Abhängen, in Flaumeichenwäldern, lichten Föhrenwäldern; Tiefholzart; Lichtholzart
Baumhöhe: 3–20 m hoher Baum

▲ Abb. 708
An beblätterten Zweigen lockerblütige, 5–8 cm lange, hängende Kätzchen

Männliche Blüten mit gelblich-grünen, schmalen, reichlich behaarten Perigonblättern, in 5–8 cm langen, lockerblütigen, hängenden **Kätzchen**

Staubblätter meist 8 (6–10); Staubbeutel kahl

Weibliche Blüten einzeln oder zu 2–5, **sitzend** oder sehr kurz gestielt, an den diesjährigen Zweigen end- und blattwinkelständig; Narben grünlich bis gelblich, zungen- bis lappenförmig

Abb. 709 ▶
Links oben:
Weibliche Blüten (4 mm) an diesjährigen, dicht kurz behaarten Zweigen endständig
Rechts oben:
Bis 6 cm lange, hängende, lockerblütige Kätzchen
Mitte:
Kätzchen: Gesamtansicht (5 cm), unterer Abschnitt (2,5 cm), Einzelblüte Aufsicht (Durchmesser 4 mm)
Unten:
Weibliche Blüten mit grünlichen Narben (1,5 mm)

F	R	N	H	D	L	T	K	W	A	B	C	E	G
2	4	2	3	3	3	5	3	p	4–5	I	–	+	+

Quércus róbur L.	Chêne pédonculé	Fagáceae
Q. pedunculáta Ehrh.	Quercia comune	Buchengewächse
Stiel-Eiche	Comman oak	Seite 139

Verbreitung: Europäische Pflanze
Standort: Kollin, seltener montan; auf kalkhaltigen, tiefgründigen, mässig frischen bis grundfeuchten, steinigen, sandigen, lehmigen bis tonigen Böden in sommerwarmer Klimalage; in ebenen Lagen oder Hängen mit weniger als 30% Neigung, wo auch der Weinstock leben kann; Tiefwurzler; Lichtholzart
Baumhöhe: Bis über 50 m hoher Baum; wertvoller Nutzbaum

▲ Abb. 710
An bereits lange beblätterten Zweigen grünliche, lockerblütige, hängende Kätzchen

Männliche Blüten mit gelblich-grünen, schmalen Perigonblättern, in 2–5 cm langen, lockerblütigen, hängenden Kätzchen

Staubblätter meist 8 (6–10); Staubbeutel kahl

Weibliche Blüten einzeln oder zu 2–5 auf gemeinsamen, behaarten Stielen, sitzend; Narben gelblich oder rot, 3, zungen- bis lappenförmig

Abb. 711 ▶
Links oben und links Mitte: An langen, behaarten Stielen sitzende, weibliche Blüten (3 mm)
Rechts oben: Zwischen vor- und diesjährigen Trieben 2–5 cm lange, hängende, lockerblütige Kätzchen
Rechts Mitte und rechts unten: Ausschnitt aus einem lockerblütigen Kätzchen
Links unten: Aufsicht auf weibliche Blüte: Die drei Narben (1,5 mm) zungen- bis lappenförmig

F	R	N	H	D	L	T	K	W	A	B	C	E	G
3w	×	3	4	4	3	4	3	p	4–5	I	+	–	+

Pópulus × canadénsis Moench
Schwarzpappel-Bastard
Kanadische Pappel

Peuplier cultivé
Pioppo dal Canadà
Canadien poplar

Salicáeae
Weidengewächse
Seite 140

Verbreitung: Umfasst die Gesamtheit der Kreuzungen zwischen P. nígra (= Eurasiatische Pflanze) und P. deltoídes (nordamerikanische Pflanze)
Standort: Kollin; auf feuchten bis nassen, zeitweise überschwemmten, gut durchlüfteten Böden; in Auenwäldern, an Strassen, Altwässern, Ufern, auf Sandbänken
Baumhöhe: Bis 30 m hoher Baum

▲ Abb. 712
Entlang eines Flusses wachsende, reichblütige Pappel (männliches Exemplar)

Pflanze diözisch (= zweihäusig)

Männliche Kätzchen 5–10 cm lang, bis 2 cm dick, hängend, dichtblütig;

Blüten mit schmal-dreieckkigem, handförmig zerschlitztem, gegen den Grund zu keilförmig zusammenlaufendem, kahlem Tragblatt

Staubblätter 6–30; Staubbeutel rot, nach dem Verstäuben schwärzlich

Weibliche Blüten in Kätzchen, mit kahlen, stark gefransten Tragblättern; Fruchtknoten grün, fast sitzend, mit 3–4 **gelblichen** Narben

Abb. 713 ▶
Links oben: Männliche Kätzchen (5 cm)
Rechts oben und links Mitte: Ausschnitte aus männlichen Kätzchen (3 cm) Längsschnitt links, Seitenansicht oben
Rechts Mitte und rechts unten: Männliche Einzelblüten (5 mm): Vorder- und Rückseite
Links unten: Kahles, stark zerschlitztes Tragblatt (6 mm)

F	R	N	H	D	L	T	K	W	A	B	C	E	G
4w	4	4	3	3	3	4	3	p	3–4	I	–	–	+

Pópulus nígra var. itálica Muenchh.
P. nígra var. pyramidális (Roz.) Spach
Pyramiden-Pappel

Peuplier de Lombardie
Pioppo cipressino
Lombardy poplar

Salicáceae
Weidengewächse
Seite 141

Verbreitung: Südwestasiatische Pflanze; wurde im 10. Jahrhundert bei Klöstern angepflanzt; als besondere Wuchsform von P. nígra aufzufassen
Standort: Kollin, montan; sehr häufig an Ufern, Landstrassen, bei Bauernhäusern (Blitzableiter), Kapellen angepflanzt; seit über 200 Jahren im Gebiet kultiviert
Baumhöhe: Bis 30 m hoher Baum mit schlank, kegelförmigem Wuchs

▲ Abb. 714
Säulenförmige Pyramiden-Pappel; im Hintergrund Eiger, Mönch, Jungfrau (Berner Oberland)

Pflanze diözisch (= zweihäusig)

Männliche Kätzchen bis 7 cm lang, 0,4–0,8 cm dick, hängend, dichtblütig

Blüten mit dreieckigem, nicht keilförmig zusammenlaufendem, handförmig zerschlitztem, kahlem Tragblatt

Staubbeutel rot, nach dem Verstäuben violett oder schwarz

Abb. 715 ▶
Links oben: Junges, männliches Kätzchen (6 cm)
Rechte obere Hälfte und rechts unten: Ältere Kätzchen: Staubbeutel nach dem Verstäuben violett oder schwarz
Links, unterhalb Mitte: Stark handförmig zerschlitztes Tragblatt (4 mm)
Links unten: Männliche Blüten ohne Tragblätter (Vorder- und Rückseite)

F	R	N	H	D	L	T	K	W	A	B	C	E	G
3	3	3	3	3	4	3	3	p	3–4	I	–	–	+

Pópulus álba L.	**Peuplier blanc**	**Salicáceae**
Weiss-Pappel	**Pioppo bianco**	**Weidengewächse**
Silber-Pappel	**White poplar, silver-leaf poplar**	**Seite 141**

Verbreitung: Eurasiatische Pflanze; im Norden Europas nur angepflanzt
Standort: Kollin; auf kalkhaltigen, nährstoffreichen, im Untergrund kiesigen, sandigen und von Grundwasser beeinflussten, selten überschwemmten Böden; am Rande von Auenwäldern, auf Schuttplätzen, in Ufergebüschen; aber auch auf trockenen, sandigen Böden; Pionierpflanze
Baum/Strauchhöhe: Strauch, oder bis 35 m hoher Baum

▲ Abb. 716
An hängenden, noch unbeblätterten Zweigen 3–7 cm lange, rötliche, männliche Kätzchen

Pflanze diözisch (= zweihäusig)

Männliche Kätzchen 3–7 cm lang, bis 1,5 cm dick, zuerst schmal-eiförmig und abstehend, später schmal zylindrisch und hängend, dichtblütig

Blüten mit ungleich gezähntem, zottig behaartem Tragblatt

Staubbeutel zuerst hellpurpurn, später gelb

Weibliche Blüten in Kätzchen, mit unregelmässig gezähntem, zottig behaartem Tragblatt; Fruchtknoten grün, kurz gestielt, kegelförmig, länglich; Narben 2, **gelbgrün,** nie rot

Abb. 717 ▶
Oben: Junge und ältere männliche Kätzchen
Links, Mitte: Ausschnitt aus einem männlichen Kätzchen (3,5 cm)
Rechte Hälfte, Mitte und links unten: Männliche Blüten (3–5 mm)
Rechts unten: Unregelmässig gezähntes, behaartes Tragblatt (4 mm/5 mm)

F	R	N	H	D	L	T	K	W	A	B	C	E	G
3w	4	4	3	3	4	5	3	p	3-4/5	I	–	–	+

Pópulus trémula L.	**Peuplier tremble**	**Salicáceae**
Aspe, Espe	**Pioppo tremulo**	**Weidengewächse**
Zitter-Pappel	**European aspen**	**Seite 142**

Verbreitung: Eurosibirische Pflanze
Standort: Kollin, montan, subalpin; auf trockenen bis nassen, sandigen bis tonigen, nährstoffreichen bis nährstoffarmen, lockeren, basischen bis sauren Böden; in Gebüschen, Laubmischwäldern, Auen, Mooren, auf lichten Waldstellen, an Waldrändern, Ufern, im Gebirge in sonnigen Lagen; Waldpionier; Rohbödenbesiedler
Baum/Strauchhöhe: Strauch oder bis 10 m (seltener 30 m) hoher Baum

▲ Abb. 718
Ausschnitt aus einem jungen Baum (männliches Exemplar) mit zahlreichen grau erscheinenden Kätzchen

Pflanze diözisch

Männliche Kätzchen 4–11 cm lang, bis 2 cm dick

Blüten mit stark zerschlitzten, dicht zottig behaarten, dunkelbraun bis schwarzen Tragblättern

Staubblätter 7–17, mit zuerst purpurroten, später entfärbten Antheren

Weibliche Blüten in Kätzchen, mit zerschlitztem, dicht zottig behaartem Tragblatt; Fruchtknoten lebhaft grün, sehr kurz gestielt, kegelförmig; Narben 2, zierlich gelappt, **purpurrot**

Abb. 719 ▶
Links oben: Wurstförmig gekrümmte Kätzchen (2 cm/4 cm)
Oben, rechte Hälfte: Ausschnitte aus weiblichen Kätzchen: Längsschnitt (links), unterster Teil (rechts)
Links, ober- und unterhalb Mitte: Männliche Blütenstände
Mitte und links unten: Einzelblüten mit Tragblatt
Rechts, oberhalb Mitte: Querschnitt (1 cm) durch weibliche Kätzchen
Rechts, unterhalb Mitte: Männliche Einzelblüte (4,5 mm)
Rechts unten: Lang behaartes Tragblatt

F	R	N	H	D	L	T	K	W	A	B	C	E	G
3	3	3	3	4	4	3	3	p	3–4	I	–	–	+

Sálix reticuláta L.	Saule réticulé	Salicáceae
	Salice reticolato	Weidengewächse
Netz-Weide	Netleaf willow	Seite 143

Verbreitung: Arktisch-alpine Pflanze
Standort: Subalpin, alpin; seltener durch Herabschwemmung auf Alluvionen montan; auf basenreichen, meist neutralen, feinerdearmen Stein- oder Feinschuttböden; auf lockeren Gratrasen, Felsblöcken, in Mulden mit 8–10 Monaten Schneebedekkung; Pionier an offenen Erdstellen
Strauchhöhe: Niederliegender Spalierstrauch

▲ Abb. 720
An beblätterten Trieben langgestielte, aufrechte, männliche Kätzchen

Pflanze diözisch (= zweihäusig)
Kätzchen lang gestielt, bis 22 mm lang, dichtblütig, endständig, aufrecht
Tragblatt aus verschmälertem Grund oval, oben meist abgerundet, grün bis purpurn oder bräunlich, dicht weisswollig behaart bis kahl
Männliche Blüten mit 2 vollständig getrennten oder nur 1 hinteren Drüsen, 2 freien Staubblättern; Staubbeutel vor dem Aufblühen intensiv rot, später gelb
Weibliche Blüten mit 1 oder 2 Drüsen, sitzendem oder kurz gestieltem, filzig behaartem Fruchtknoten; Griffel kurz; Narbenäste seitlich gespreizt, purpurn

Abb. 721 ►
Linke, obere Hälfte: Lang gestielte männliche Kätzchen (1,2–1,5 cm ohne Stiel)
Rechte, obere Hälfte: Weibliche Kätzchen (1,5 cm) mit roten Narben
Links, unterhalb Mitte: Männliche Blüten (2,5 mm/3,5 mm)
Links unten: Laubblätter (3 cm): Rückseite/Vorderseite
Rechts unten: Ausschnitt aus einem weiblichen Kätzchen (1 cm)

F	R	N	H	D	L	T	K	W	A	B	C	E	G
3	4	2	3	3	4	2	3	z	6–8	II	+	–	–

Sálix herbácea L. | **Saule nain** | **Salicáceae**
Salice erbaceao | **Weidengewächse**
Zwerg-Weide, Kraut-Weide | **Pygmy willow** | **Seite 143**

Verbreitung: Arktisch-alpine Pflanze
Standort: Alpin, seltener durch Herabschwemmung auf Alluvionen subalpin und montan; auf sauren bis kalkhaltigen, feinerdearmen bis feinerdereichen, feuchten Böden; in Schneetälchen, als Pionier in Gratrasen
Strauchhöhe: Niederliegender Spalierstrauch

▲ Abb. 722
Zwischen ovalen Laubblättern 7 mm lange, männliche Kätzchen

Pflanze diözisch (= zweihäusig)

Kätzchen 4–10 mm lang, erscheinen gleichzeitig oder später als die Blätter, kurz gestielt, 5–10blütig

Tragblatt schmal, oben meist abgeflacht, grünlich oder blassrosa, fein behaart oder kahl

Männliche Blüten mit 2 Drüsen, 2 freien oder bis zur Hälfte verwachsenen Staubblättern

Weibliche Blüten mit 2 Drüsen, kurz gestieltem, kahlem, in den kurzen Griffel verjüngten Fruchtknoten; Narbenäste kurz, seitwärts gebogen, rötlich

Abb. 723 ▶
Oben und unten: An beblätterten Zweigen 6 mm lange, wenigblütige, männliche Blütenstände
Links Mitte: Gestielter männlicher Blütenstand (8 mm)
Rechte Hälfte, Mitte: Einzelblüte (3 mm): Bis in die Mitte miteinander verwachsene Staubblätter und je 2 Drüsen

F	R	N	H	D	L	T	K	W	A	B	C	E	G
4	2	2	4	4	5	1	2	z	6	II	+	–	–

Sálix retúsa L. | **Saule émoussé** | **Salicáceae**
Stutz-Weide | **Salice retuso** | **Weidengewächse**
Stumpfblättrige Weide | **Notchleaf willow** | **Seite 144**

Verbreitung: Mittel- und südeuropäische Gebirgspflanze
Standort: Subalpin, alpin; auf durchsickerten, mehr oder weniger kalkreichen, neutralen bis schwach sauren Böden; an feuchten Einhängen, auf Felsblöcken, Alluvionen, in Nordlagen mit 8–10 Monaten Schneebedeckung
Strauchhöhe: Niederliegender Spalierstrauch

▲ Abb. 724
Ausschnitt aus einem reichverzweigten Zwergstrauch mit aufgerichteten männlichen Kätzchen

Pflanze diözisch (= zweihäusig)

Kätzchen wenig- bis vielblütig, gestielt, 1–4 cm lang, oval bis zylindrisch

Tragblatt oval, gegen den Grund verschmälert, an der Spitze kraus behaart, einfarbig grünlich mit oft rötlichem Saum

Männliche Blüten mit 2 Drüsen, 2 freien Staubblättern; Staubbeutel vor dem Verstäuben rot, später gelb

Weibliche Blüten mit 2 Drüsen, kurz gestieltem, eikegelförmigem, kahlem Fruchtknoten; Griffel kurz; Narbenäste seitlich gebogen

Abb. 725 ▶
Linke obere Hälfte: Männliche Blütenstände (2–3,5 cm)
Rechte obere Hälfte: Weibliche Blütenstände (1,5–3 cm)
Linke untere Hälfte: Männliche Blüten (3 mm): Vorder- und Rückseite
Rechts unterhalb Mitte und rechts unten: Weibliche Blüten (3 mm)
Unten, Mitte: Laubblätter (1,5 cm/1,2 cm): Vorder- und Rückseite

F	R	N	H	D	L	T	K	W	A	B	C	E	G
3	3	3	3	3	5	2	3	z	6–8	II	+	–	–

Sálix elaeágnos Scop.	**Saule drapé**	**Salicáceae**
S. incána Schrank	**Salice ripaiolo**	**Weidengewächse**
Lavendel-Weide	**Lavender willow**	**Seite 144**

Verbreitung: Mittel- und südeuropäische Gebirgspflanze
Standort: Kollin, montan, seltener subalpin; auf ständig durchfeuchteten, periodisch überschwemmten, basenreichen Schotter-, Kies- oder Sandböden; im Kies, auf Geschiebe, Schotterbänken der Bäche und Flüsse, an Ufern, Böschungen grösserer Flüsse, in Weiden-Gebüschen der Gebirgs-Alluvionen; Pionierpflanze; Bodenfestiger
Baum/Strauchhöhe: Strauch, oder seltener 3–16 m hoher Baum

▲ Abb. 726
An abstehenden oder hängenden Zweigen zahlreiche, meist etwas gekrümmte, weibliche Kätzchen

Pflanze diözisch (= zweihäusig)

Kätzchen schlank, zylindrisch, 2–4 cm lang, meist etwas gekrümmt, fast sitzend, kurz vor oder gleichzeitig mit den Laubblättern erscheinend

Tragblatt verkehrt-eiförmig, oben meist abgerundet, am Rande gewimpert oder kahl, grünlich-weiss mit rötlicher Färbung im oberen Teil

Männliche Blüten mit 1 hinteren, kurzen, rundlich-nierenförmigen Drüse, 2 Staubblättern; Staubfäden in ¼-½ der Länge miteinander verwachsen

Weibliche Blüten, mit gelblicher Drüse, kahlem, gestieltem, schmal länglichem Fruchtknoten; Griffel dünn; Narben länglich, geteilt, abstehend

Abb. 727 ▶
Oben und Mitte links und rechts: 2–4 cm lange weibliche und männliche Kätzchen
Mitte und rechts unten: Junge und ältere männliche Blüten und schwach rötlich gefärbten Tragblättern (2–3 mm)
Unten, linke Hälfte: Weibliche Blüten (2–3,5 mm)

F	R	N	H	D	L	T	K	W	A	B	C	E	G
4w	3	2	2	3	4	3	3	p	4–5	II	+	–	–

Verbreitung: Eurasiatische Pflanze
Standort: Kollin, seltener montan; auf periodisch überschwemmten, nährstoff- und basenreichen, meist kalkhaltigen, sandig-kiesigen Böden; entlang grosser Flüsse, an feuchten Wiesenrändern, in Auenwald-Säumen gegen Altwässer, auf Dünen; Tonzeiger; Zierbaum
Baum/Strauchhöhe: Strauch, oder bis 20 m hoher Baum

▲ Abb. 728
An bereits beblätterten Zweigen 3–6 cm lange, gebogene männliche Kätzchen

Pflanze diözisch (= zweihäusig)

Kätzchen 3–6 cm lang, schlank, gestielt, oft etwas gebogen, mit den Laubblättern hervorbrechend

Tragblatt langgestreckt, grünlich, an der Basis und am Rand behaart, vorn oft leicht gewölbt

Männliche Blüten mit einer vorderen und hinteren Drüse, 2 (seltener 3) freien Staubblättern; Staubfäden unten weissgrau behaart

Weibliche Blüten mit nur einer Drüse, einem fast sitzenden, kahlen Fruchtknoten; 4 Narbenäste seitwärts gekrümmt

Abb. 729 ▶
Linke, ober Hälfte: Bis 4,5 cm lange, weibliche Kätzchen
Rechts oben: Männliches Kätzchen (4 cm)
Rechte Hälfte, Mitte: Männliche Blüten (2–4 mm)
Links unten: Ausschnitt aus einem weiblichen Kätzchen (2,7 cm)
Rechte Hälfte, unten: Weibliche Blüten (4 mm)

F	R	N	H	D	L	T	K	W	A	B	C	E	G
4w	4	4	2	3	3	4	3	p	4–5	II	+	–	–

Sálix álba var. trístis (Ser.) Gaud.
S. álba ssp. vitellína fo. trístis
Trauer-Weide, Trauer-Silber Weide

Saule pleureur
Salice comune
Weeping willow

Salicáceae
Weidengewächse
Seite 145

Verbreitung: Eurasiatische Pflanze
Standort: Kollin, seltener montan; Zierbaum; hauptsächlich an Seeufern angepflanzt; Zweige gelb- bis gelbrot
Baumhöhe: Bis 25 m hoher Baum

▲ Abb. 730
An weit herunterhängenden, gelblichen bis gelbroten Zweigen zahlreiche männliche Kätzchen

Pflanze diözisch (=zweihäusig)

Kätzchen 3–6 cm lang, oft leicht gebogen, mit den Laubblättern hervorbrechend, von den hängenden Zweigen abstehend

Tragblatt schmal-dreieckig, oft etwas gebogen, oben abgerundet, behaart, grünlich-weiss

Männliche Blüten mit 1 (2) gelblichen Drüse, 2 freien Staubblättern, deren Staubfäden länger sind als das Tragblatt

Weibliche Blüten mit 1 (2) gelblichen Drüse; Fruchtknoten schmal-eiförmig, kurz gestielt, gegen oben verschmälert; Narbenäste auswärts gebogen

Abb. 731 ▶
Oben:
An hängenden Zweigen 3–6 cm lange, abstehende männliche Kätzchen
Mitte:
Ausschnitte aus weiblichen (1,5 cm) und männlichen (1,5 cm) Kätzchen
Unten:
Weibliche und männliche Blüten (4 mm)

F	R	N	H	D	L	T	K	W	A	B	C	E	G
4w	4	4	2	3	3	4	3	p	4–5	II	+	–	–

Sálix hastáta L.	**Saule hasté**	**Salicáceae**
S. élegans Host.	**Salice astato**	**Weidengewächse**
Spiessblättrige Weide, Spiess-Weide	**Halberd willow**	**Seite 146**

Verbreitung: Eurosibirische Pflanze
Standort: Montan, subalpin, seltener alpin; auf feuchten, mehr oder weniger nährstoff- und basenreichen, auch kalkarmen Böden; auf ständig durchfeuchteten Alluvionen der Flüsse und Bäche, an steinigen, grasigen Abhängen, unter Erlengebüsch der Alpen
Strauchhöhe: 0,5–1,5 m hoher Strauch

▲ Abb. 732
An beblätterten Zweigen bereits verstäubte (gelblich) und noch junge (grau-weiss) Kätzchen

Pflanze diözisch (= zweihäusig)

Kätzchen 3–5 cm lang, breit zylindrisch, gestielt, aufrecht oder etwas abstehend

Tragblatt deutlich zweifarbig, grünlichgelb, an der Spitze rötlich, dunkelbraun bis schwarz

Männliche Blüten mit krugförmiger Drüse, 2 freien Staubblättern; Staubfäden kahl, 4–6mal so lang wie das Tragblatt

Weibliche Blüten mit krugförmiger Drüse; Fruchtknoten aus eiförmigem Grund keilförmig verschmälert, grün, deutlich gestielt

Abb. 733 ▶
Rechts oben: Junge Blütenstände durch dichtes Haarkleid grau erscheinend
Rechte Hälfte, oben und rechts, unterhalb Mitte: Weibliche (links) und männliche (rechts) Kätzchen
Links, oberhalb Mitte: Weibliche Blüten (3 mm)
Rechte Hälfte, Mitte: Lang behaarte, männliche Blüten
Unten: Längsschnitt durch weibliche (links) und männliche (rechts) Kätzchen

F	R	N	H	D	L	T	K	W	A	B	C	E	G
4	3	3	3	3	3	2	3	n	5–6	II	+	–	–

Verbreitung: Eurosibirische Pflanze
Standort: Montan; auf Hochmooren, sehr selten in Zwischenmooren und im Weiden-Birken Gebüsch
Strauchhöhe: 0,3–0,5 m hoher Strauch

▲ Abb. 734
Reichblütiger männlicher Zweig; unterhalb der Knospenschuppe bereits kleine Blättchen vorhanden

Pflanze diözisch (= zweihäusig)

Kätzchen zylindrisch, 1–2,5 cm lang, aufrecht oder etwas gekrümmt, gestielt, vor oder mit den Blättern erscheinend

Tragblatt breit- oder länglich-eiförmig, an der Spitze abgerundet, zweifarbig, im oberen Teil dunkelrot, behaart

Männliche Blüten mit grünlicher Drüse, 2 freien und kahlen Staubblättern; Staubbeutel zuerst rötlich, dann gelblich, zuletzt schwärzlich

Weibliche Blüten mit grünlicher Drüse, Fruchtknoten schlank, lang gestielt, grün; Narbenäste seitwärts-aufwärts gerichtet

Abb. 735 ▶
Links und rechts Mitte und oben:
Bis 2,5 cm lange, männliche Kätzchen
Mitte, obere Hälfte:
Männliche Blüten (2 mm/3,5 mm)
Unten:
Längsschnitte durch Kätzchen (1,5 cm/0,5 cm)

F	R	N	H	D	L	T	K	W	A	B	C	E	G
4 w	1	2	5	5	4	3	4	n	5–6	II	+	–	–

Sálix myrsinítes L. | **Saule** | **Salicáceae**
Myrten-Weide | **Salice dubia** | **Weidengewächse**
Myrtle willow | **Seite 147**

Verbreitung: Wahrscheinlich eine eurosibirische Pflanze
Standort: Subalpin, alpin; auf Kalk und Urgestein; auf felsigen Abhängen, Geröllhalden, Alluvionen der Alpen, an Bachufern, besonders in den Zentralalpen, in Skandinavien, auf Grönland, Island
Strauchhöhe: Niederliegendes, bis 30 cm hohes, sehr ästiges Sträuchlein

▲ Abb. 736
Zwischen jungen Laubblättern 1–2 cm lange männliche Kätzchen; Staubbeutel purpurrot

Pflanze diözisch (= zweihäusig)

Kätzchen 1–2 cm lang, deutlich gestielt, an Seitentrieben endständig, eiförmig bis zylindrisch, vor dem Aufblühen in einen dichten Haarpelz gehüllt

Tragblatt oval, purpurrot, gegen die Spitze zu schwärzlich, weiss behaart, abgerundet oder zugespitzt

Männliche Blüten mit länglich-eiförmiger Drüse, 2 freien Staubblättern; Staubbeutel zuerst rötlich-violett, später gelb; Staubfäden hell- bis dunkelviolett

Weibliche Blüten mit schmal-zylindrischer, oft leicht gekrümmter Drüse; Fruchtknoten kurz gestielt; Griffel verlängert; Narben purpurrot, 2lappig

Abb. 737 ▶
Links und rechts oben und Mitte: Männliche Blütenstände an beblätterten Zweigen
Oben Mitte und unten: Männliche Blüten (1,5–2,5 mm)

F	R	N	H	D	L	T	K	W	A	B	C	E	G
4	3	3	3	3	4	2	3	z	5	II	+	–	–

Verbreitung: Eurasiatische Pflanze
Standort: Kollin, montan, subalpin; auf nassen, zeitweise überschwemmten, nährstoffreichen, meist kalkhaltigen, tonigen Kies- und Sandböden; in den Alpentälern an Flüssen, auf schlickhaltigem Feinsand mit hohem Grundwasserstand, an Weg- und Waldrändern, in Gebüschen; Bodenfestiger; Rohauböden-Pionier
Strauchhöhe: Strauch, oder seltener bis 6 m hoher Baum

▲ Abb. 738
Unbeblätterter Zweig mit verschiedenaltrigen männlichen Kätzchen; junge Antheren rot

Pflanze diözisch (= zweihäusig)

Kätzchen sitzend oder sehr kurz gestielt, 1,5–5 cm lang, oft etwas gekrümmt, vor den Laubblättern erscheinend

Tragblatt breit-oval, oben meist abgerundet, im unteren Teil rötlich, oben dunkelrot bis schwarz, stark behaart

Männliche Blüten mit einer kurz-eiförmigen Drüse, 2 Staubblättern; Staubfäden meist miteinander bis zu den Antheren verwachsen (scheinbar nur 1 Staubblatt!); Staubbeutel zuerst rot, später gelb

Weibliche Blüten mit kurzer Drüse; Fruchtknoten fast sitzend, eiförmig, angedrückt weiss behaart; Griffel fehlend oder sehr kurz; Narben rot

Abb. 739 ▶
Oben:
Männliche (links) und weibliche (rechts) Kätzchen (3–4 cm)
Links Mitte und links unten:
Männliche Blüten mit 2 miteinander verwachsenen Staubfäden
Rechte untere Hälfte:
Weibliche Blüten mit roten Narben

F	R	N	H	D	L	T	K	W	A	B	C	E	G
3w	3	3	2	3	4	3	3	p	3–4	II	+	–	–

Sálix cáprea L. | **Saule marsault** | **Salicáceae**
| **Salice delle capre** | **Weidengewächse**
Sal-Weide | **Goat willow, sallow** | **Seite 148**

Verbreitung: Eurasiatische Pflanze
Standort: Kollin, montan, subalpin; auf feuchten bis wasserzügigen, nährstoffreichen, auch mässig sauren, steinigen, sandigen oder reinen Lehmböden; an Flussufern, Waldsäumen, Schutthalden, Felsen, in Gebüschen, Mooren; Erstbesiedler in Kahlschlägen, Kiesgruben und Dämmen; Bodenfestiger
Baum/Strauchhöhe: Strauch, oder bis 9 m hoher Baum

▲ Abb. 740
Aufrechter, noch unbeblätterter Zweig mit 2,5 cm langen, männlichen Kätzchen

Pflanze diözisch (= zweihäusig)

Kätzchen 2–6 cm lang, schmal- bis breit-eiförmig, meist aufrecht, vor den Blättchen entwickelt

Tragblatt mit heller Basis, dann schwarz, lang weiss behaart

Männliche Blüten mit kleiner, gelblicher Drüse, 2 freien Staubblättern; Staubfäden weiss; Staubbeutel gelb

Weibliche Blüten mit kleiner, breitzylindrischer Drüse; Fruchtknoten lang gestielt, dicht behaart; Griffel kurz oder fehlend; Narbenäste aufrecht

Abb. 741 ▶
Oben:
Linke, obere Hälfte: Männliche (oben) und weibliche (unten) Kätzchen
Rechts, obere Hälfte: Längsschnitte durch männliches (oben) und weibliches Kätzchen (unten)
Links unten: Ausschnitt aus weiblichem Kätzchen (Längsschnitt: 2 cm)
Mitte: Zweifarbiges, lang behaartes Tragblatt (3 mm)
Unten Mitte: Weibliche Blüte (4 mm)
Rechts unten: Männliche Blüten (4 mm)

F	R	N	H	D	L	T	K	W	A	B	C	E	G
3w	3	3	3	4	3	3	3	p	3–4	II	+	–	+

Sálix cinérea L. | **Saule cendré** | **Salicáceae**
S. acumináta Mill. | **Salice cinereo** | **Weidengewächse**
Grau-Weide, Asch-Weide | **Grey willow** | **Seite 149**

Verbreitung: Eurasiatische Pflanze
Standort: Kollin, montan; auf nassen, kalkfreien, sauren, humosen oder torfigen Böden; auf Mooren und nassen Wiesen, an Tümpeln, Gräben, feuchten Waldrändern, in lichten Wäldern, im Pionier-Weidengebüsch; zeigt Staunässe und schwachen Wasserdurchfluss an
Baum/Strauchhöhe: Strauch, seltener bis 6 m hoher Baum

▲ Abb. 742
Ausschnitt aus einem 3 m hohen, reichblütigen Strauch (männliches Exemplar)

Pflanze diözisch (= zweihäusig)

Kätzchen 2–5 cm lang, oval, aufrecht oder abstehend, am Grunde von weisslich behaarten Blättchen umgeben

Tragblatt länglich-eiförmig, im oberen Teil dunkelbraun bis schwarz, lang behaart, zugespitzt

Männliche Blüten mit kleiner, gelblicher Drüse, 2 freien Staubblättern; Staubfäden weiss; Staubbeutel gelb

Weibliche Blüten mit kleiner breit-zylindrischer Drüse; Fruchtknoten lang gestielt, dicht behaart, aus ovalem Grund gegen oben zu verschmälert; Griffel kurz oder fehlend; Narbenäste aufrecht

Abb. 743 ▶
Links und rechts oben, unterhalb Mitte: Weibliche (links) und männliche (rechts) Kätzchen (3–4 cm)
Obere Hälfte Mitte: Weibliche (oben) und männliche (unten) Blüten (3,5 mm)
Unten: Weibliche und männliche Blüten (Rückseite)

F	R	N	H	D	L	T	K	W	A	B	C	E	G
5w	3	2	4	5	4	3	3	n	3–4	II	+	–	–

Víscum álbum L. ssp. álbum	Gui	Loranthắceae
(Auf Laubhölzern schmarotzend)	Vischio comune	Mistelgewächse
Mistel	Mistletoe	Seite 149

Verbreitung: Eurasiatische Pflanze (Halbschmarotzer)
Standort: Kollin und montan; rundliche Büsche auf Laub- und Nadelhölzern: 1. **Laubholzmistel** (nur auf Laubhölzern), 2. **Tannenmistel** (für Tannen-Arten, Lärche, nordamerikanische Ahornarten Acer saccharium L., Acer rubrum), 3. **Föhrenmistel** (auf Föhren, gelegentlich auf der Fichte); alte Heil- und Zauberpflanze
Strauchhöhe: Strauch von höchstens 1 m Durchmesser

▲ Abb. 744
50 cm breiter, hängender Strauch (Laubholzmistel)

Pflanze immergrün, diözisch (= zweihäusig)

Blüten zu 3–5 in sitzenden oder kurz gestielten **Trugdolden,** in den Achseln kleiner Hochblätter stehend

Männliche Blüten ohne Kelch, mit 4teiligem, gelbgrünem Perigon; **Staubblätter** 4, ohne Staubfäden, sitzend, mit den Perigonblättern vollständig verwachsen

Weibliche Blüte mit 3–4teiligem, gelblichem Perigon; Fruchtknoten unterständig; Griffel kurz oder fehlend; Narbe dick, polsterförmig

Abb. 745 ▶
Oben und Mitte:
Kurzgestielte, mehrblütige, achselständige Trugdolden (7–9 mm)
Unten:
Aufsicht auf Einzelblüte (Durchmesser 4 mm)

F	R	N	H	D	L	T	K	W	A	B	C	E	G
–	–	–	–	–	4	4	3	e	3–4	I	–	–	–

Hippóphaë rhamnoídes L. | **Argousier** | **Elaeagnáceae**
Olivella spinosa | **Ölweidengewächse**
Gewöhnlicher Sanddorn | **Sea buckthorn** | **Seite 150**

Verbreitung: Eurasiatische Pflanze
Standort: Kollin, montan, seltener subalpin; auf trockenen, in der Tiefe zeitweise nassen, gelegentlich auch überfluteten, meist kalkhaltigen, humus- und feinerdearmen Kies- und Sandböden; Pionierpflanze und Bodenfestiger; Sandzeiger; Zierstrauch; in sonnigen, warmen Lagen
Strauchhöhe: Bis 6 cm hoher Strauch

▲ Abb. 746
Oberster Abschnitt eines 2 m hohen Strauches (männliches Exemplar)

Pflanze diözisch (= zweihäusig)

Männliche Blütenstände eiförmig bis kugelig, vor oder mit den Laubblättern erscheinend

Blüten sehr kurz gestielt oder sitzend, mit tief zweiteiliger Blütenhülle, 4 staubfadenlosen Staubblättern

Weibliche Blüten meist einzeln, röhrig, an der Spitze 2lappig; Griffel kurz; Narben gelbgrün, seitlich verlängert

Abb. 747 ▶
Oben:
An Kurztrieben Blattbüschel mit hervortretenden, grünlich-gelben Narben (2 mm)
Unterhalb Mitte:
Männliche Blüten (2–3,5 mm)
Unten:
Männliche Blüten: Längsschnitt (links), Aufsicht (rechts)

F	R	N	H	D	L	T	K	W	A	B	C	E	G
2w	4	2	2	3	4	3	4	n	3–4	I/II	–	–	–

Laúrus nóbilis L.	**Laurier-sauce**	**Lauráceae**
	Alloro, Lauro	**Lorbeergewächse**
Lorbeerbaum	**Grecian laurel**	**Seite 150**

Verbreitung: Mediterrane Pflanze
Standort: Kollin; in warmfeuchten Wäldern, besonders in der Nähe der mediterranen Küste; verwildert an felsigen Orten am Südfuss der Alpen; kultiviert; Zier- und Nutzpflanze; Licht-Halbschattpflanze; immergrün
Strauchhöhe: Bis 2 m hoher Strauch

▲ Abb. 748
Ausschnitt aus einem immergrünen männlichen Strauch mit gelblichen und büscheligen Scheindolden

Pflanze immergrün, diözisch (= zweihäusig)

Blüten in achselständigen, büscheligen **Scheindolden** oder sehr kurzen Rispen, mit 4zähliger, am Grunde verwachsener Blütenhülle

Männliche Blüten mit 10–12 Staubblättern, die beiderseits mehr oder weniger in der Mitte eine ziemlich stiellose Drüse tragen

Weibliche Blüten mit 4 Staminodien; Griffel kurz; Narbe stumpf, dreikantig

Abb. 749 ▶
Oben:
Ausschnitte aus blühenden (männliche) Zweigen
Mitte und links unten:
Aufsicht auf Einzelblüten (Durchmesser 4–6 mm)
Rechts unten:
Seitenansicht: Kurz gestielte männliche Blüte (5 mm)

F	R	N	H	D	L	T	K	W	A	B	C	E	G
2	3	2	3	4	3	5	2	i	4–5	II	–	–	–

Rúscus aculeátus L. | **Fragon** | **Liliáceae**
Ruscolo pungitopo | **Liliengewächse**
Mäusedorn | **Butcher's broom** | **Seite 151**

Verbreitung: Mediterrane Pflanze (besonders in Süd- und Westeuropa)
Standort: Kollin, seltener montan; an südexponierten Hängen in den wärmsten Lagen; stellenweise am Südfuss und im Süden der Alpen in Wäldern, Gebüschen und an warmen, steinigen und trockenen Abhängen; Lichtpflanze
Strauchhöhe: 40–80 cm (1,5 m) hoher Strauch

▲ Abb. 750
Zwischen Kalkfelsen wachsender, 30 cm hoher Strauch

Pflanze immergrün, diözisch (= zweihäusig)

Blüten kurz gestielt, mit kleinem Hochblatt zu 1–2 (bis mehreren) den Phyllokladien aufsitzend

Männliche Blüten mit 6teiligem Perigon (Perigonblätter breit oval, 2 mm lang;
innere Blätter etwas kleiner), drei Staubblättern, oft rudimentären, weiblichen Blütenteilen; Staubfäden zu einer Röhre verwachsen

Weibliche Blüten mit 6teiligem, grünlichweissem Perigon; Fruchtknoten oberständig; Griffel 1, kurz, mit kopfiger Narbe

Abb. 751 ▶
Oben:
Auf breit-lanzettlichen, 2–4 cm langen, stechenden Phyllokladien kurz gestielte Einzelblüten
Links unten:
Weibliche Einzelblüte (Durchmesser 5 mm); Fruchtknoten oberständig
Rechts unten:
Junge, noch grüne Beere (4 mm)

F	R	N	H	D	L	T	K	W	A	B	C	E	G
2	3	2	3	4	2	5	2	i	3–4	II	+	–	–

Literaturnachweis · Fotonachweis

AMANN, G., 1972: Bäume und Sträucher des Waldes, 11. Auflage. J. Neumann-Neudamm, Melsungen

BOERNER, F., 1938: Laubgehölze, Rosen und Nadelgehölze, Killinger Verlagsgesellschaft m. b. H., Nordhausen am Harz

CLAPHAM, A. R., 1957: Flora of the British Isles, Cambridge at the University Press

EHLERS, M., 1960: Baum und Strauch in der Gestaltung der deutschen Landschaft, Verlag Paul Parey, Berlin – Hamburg

ESCHRICH, W., 1981: Gehölze im Winter, Gustav Fischer Verlag, Stuttgart – New York

FITSCHEN, J., 1977: Gehölzflora, Quelle und Meyer, Heidelberg

FOURNIER, P., 1961: Les quatre flores de la France, Editions Paul Lechevalier, Paris

GODET, Ch.-H., 1853: Flore du Jura, J. Dalp, Berne; J. Cherbuliez, Genève

HEGI, G., 1907 – 1914: Illustrierte Flora Mitteleuropas, München

HESS, H. E. und LANDOLT, E., 1967: Flora der Schweiz, Birkhäuser Verlag Basel und Stuttgart

LANDOLT, E., 1977: Oekologische Zeigerwerte zur Schweizer Flora, Veröffentlichungen des Geobotanischen Instituts der ETH, 64. Heft, Stiftung Rübel, Zürich

MACURA, P., 1979: Elsevier's Dictionary of Botany plant names in English, French, German, Latin and Russian, Elsevier Scientific publishing company, Amsterdam, Oxford, New York

MITCHELL, A., 1975: Die Wald- und Parkbäume Europas, Verlag Paul Parey, Berlin – Hamburg

PIGNATTI, S., 1982: Flora d'Italia, Edagricole, Bologna

PROCTOR, M., 1973: The Pollination of Flowers, William Collins Sons and Co Ltd London

STRASBURGER, E., 1971: Lehrbuch der Botanik, Gustav Fischer Verlag, Stuttgart

TROLL, W., 1969: Die Infloreszenzen, VEB Gustav Fischer Verlag, Jena

Sämtliche in diesem Buch aufgeführten Fotografien sind Aufnahmen des Verfassers

Verzeichnis der lateinischen Arts-, Gattungs- und Familiennamen

Verzeichnis der deutschen Arts-, Gattungs- und Familiennamen

Verzeichnis der französischen Arts- und Gattungsnamen

Verzeichnis der italienischen Arts- und Gattungsnamen

Verzeichnis der englischen Arts- und Gattungsnamen